古代歷史文化研究輯刊

二八編

王明蓀 主編

第26冊

學步古今：中國法律史略論稿（第三冊）

陳景良 著

國家圖書館出版品預行編目資料

學步古今：中國法律史略論稿（第三冊）／陳景良 著 -- 初
版 -- 新北市：花木蘭文化事業有限公司，2022〔民 111〕
目 4+174 面；19×26 公分
（古代歷史文化研究輯刊 二八編；第 26 冊）
ISBN 978-626-344-100-2（精裝）
1.CST：法律 2.CST：中國史
618 111010300

ISBN-978-626-344-100-2

9 786263 441002

古代歷史文化研究輯刊
二八編　第二六冊　　　　　　　　ISBN：978-626-344-100-2

學步古今：中國法律史略論稿（第三冊）

作　　者　陳景良
主　　編　王明蓀
總 編 輯　杜潔祥
副總編輯　楊嘉樂
編輯主任　許郁翎
編　　輯　張雅淋、潘玟靜、劉子瑄　美術編輯　陳逸婷
出　　版　花木蘭文化事業有限公司
發 行 人　高小娟
聯絡地址　235 新北市中和區中安街七二號十三樓
　　　　　電話：02-2923-1455／傳真：02-2923-1452
網　　址　http://www.huamulan.tw 信箱 service@huamulans.com
印　　刷　普羅文化出版廣告事業
初　　版　2022 年 9 月
定　　價　二八編 27 冊（精裝）新台幣 80,000 元　　版權所有・請勿翻印

學步古今：中國法律史略論稿
（第三冊）

陳景良　著

目

次

第四冊

當代中國法律思想研究

閱讀與評論

演講與筆談

元朝民事訴訟與民事法規論略〔註1〕

　　馬克思主義的法學原理告訴我們，民法的本質特徵在於它調整的是商品
經濟關係。元是我國封建社會中的一個重要王朝，在封建大一統的相對安靜
的和平環境裏，我國的封建商品經濟在經過了宋、金末、蒙古族統一中國的
戰爭破壞衝擊後，到了元世祖、成宗時又重新走向了恢復發展的道路。元統
治者為了有效地維護其大一統的封建專制，一方面把「戶口增、田野闢、詞
訟簡、盜賊息、賦役均」〔註2〕作為考核官吏升遷的重要標準，另一方面也不
得不順應客觀形勢的發展，把元朝統一後新出現的社會關係納入到一定的統
治秩序中去。其表現就是元統治者不斷地通過立法的形式，頒布大量的調整
社會關係的法律規範。元朝的法律制度，無論從法典的編纂上，或者是從法
律的基本精神上都對唐、宋律有著明顯的承襲。對此黃時鑒先生的《大元通
制考辯》一文已作了詳細的論述。〔註3〕但是，元代法律制度究竟在中國封建
法律制度發展史上地位如何，對於一貫持批判態度的明統治者制定的法律有
無影響？這個問題還沒有在法制史學界得到很好的回答。筆者認為元朝的法
律制度，尤其是元朝的民事立法，在吸收前代封建法律經驗的基礎上，比唐、
宋有更大的發展，某些方面甚至開創了封建法律制度史上的先例，並對其後
的明律有著較深的影響。現擇其要者，條說如下。

〔註1〕本文原載於韓延龍主編：《法律史論集（第二卷）》，法律出版社1999年版。

〔註2〕（明）宋濂等：《元史》，卷八十二，志第三十二，中華書局1976年版，第2038
　　　頁。

〔註3〕黃時鑒：《大元通制考辯》，載《中國社會科學》1987年第2期。黃先生對元
　　　代法制研究多有建樹，用力甚工，他還點校、彙集了《通制條格》《元代法律
　　　資料輯存》等書。

一、訴訟獨立成篇，民事法規顯著增多

我國是一個封建專制長達二千多年的國家。受封建經濟的制約與宗法人倫思想的支配，中國封建法律的編纂體例，自李悝首創《法經》六篇以來，直到清末沈家本等人變法修律之前，程序法與實體法，民法與刑法始終沒有嚴格意義的區分。但我們決不應該以此為理由，認為中國封建法律完全混合而無分門別類，在編纂體例上毫無時代的差異與變化。其實，只要我們探研歷史，考究典籍，仍能窺見封建法律編纂體例從簡單到詳實，從不合理到相對科學的運行規律，〔註4〕惟其如此，元代法律編纂中「訴訟」的獨立成篇，也才是這個運行鏈索中的合理一環。

（一）「訴訟」獨立成篇的時間

關於「訴訟」作為專篇究竟何時規定在元代法律之中，因涉及到《元史‧刑法志》的史源問題，史學界與法學界尚無一致意見。一種意見認為，《元史‧刑法志》來源於《大元通制》。《元史‧刑法志》中有「訴訟」專篇，因此，「訴訟」作為專篇編纂的時間就是《大元通制》頒行的1323年。此說的倡導者是沈家本。沈家本在《歷代刑法考》八《大元通制‧按》中說：「《元史‧刑法志》以《大元通制》為本，不言令類一門，蓋缺文也。」沈氏之論為法制史學界所採用。《中國大百科全書‧法學卷》在撰寫元代法規的條目中把《大元通制》的篇數列為「名例、衛禁、職制、祭令、學規、軍律、戶婚、食貨、大惡、奸非、盜賊、詐偽、訴訟、鬥毆、殺傷、禁令、雜犯、捕亡、恤刑、平反」二十篇。這些篇目與《元史‧刑法志》所列篇目完全相同，作者顯然採用的就是沈氏之說。

另一種意見認為，《元史‧刑法志》的史源主要是《經世大典‧憲典》。〔註5〕因此，「訴訟」獨立成篇應是《經世大典‧憲典》的頒行時間——至順二年（1331年）。筆者以為，後一說較為切實可信，因為從最新的研究成果及現存的史料中還可以找到兩條旁證：第一，1987年《中國社會科學》第2期發表的《大元通制考辯》一文詳細地考證了《大元通制》的篇目、內容，並無「訴訟」一篇；第二，我們還可以從《四庫全書》珍本《元朝典故編年考》的記載中找到一條旁證。書載：「至元初作憲典，其篇二十有二，曰名例、曰衛

〔註4〕李悝編撰《法經》六篇，相當於刑法總則的《具》篇在末尾，北魏時把它改為《刑名》放在首篇，北齊時改為《名例》，隋唐宋元明清皆沿用不改。

〔註5〕韓儒林：《元朝史》（上），人民出版社1986年版，第329頁。

禁、曰職制、曰祭令、曰學規、曰軍律、曰戶婚、曰食貨、曰大惡、曰奸非、曰盜賊、曰詐偽、曰訴訟、曰鬥毆、曰殺傷、曰禁令、曰雜犯、曰捕亡，次之曰恤刑、曰平反、曰赦宥，而終之以獄空」。〔註6〕這二十二篇的前二十篇就是《元史·刑法志》所采用之篇目，後二篇為「赦宥」和「獄空」。文中所說的「至元」不可能是元世祖時的年號，因為在元史資料中並無世祖朝作憲典二十二篇之事。所以這裡的「至元初」只能是順帝的年號，再考察一下《經世大典》編纂、頒布的時間剛好與此相印證，《經世大典》由文宗天曆三年（1330年）設局編修，到至順二年告成（1331年）。元順帝至元初離此書頒布相差僅三四年時間，因此可以斷定「訴訟」作為專篇規定在元代法律中的時間只能是元順帝至順年間，也即《經世大典》的頒布時向，公元1331年，而不是元英宗頒布《大元通制》的1323年。

退一步說，即便是兩說都持之有理，也都沒有否認「訴訟」作為專篇已經規定在元朝的法律中，不同的只是時間的先後。

（二）「訴訟」中有關民事方面的法規比唐宋的「鬥訟」篇顯著增多

《經世大典》和有元一代制訂的幾部重要法規都已佚失。《元史·刑法志》所載「訴訟」之內容已非《大典·憲典》中「訴訟」篇的全貌。對此，《四庫全書提要》評論說：「考元史以八月成書，諸志皆了草殊甚，不足證一代之法制」。那麼在現有的元代典籍中，何以為憑來與唐宋律中的「鬥訟」篇相比較呢？現存的一部元代的重要法律典籍《元典章》為我們提供了寶貴的資料，史稱它「於當年法令、分門臚載，採掇頗詳，固宜存備一朝之故事」。〔註7〕不過，需要指出的是《元典章》是不是官方頒行的法典，學術界是有爭議的。沈家本認為是，他說：「錄目有記七行云：『大德七年，中書省劄節文準江西奉宣撫呈，乞照中統以至今日所定格例，編集成書，頒行天下。』……是此書當日乃奉官刊布，以資遵守，非僅為吏胥之鈔記。」〔註8〕另外《元典章》的編纂體例採取的是綱、目、子目的形式，而不稱為篇、章。儘管如此，在元代

〔註6〕《元朝典故編年考》所列憲典二十二篇，前二十篇即為《元史·刑法志》所用之篇目，後二篇為：赦宥、獄空。

〔註7〕（清）永瑢等：《四庫全書總目》，卷八十三，史部三十九，《元典章前集六十卷》，中華書局1965年版，第714頁。

〔註8〕（清）沈家本：《歷代刑法考》，《寄簃文存》卷七《鈔本元典章跋》，中華書局1985年版，第2256頁。

幾部主要法律典籍業已失傳的情況，我們通過對《元典章・訴訟》的研究，仍可見其大概，現把《唐律疏議》的《鬥訟》篇與《元典章・刑部・訴訟》列表對比如下：

圖表一：《唐律疏議・鬥訟》與《元典章・訴訟》有關規定對照表

卷次	條　款	卷次	條　款	卷次	條　款
卷二十一 卷二十二	鬥毆以手足它物傷 鬥毆折齒毀耳鼻 兵刃斫射人 毆人折跌肢體瞎目 鬥毆殺人 保事 同謀不同謀毆傷人 威力制縛人 兩相毆傷論如律 於宮內忿爭 毆制使府主刺史縣令 佐職統屬毆官長 毆府主刺史縣令祖父母 毆皇家祖祖以上親 流外官以下毆議貴等 九品以上毆議貴 監臨官司毆統屬 拒毆州縣以上使 部曲奴婢良人相毆 主殺有罪奴婢	卷二十二 卷二十三	主毆部曲死 部曲奴婢過失殺傷主 毆緦麻小功親部曲奴婢 毆傷妻妾 妻毆詈夫 毆緦麻兄姊等 毆兄姊等 毆詈祖父母、父母 妻妾毆詈父親 妻妾毆詈故父母 毆兄妻夫弟妹 毆妻前夫子 毆詈夫期親尊長 祖父母為人毆擊子孫即毆擊之 鬥毆誤殺旁人 部曲奴婢詈毆舊主 戲殺傷人 過失殺人 知謀反逆叛不告 誣告謀反大逆	卷二十四	誣告反坐 告小事虛 誣告人流罪以下引虛 告祖父母、父母 告期親以下緦麻以上尊長 告緦麻以上卑幼 子孫違反教令 部曲奴婢告主 誣告府主刺史縣令 投匿名書告人罪 囚不得告舉他事 犯罪皆經所在官司首 以赦前事相告官 告人罪須明注年月 為人作辭牒加狀 教令人告事虛 邀車駕過鼓訴事不實越訴 強盜殺人不告主司 監臨知犯法不舉劾

圖表二：《元典章》卷五十三《刑部》十五《訴訟》

子　目	條　款
書狀△	1. 籍記吏書狀
聽訟△	1.《至元新格》四款；2. 軍官不許接受民詞；3. 詞訟不許里正備申； 4. 巡檢不許接受民詞；5. 出使人不得接受詞訟。

告事	1. 告罪不得稱疑；2. 狀外不生餘事；3. 諸人言告虛實例等。
問事	1. 詞訟正官推問；2. 哈的有司問。
原告	1. 原告就被論問；2. 原告人在逃。
被告	1. 被問乾淨卻告；2. 被告官吏迴避。
誣告	
稱冤	
越訴	
代訴△	1. 老疾合令代訴；2. 禁治富戶令幹人代訴；3. 為許婦人訴；4. 閒居官與百姓爭論子侄代訴。
折訴	
約會△	1. 諸色戶計詞約；2. 儒道僧官約會；3. 醫戶詞訟約會等。
停務△	1. 年例停務月日；2. 爭田詞訟停務。
.	說明：1. 子目右上方「△」表示元律新增加主要有關民事訴訟方面規定；2. 此表所列條款不是《元典章・訴訟》的全部內容。

通過上表對比，可以得出如下幾點結論。

1. 程序法與實體法，民與刑之間有了初步的分野

上表說明唐律《鬥訟》篇不但沒有把實體與程序法作出什麼區分，而且就律條看，六十條律文中，無一條是專門規定民事訴訟程序的。這說明唐律還是典型的諸法合體的法典。到了元代，「訴訟」獨立成篇，專門規定了調整民事糾紛和審理刑事案件的訴訟程序。民與刑，程序與實體雖然仍沒有嚴格意義的區分，但與唐律相比，終竟有所前進，出現了初步分野的跡象。

2. 元代民事訴訟法規顯著增多，在中國古代民事立法史上佔有重要地位

就上表所列元代法律「訴訟」的有關規定看，「停務」是對宋「務限法」（又稱婚田入務）的明顯繼承。據《宋刑統・戶婚》中所引的「田令」，唐時就有了有關受理民事案件需要一定時限的規定。[註9]到了宋時統治者把它當作專條規定於《宋刑統》中，稱《婚田入務》。元統一全國後，在民事立法上基本全部承襲了這項規定。務是指農務。宋制，對於田宅、婚姻、債負之類的案子，每年十月一日之後方許官司受理，至次年正月三十日，住接

[註9]（宋）竇儀等：《宋刑統》卷十三，吳翊如點校，中華書局 1984 年版，第 205 頁。

詞狀。〔註 10〕也就是說此類案件的受理時限是每年的十月一日後至次年正月三十日前，餘不受理。只有在案件的性質超越了民事訴訟的範圍時，才允許不拘此限。這種制度是為了保障農業的生產而制定的。元代法律規定，婚姻、良賤、家財、田宅，三月一日住接詞狀，十月初一日舉行。若有文案者，不須審問追究，及不關農田戶計者，不妨隨即受理歸問。〔註11〕元人胡祗遹：說：「十月一日務開，三月一日務停。首尾一百五十日」。〔註 12〕《元史·刑法志》謂：「諸婚田訴訟必於本年結絕，已經務停而不結絕者，……正官吏之罪」。這裡所說的「本年結絕」就是指的務開日（十月一日）至三月一日這段農隙時間。《元典章》卷五十三《刑部·停務》載：「本年農隙，必要解決，不許更入務停」，「若地遠事難，再許務停一次」。從上述所引的史料看。元之立法承宋頗深，只是接受詞狀的時間比宋延長了一個月，可能是元代地域廣闊，情況複雜，訴訟繁多的緣故。

再看表中其他諸項。「約會」是元代法律特有的制度。「告攔」（又稱「田土告攔」，其實就是民事調解）作為民事調解的一種方式曾對明制產生過很大影響，「代訴」的範圍擴大到一般勞動者更是自元始（這幾項制度的詳細內容見下文）。僅就「訴訟」法中的這幾項制度而言，除「約會」制度不僅適用於民事案件也同樣適用於輕微的刑事案件外，諸如「停務」、「告攔」、「代訴」基本上只適用民事案件，與唐律相比，民事法規顯著增多，訴訟程序也越來越細密。發生這種變化的根本原因，是元所處的社會條件已大異於唐宋王朝。封建商品經濟在一定程度上的恢復和發展，是出現大量新的民事關係的物質條件，國家的統一，各民族的融合也無疑會在客觀上促使民事關係的增多。元統治者在一定程度上適應了客觀形勢發展的需要，制定「訴訟」專篇加以調整，不能不說是我國民事立法史上重要的一舉。儘管我們還不能夠斷定元代法律中有關「訴訟」篇的規定是專為審理民事案件而設，而把它估價的過高，但是，說它在民事立法方面，上承唐宋下及明朝還是比較合乎歷史實際的。

〔註10〕（宋）竇儀等：《宋刑統》卷十三，吳翊如點校，中華書局 1984 年版，第 207 頁。
〔註11〕方齡貴校注：《通制條格校注》卷四，《務停》，中華書局 2011 年版，第 188 頁。
〔註12〕李修生主編：《全元文》，卷一六六，《折獄雜條》，鳳凰出版社 1998 年版，第 605 頁。

二、民事訴訟管轄具有多元的混合結構特色

　　元作為一個地域上版圖遼闊，政治上推行民族壓迫的封建專制國家，在民事訴訟的管轄上也有兩條並行不悖的原則，一是蒙古、色目、漢法三者並舉，「各依本俗」；〔註13〕二是保持特權統治，蒙古族至上，其民事案件的受理依其當事人民族、職業的不同分為一般管轄與特殊管轄兩大類別。

（一）一般管轄

　　一般管轄是指設置在地方上的各級政府對漢族人之間因發生婚姻、家財、田宅等民事訴訟糾紛的受理活動。由於古代的民事訴訟多以刑事處分結案，故封建法律關於民刑的受理並無嚴格的區分。元代法律規定，漢人之間發生爭訟，必須逐級陳告，不得越訴，違者笞五十七。〔註14〕所謂「諸杖罪五十七以下，司、縣斷決；八十七以下，散府、州軍斷決；一百七以下，宣慰司、總管府斷決。」〔註15〕

（二）特殊管轄

　　特殊管轄是指專門的司法機關對發生在蒙古、色目人及僧侶之間的民事案件所進行的受理活動，兼還包括對軍戶之間，僧俗之間民事訴訟的受理。

1. 大宗正府受理蒙古、色目人之間的民事訴訟

　　大宗正府受理案件大概可分為全國統一前後兩種情況。在全國統一前，蒙古，諸王附馬、投下、色目人之間的婚姻、驅口、良人等戶籍爭訟由大宗正府管轄；統一全國後，「以上都、大都所屬蒙古人並怯薛軍站色目與漢人相犯者，歸宗正府處斷，其餘路、府、州、縣漢人、蒙古、色目詞訟，悉歸有司刑部掌管」〔註16〕

2. 回回人之間的詞訟由「哈的」大師處斷

　　蒙古國時期，回回人之間的民事訴訟往往由政府任命的回回「哈的」大

〔註13〕陳高華等點校：《元典章》典章十八，《戶部》四，中華書局 2011 年版，第 611 頁。

〔註14〕（明）宋濂等：《元史》卷一百五，志第一百五十三，中華書局 1976 年版，第 2670 頁。

〔註15〕陳高華等點校：《元典章》典章三十九，《刑部》一，《罪名府縣斷隸》，中華書局 2011 年版，第 1333 頁。

〔註16〕（明）宋濂等：《元史》卷八十七，志第三十七，中華書局 1976 年版，第 2187 頁。

師依回回法處斷。哈的又稱合的，也稱哈的大師，是阿拉伯語 Gadi 的音譯，也是伊斯蘭教法官稱號。他的職責主要是依據宗教法律斷決教徒的案件。伊斯蘭國家從中央到地方都設有此職。元時居中國各地的中亞、波斯、阿拉伯各國伊斯蘭教徒極多。元政府允許色目人各依本俗處理本族事物，伊斯蘭教徒聚居地都設有哈的。〔註17〕元廷在全國各地設置回回哈的司作為管理伊斯蘭教徒的機構，處斷發生在回回人中間的民事糾紛及輕微刑事案件。統一全國後，回回人內遷，他們在漢地發生詞訟則由都護府受理，即「都護府……掌領舊州城及畏吾兒之居漢地者，有詞訟則聽之」。〔註18〕仁宗皇慶元年（1312年）元廷罷全國各地回回「哈的司」。回回人所有刑名、戶婚、錢糧、詞訟均由官府衙門斷決。詔令說：「哈的大師只管他每掌教念經者，回回人應有刑名、戶籍、錢糧詞訟大小公事，哈的每休問者，交有官司依體例問者，外頭設立來的衙門並委付來的人每革罷了者，麼道聖旨了也，欽此。」〔註19〕但此後回回人相互間的訴訟實際仍按舊制由「哈的大師」處理。〔註20〕

3. 軍戶之間的民事訴訟由奧魯受理

奧魯（蒙古語 Aghurqu 的音譯）是元朝管理軍戶的機構名。《元朝秘史》譯作「老小營」，軍戶間的婚姻、債負等一般民事案件由奧魯斷理。

4. 不同戶計之間的民事訴訟，由有關的直屬上司約到後共同處斷

元代的戶籍制度非常特殊，相當複雜。元政府把全國軍民按照不同職業以及其他某些條件（如民族）劃分成若干戶計，統稱諸色戶計。諸色戶計的管理和隸屬關係各不相同。一旦遇到不同戶計之間發生婚姻、田土、債負等民事訴訟，就由政府將有關戶計的直屬上司約到後共同處斷，這就是所謂的「約會」。根據《元典章·刑部》十五的記載，下列不同戶計之間發生民事爭訟一律施行約會制度，即所謂儒道僧、醫戶、樂戶、畏吾兒、龜戶、軍

〔註17〕 蔡美彪主編：《中國歷史大辭典·遼夏金元卷》，上海辭書出版社 1986 年版，第 364 頁。

〔註18〕 （明）宋濂等：《元史》卷八十九，志第三十九，中華書局 1976 年版，第 2273 頁。

〔註19〕 （明）宋濂等：《元史》卷十六，本紀第十六，中華書局 1976 年版，第 355 頁。

〔註20〕 蔡美彪主編：《中國歷史大辭典·遼夏金元卷》，上海辭書出版社 1986 年版，第 364 頁。

民、投下並探馬赤。以「軍民相犯詞訟約會」為例，《元典章》卷五十三《刑部》十五載：「軍民相爭犯重罪過的……犯過的人每只交管民官斷者，相爭婚姻、田土、驅良、錢債等事約會」。這就是說「約會」只適用於民事案件和輕微的刑事案件。為了防止共同審理中出現互相推諉、滯淹獄訟的現象，同時規定「各枝兒頭目每一處歸斷，三遍約會不來呵，交管民官依體例斷者。」〔註21〕

5. 僧侶之間的輕微民刑案件由寺院主持審理

元代崇尚宗教，統治者尤其推崇喇嘛教。史稱帝師的詔旨與皇帝的敕令並行於西土。僧侶在司法上享有特權。元代法律規定：「奸盜詐偽、致傷人命，但犯重刑，管民官問者。其餘和尚自其間不揀什麼相爭告的勾當有呵，本寺裏主持的和尚頭目結絕者」。〔註22〕這就是說，對僧侶之間發生的民事糾紛，諸如田土、債負之類及輕微的刑事案件，僧院主持有權審理，不受地方司法機關的管轄。若僧俗相爭則實行約會制度，即由僧院主持與管民官共同歸斷。可見，在元代，確實在一定案件受理範圍內存在著與世俗司法機關並行的宗教司法機關，但是它終究只能是在元廷允許的範圍內進行司法審判活動。

三、普設書鋪代寫民間詞狀，告狀格式規範化

（一）書狀人的設置和責任

自元世祖到成宗年間，隨著封建商品經濟的恢復和發展，社會生活也相對和平和安定。雖然元統治者追求「戶口增……詞訟簡，盜賊息」的封建理想，但發展了的客觀形勢決不以統治階級的主觀意志為轉移。相反，因經濟的發展和各民族的融合，民事糾紛日益增多，史稱「諸民訟之繁，婚田為甚。」〔註23〕司法實踐中竟出現了「十年八年不決之事」。詞訟多，告狀難，加之，元代法律嚴格規定告狀者不應告而告及告而不實的法律責任，更增加了老百姓告狀的困難。為了使寫詞狀人知「應告不應告之例」，精簡詞訟，「庶革泛

〔註21〕李修生主編：《全元文》卷一〇五〇，《軍民詞訟約會詔》，鳳凰出版社 1998
　　　　年版，第 159 頁。
〔註22〕陳高華等點校：《元典章》典章五十三，刑部十五，《僧俗相爭》，中華書局 2011
　　　　年版，第 1760 頁。
〔註23〕陳高華等點校：《元典章》典章五十三，刑部十五，《至元新格》，中華書局 2011
　　　　年版，第 1748 頁。

濫陳詞之弊」，〔註24〕元統治者至晚於成宗大德年間已在全國各地普遍設置書鋪作為專寫民間詞狀的機構。書鋪內設「書狀人」一職負責代寫詞狀。法律對書狀人的法律責任規定的尤為詳反。首先從人選上要求由「行止謹慎，吏事熟嫻」，〔註25〕德才兼備的人充任。其次，書狀人代寫詞狀必須先查明是否屬於其代書的職責範圍，明確應告、不應告的界限，定出甘結文狀，並對其後果承擔法律責任。第三，書狀人不得以此職妄行刁蹬，取受錢物，〔註26〕「詞狀到鋪」，須要「依例書寫，當日須要了畢」。〔註27〕若書狀人「以直為曲，以後為先，朦朧書寫，調弄作弊，許令告人徑赴所屬官司陳告，取問事實，當該書狀人等黜罷」。〔註28〕

需要指出的是，封建社會法律條文的規定往往與司法實際相脫離，甚至走向反面。當時就有人指出：「狀鋪之設……本欲使詞訟靜簡，易於杜絕」，但「比年以來，所在官司設立書狀人，多是各官梯己人等……既不諳曉吏事，反以為營利之所，凡有告小事，不問貧富，經費鈔四五兩而後得狀一紙，大事一定、半定者有之」。〔註29〕

（二）呈寫訴狀的格式

唐宋時法律對訴狀的書寫就有明確的規定，如告狀須「明注年月，指稱實事，不得稱疑」。〔註30〕元律在此基礎上對訴狀格式有了更加嚴格的規定。據《事林廣記·公理類》所載元代的條格規定：「應告一切詞狀並宜短簡，不可浮語泛詞，所謂長詞短狀故也」。此書還載有元代十四種告狀式子，其中有十一種屬於民事、行政範疇。三種屬刑事範疇。現舉一例匯表如下：

〔註24〕陳高華等點校：《元典章》典章五十三，刑部十五，《書狀》，中華書局 2011 年版，第 1750 頁。

〔註25〕陳高華等點校：《元典章》典章五十三，刑部十五，《書狀》，中華書局 2011 年版，第 1751 頁。

〔註26〕陳高華等點校：《元典章》典章五十三，刑部十五，《書狀》，中華書局 2011 年版，第 1750～1751 頁。

〔註27〕陳高華等點校：《元典章》典章五十三，刑部十五，《書狀》，中華書局 2011 年版，第 1751 頁。

〔註28〕陳高華等點校：《元典章》典章五十三，刑部十五，《書狀》，中華書局 2011 年版，第 1751 頁。

〔註29〕陳高華等點校：《元典章》典章五十三，刑部十五，《書狀》，中華書局 2011 年版，第 1750 頁。

〔註30〕（唐）長孫無忌等：《唐律疏議》卷二四，劉俊文點校，中華書局 1983 年版，第 444 頁。

圖表三

編　號	狀子內容	性　質
1	應立嗣承繼告狀式 告狀人周友 周友，年幾歲。無病，係某鄉某村籍民。伏告：有某廣下田產畝（黃）米。見（現）當某站馬首是役。緣某見今年老，另無親生男子承繼戶業。今得本族房長周公推選，得房弟某第二周，名周全，見幾歲，過房與某為子，承紹廣下田產，應當差發，委是昭穆相當，理合立為後嗣。若不告訖出給合據付周全執照為憑，誠恐向後妄行爭繼，煩撓官事不便。有此事因，謹狀上告某縣司狀訖。 詳狀施行所告執結是實伏取裁旨 年月　　　日告狀人周友狀	民事
備註	本表係據（新編纂圖增類群書類要）《事林廣記·公理類》所制。《事林廣記》（宋）陳元靚編。元人增修，現通行的本子是中華書局 1963 年 9 月據元至順間建安椿莊書院刻本影印的。 願書載有十四種告狀式子，這裡選的是其中的一種，原為豎排版，格式劃一。	

由上表，可得出以下兩點結論：

1. 元代法律嚴格規定了訴狀的格式。從表中所載的告狀式子看，其格式整齊、規範，完全與元代法律的要求相符。綜述之，可有五點特徵，其一，抬頭要注明告狀人姓名。其二，正文中要注明告狀人的年齡、籍貫、身體狀況及所訴之內容，以便司法機關審查。其三，署明呈送訴狀的司法機關。其四，寫出甘結，如有不實，甘願受罰。最後，請求司法機關裁決，注明年、月、日，告狀人的姓名。

2. 訴訟格式的規範化及民事性質的訴訟在《事林廣記·公理類》所佔的比重，從一個側面反映了元朝民事訴訟的相對發達。

元之法律對訴訟格式的規範化要求，當然不僅僅對民事訴訟而言，但從上述有幸保存下來的史料看，有關民事和行政的訴狀佔有絕對優勢。單僅從這一孤立的史料看，妄言元之民事法規相對發達，仍不免有以偏概全之嫌，但若把這一現象與訴訟中有關的民事法規及元代的民事調解、代理、婚田訴訟對比、聯繫起來考察，便會發現這種數字比例的出現並非偶然。它的確從某個側面印證了元代民事法規在某個方面的相對發達完善。

四、以資產的多寡劃分戶等，用「鼠尾簿」驗證民事訴訟

1. 戶分「三等九甲」

現代意義的戶籍制度是關係到公民權利能力的重要問題。封建社會的戶籍制度則主要是為了向勞動人民徵糧納稅所設。元朝地域遼闊、民族眾多，且統治者又推行民族壓迫政策，因此其戶籍制度就顯得格外複雜。如前所述，元政府將全國居民以職業或民族信仰的不同將全體居民劃分成若干種戶計，稱之為諸色戶計，如站戶、匠戶、儒戶、樂戶、打捕鷹坊戶等。諸色戶計因隸屬和管理系統各異，其各自承擔的封建義務也不相同，且諸色戶計一經入籍，就不得隨意更動。其次，元政府為了給科徵賦役設定一個標準，又以資產的多寡推行「三等九甲」的戶等制。忽必烈中統五年（至元元年，公元 1264 年）頒布推行戶等制的「聖旨條畫」。即「諸應當差發，多係貧民，其官豪富強，往往僥倖苟避，已前哈罕皇帝（元太宗窩闊台）聖旨：『諸差發驗民戶貧富科取。』今仰中書省，將人戶驗事產多寡，以三等九甲為差，品荅高下，類贊鼠尾文簿」。〔註31〕「鼠尾簿」與民事訴訟有密切關係。

2.「鼠尾簿」是勘驗婚姻、田宅等民事訴訟的重要憑證

「鼠尾簿」，又稱鼠尾冊，是登記居民、丁口、資產的簿籍。始於宋代，元沿用。朝廷按簿登記每戶居民的丁口、資產、標明戶等，先上戶，後中、下戶，類似鼠尾由粗而細，故得名。〔註32〕鼠尾簿不僅是元政府科徵賦役的根據，也是勘驗婚姻田宅等民事訴訟的重要憑證。元法律規定：「凡於差發絲銀、稅糧、夫役車牛，造作、起發當軍，檢點簿籍，照各家即自增損分數科攤」，「至於土田、婚姻、驅良、頭匹、債負，一切詞訟，一一憑籍照勘」。〔註33〕

五、嚴格田宅典賣規程，確立契約為基本形式

（一）田宅典賣的法定程序及對憂買權的時間限制

馬克思說，土地私有權的「法律觀念自身，不外說明土地所有制可以和每一個商品所有者處理他的商品一樣去處理土地」。〔註34〕土地私有權的法

〔註31〕方齡貴校注：《通制條格校注》卷十七，中華書局 2011 年版，第 493 頁。

〔註32〕蔡美彪主編：《中國歷史大辭典·遼夏金元卷》，上海辭書出版社 1986 年版，第 496 頁。

〔註33〕李修生主編：《全元文》，卷一六五，《縣政要式》，鳳凰出版社 1998 年版，第 584 頁。

〔註34〕卡爾·馬克思：《資本論》，第三卷，人民出版社 1956 年版，第 804 頁。

律觀念，應該以允許土地買賣為標準。我國封建社會自宋以來，土地買賣空前盛行，史稱「人戶交易田土，投買契書，及爭訟界至，無日無之」。〔註35〕而「官中條令，惟交易（指田產交易）一事最為詳備」。〔註36〕如果說，宋土地買賣的頻繁可以從一個方面反映商品貨幣關係發展高度的話，那麼到了元朝，土地買賣的勢頭比宋更是有增無減。在正常的情況下，買賣是形成私有土地的主要方式。一般官僚、巨室、大農、富賈以及各色人等，凡有資財到手無不競購土地。元人黃溍在《答祿乃蠻氏先塋碑》中記載：有個叫答祿興權的「翰林應奉」是位頗有點權勢的官僚。然而他生平「節儉務本，俸祿給衣食之餘，盡以買田園馬牛農具。大名、安非、陳穎之田幾二萬畝，家僮幾百人，歸休之日，輒課其耕作，子孫賴焉」。〔註37〕另一個寡婦叫曹節君，她在丈夫死後，考慮到「農桑衣食之源，無田以給口眾，非久計也」。於是把狀奩賣掉，「買田南山下，課童婢耕蠶」，成了有名的大地主。〔註38〕元朝土地買賣的興盛由此可見一斑。不惟如此，元代田宅典當活動也十分活躍。典又稱活賣，並不是所有權的完全轉移，典主又稱錢主，可以取得佔有、使用、部分處分權。因為田宅典賣期限很長，一般都在二十年以上。對於典進的土地，典主可以轉典。當然田宅作為固定資產與其他物品的典當有著嚴格的不同。元制，其他物品的典當，一般在解典庫進行，所有權人若二週年不贖，所有權歸典主。法律稱之為「下架」。田宅的典當如同買賣一樣有著嚴格的法律程序。元在土地、房宅買賣、典當方面的立法與宋相比更加細密，某些方面甚至達到了相當完善的程度。現把本人收集到的有關宋、元兩代田宅買賣、典當的法令分組列表於下。第一組，圖表一至二為宋元兩代有關田宅買賣、典當的法令；第二組，圖表一、二、三為元代徽州民間買賣、典當土地的白契；第三組，共八件契約，為泉州路晉江縣田宅買賣的經官方認可的契約。

〔註35〕（清）徐松：《宋會要輯稿》食貨三，第 10 冊，劉琳等校點，上海古籍出版社 2014 年版，第 6024 頁。

〔註36〕（宋）袁采：《袁氏世範》卷下《田產宜早印契割產》，天津古籍出版社 1995 年版，第 160 頁。括號裏的文字為本文作者所加。

〔註37〕李修生主編：《全元文》，卷九六三，黃溍《答祿乃蠻氏先塋碑》，鳳凰出版社 1998 年版，第 72 頁。

〔註38〕李修生主編：《全元文》，卷六〇三，《任正卿妻曹節君墓誌銘》，鳳凰出版社 1998 年版，第 416 頁。

圖表四：宋元有關土地買賣的地法令

宋	元
《宋刑統》卷十三「典賣指當論竟物業」條：	《元史》卷一〇三，刑法志‧戶婚，第 9 冊，中華書局 1976 年版，第 2641～2642 頁：
《準雜令》：諸家長曷（在謂三百里內非隔閡者），而子孫弟侄等不得輒以奴婢、六畜、田宅及餘財物私自貢舉，及賣田宅。無質而舉者亦準此。其有質舉賣者，皆得本司文牒，然後聽之。若不相本問，違而輒與及買者，物即還主，錢沒不追。……臣等參詳，自唐元和六年後來條理，典賣物業，敕文不一，今酌詳舊條逐件書一如後：	諸典賣田宅，從有司給據立契，買主賣主隨時赴有司推收稅糧，若買主權豪，官吏阿徇不既過割，止令賣主納稅。或偽立詭名，但受分文之贓，笞五十七，仍於買主名下，驗原價追徵，以半沒官，半給告者。首領官及所掌吏，斷罪罷役。
一、應田土、屋舍有連接交加者，當時不曾論理，伺候家長及見證亡歿，子孫幼弱之際，便將難明契書撓亂別縣，空煩刑獄證驗終難者，請椎唐長慶二年八月十五日敕，經二十年以上不論，既不在論理之限。有故留滯在外者，即與出處在外之年。違者並請以不應得為從重科罪。	諸典賣田宅，須從尊長署押，給據立帳，歷問有服房親，及鄰人典主，不願交易者，限十日批退，笞一十七，屬者限十五日議價，立契成交，違限不酬價者笞二十七，任便交易。親鄰典主故相邀阻，需求書字錢物者，笞三十七，仍聽親鄰典主百日收贖，限外不得爭訟。業主欺昧，故不交業者，笞四十七。親鄰典主在他所者，百里之外，不再由問之限。若違限事覺，有司不依理聽斷者，監察御史廉訪司糾之。
二、應典賣、倚當物業，先問房親，房親不要，次問四鄰，四鄰不要，他人並得交易。房親著價不盡，亦任就得價高處交易，若業主牙人等欺罔鄰親，契帖內虛招價錢，及鄰親妄有遮吝者，並據所欺錢數，與情狀輕重，酌量科斷。	《通制條格》卷一十六《典賣田產事例》：大德七年（1303 年）五月中書省戶部呈：「諸私相貿易田宅，即與貨賣無異，擬合給據，令房親鄰人畫字估價，立契成交，都省準呈。」
《宋會要輯稿‧食貨》六一之六二至六三載：	大德十年（1306 年）五月規定「今後質典交易，除依例給據外，須要寫立合同文契貳紙，各各畫字，赴務投稅，典主收執正契，業主收執合同。雖年深憑契收贖，庶革僥倖爭訟之弊。」
「（政和）六年四月十一日敕節文：詔兩浙轉運司……合依椎南例，收納人戶典賣田宅赴官收買定帖錢，淮南體例，人戶典賣田宅，議定價值，限三日先次清買定帖，出外書填，本縣上簿拘催，限三日買正契」。	

圖表五

《宋會要輯稿‧食貨》六一之五七至六一	《元典章》卷一九《戶部》五《典賣》
乾興元年正月，開封府言：「人戶典賣莊宅立契二本，付錢主一本，納商稅院年深（此句恐有脫誤）……今請曉示人戶，應典賣俺當莊宅田土，並立	《典賣田宅須問親鄰》：至元六年（1269 年），「舊例，諸典賣田宅及已典就賣，先須立限，取問有服房親，次及鄰人，次見典主。若不願者，限三日批退，願者限五日批價。」

合同契四本，一付錢主，一付業主，一納商稅院，一留本縣。」從之。
政和元年四月九日……「諸以田宅契投稅者，即時當官注籍，給憑由付錢主，限三日勘會業主、鄰人、牙保、寫契人，書字圍備無交加，所以典賣頃畝、田色、間架勘驗元（原）業稅租、免役錢，紐定應割稅租分數，分均平推，收狀入案。」

《典賣批問程限》：延佑二年（1815 年）規定：「今後軍戶諸色人戶，凡典賣田宅，皆從尊長畫字，給據立帳，取問有服房親，次及鄰人典主，不願者限一十日批退，如違限不行批退者決一十七下；願者限一十五日批價，依例之契成交，若違限不行酬價者，決二十七下。」
《賣買田宅告官推收》：「元貞元年（1295 年）江西行省中書省諮：『……若委因貧困，必合典賣田宅，依上經官給據出賣，買主、賣主一月隨即具狀赴官，將合該稅石推收與見買地主，依上送納』」。

圖表六：元代泉州路地契一覽表（第一組）

年　份	契約性質	契約件號	契約內容
至元二年（1336 年）*	賣	1	泉州路錄事司南隔排備住人麻合抹有祖上梯己花園一段，山一段，亭一段，房屋一間及花果等木在內並花園外房屋基一段，坐落晉江縣三十七都土名東塘頭村，今欲出賣□錢，中統鈔一百五十，如有願買者，劉批價前來商議，不願買者就上批退，今恐□□難值，立帳目一紙前去為用者。 至元二年七月日帳目 立帳出賣孫男　　麻合抹 同立帳出賣母親時鄰行帳官牙黃陽祖不願買人姑忽忽魯舍、姑比比、姑阿彌答、叔忽撒馬丁
	賣	2	皇帝聖旨裏泉州路音江務據錄事司南隔住民麻合抹狀告文沙律忽丁在日，原買得謝安等山園屋基山地，闢成園於內，栽種花木，四周築埼為界及有花園外屋基地一段，俱坐落晉江縣三十七郡東塘頭鄉西保遞年立麻合抹通納苗米二斗八開，原買山園屋基東西四至，該栽契書分曉。今來為□□□遠不能管顧，又兼鈔經紀欲將上項花園山地出賣，未取擅變告乞施行，得此行據三十七就裏在主首劉觀志等申，遵依呼集鄰陳九等從公勘當，得上項花園山地，委係麻合抹承文律繼丁□買□□物業中間，別無違碼□到各人執結文狀盤連保結申乞施行，得此除外，合□□□又字九號半印勘合公據付本人收執前去帳□□親鄰思與不願執買□使□人成交，畢日美□□投親至元二年九月十一日給 右付麻合抹收執準此
備註			本組圖表材料來源於南京大學歷史系編：《元史論集》，人民出版社出版 1984 年，《元代地契》，施一揆著。

*□為文中脫漏字

圖表七：元代泉州路地契一覽表（第二組）

年　份	契約性質	契約件號	契約內容	備　註
至元二年（公元1336年）	賣	3	泉州路錄事司隅排鋪住人麻合抹有祖上梯己花園一段，山一段，於內亭一座，房屋一間及花果等木在內，坐落晉江縣三十七都東塘頭廟。西圍築牆為界，東至孫府山，西至謝家園，南至瑞峰庵田，北至謝家。又花園西邊屋基一段，東至小路，西至陳家厝，南至空地，北至謝家園。因為□鈔經紀用度，將前項花園井屋基連土出賣遂□晉江縣□給公勘據□明白立帖□問鄰俱各不願承支。今得蔡八郎引到在城東隅人阿老丁前來就買。經官牙議定時價中統寶鈔六十錠。其鈔隨立交契日一定領訖□□批目，其花園井基地□□上手一應租契，聽從買主收執，前去自行經營管業，並無克留寸土在內。所賣花園屋基，的係麻合抹梯己物業，即不是盜賣房親兄弟叔伯及他人之業，並無諸般違礙，亦無重張典掛外人財物。如有此色，賣主抵擋，不涉買主之事。所有合該產錢麻合抹戶苗米二斗八升自至元二年為始，係買主抵納。今恐□□難信，立賣契紙，付買主印稅收為用者。 元至元二年十月日文契情願賣花園屋基人麻合抹同賣花園母親時鄰引進人，蔡八郎；知見賣花園屋基姑夫何暗都剌代書人，林東卿。	本表係依據《歷史研究》1957年第5期，施一揆著《元代地契》而制。
		4	皇帝聖旨裏泉州路晉江縣今據阿老丁用價錢中統鈔六十買到麻合抹花園山地，除已驗價收稅外合行出給者至元二年十月初三日給右付本阿老丁準此	

圖表八：元代泉州路地契一覽表（第三組）

年份	契約性質	契約件號	契約內容	備註
至正二十六年（1336年）	賣	5	晉江縣三十七都東塘頭住人阿友祖有山地一所坐落本處栽種果木，今因銀用度，抽出西畔山地經官告據出賣，為無房親立帳，盡問山鄰，不願者批退，今恐無憑，立此帳目一紙為照者。	

年份	契約性質	契約件號	契約內容	備註
			至正二十六年八月　　日　　立帳人薄阿友 不願買山鄰　　曾大潘大	
至正二十六年	賣	6	皇帝聖旨泉州路晉江縣三十七都住民韓阿友狀告祖有山地一所，坐落本都東塘頭廟西，今因銀用度，就本山內撥出西畔山地，東至自家屋基，西至增，南至路，北至本宅大石山及漁池後為界，於上一二果木欲行出賣緣在手，別無文憑，未敢擅便，告乞施行，得此行據。三十七都里正主首蔡大卿狀申遂儂，茲去集係個隊曾大等，從公勘當得薄阿友所告前項山地的□□□□物案中間並無違礙，就出到口人執□文狀繳連申乞施□得此合行給日字三號半印勘合公據付薄阿友收執□□□□間親鄰願與不願依律成交，畢日契付務投稅，毋得欺昧稅課違錯，所有公據順至出給者 至正二十六年月日右付薄阿友準此	
至正二十六年八月	賣	7	晉江三十七都東塘頭廟西住薄阿友父祖阿老丁在日，買得麻合抹花園及山坐落本處。今來銀經紀用度，就本山內撥出西畔山地蓮花園，東至自家屋基地，西至增，南至路，北至本宅大石山及漁池後為界於上□有屋基並四角亭基及樟樹果木等樹及井□在內，畝行出賣。經有靠給日字三號半印勘旨公據，為無廬親立帳，盡問山鄰，不願承買。三面議定直時價值花銀九十兩，重隨契交領足訖：當將上項前地連園交付買主，依四至管業為主。其山的係阿友承祖物業與房親伯叔兄弟無預，亦無重張典掛他人錢物。如有此色，賣主抵擋，不幹買主之事。其山園該載產錢苗米一斗，自賣過後從買主津貼，阿友抵納文祖原買祖契干礙祖墳難以分析就上批鑿。今恐無憑立此買契一紙繳連公據付買主收執。前經官印稅□為照者。 至正二十六年八月日文契　賣山地人薄阿友 作中人徐三叔	

圖表九：元代泉州路地契一覽表（第四組）

年　份	契約性質	契約件號	契約內容	備註
至正二十七年二月（公元1367年）	賣	8	晉江三十七都東塘頭廟西住人薄阿友父祖在日，買得郭合抹荔支園及山地，坐落本處，今來缺銀用度，就本山內撥出西畔山兌連荔枝樹及六角亭一座，並門屋等處，東至自家麥園，西	

| | | | 牆，南至姐姐住小屋，北至後山增及山路為界。欲行出賣，經官告給日字三號半印勘合公據，為無房親立帳，盡問山鄰，不願承買，託得本處廟東保住人徐三叔作中，引至在城南隅潘五官前來承買，三面議定價錢，花銀六十兩，重隨立文契日交領足訖，當將上項連荔枝園六角亭等處交付買主，照依四至管業為主。其山園內係阿友承祖物業與房親伯叔兄弟並無干預，亦無重張典掛他人財物，如有此色賣主抵擋不幹買主之事，其園該載立錢苗米五升，自賣過後從買主津貼阿友抵納，父祖原買祖契干礙墳山，難以分析就上批鑿，今恐無憑立此賣契，一紙繳連公據付買主收執印稅營業永為用者。
至正二十七年二月日
立賣山地荔枝園人薄阿友知見人吳仔作中人徐三叔 |

　　現就上表所載契約及法律內容略論之。第二組、三組圖表所載的地契八件，可分為兩事。前一事的田宅出賣人為麻合抹，買主是阿老丁，後一事的田宅賣主正是前一事的買主阿老丁之孫薄阿友。前一事發生在順帝至元二年（公元 1336 年），後一事發生在至正二十六年至正二十九年（公元 1366～1369年）。兩事前後相隔剛好三十年。這幾組地契的發現有力地說明了元代田宅買賣、典當關係的相對發達和普遍。泉州晉江的地契清楚地再現了元代田宅買賣的全部法定過程，是本文討論的重點。

　　第一，關於泉州晉江地契的研究結果，施一揆先生已在 1959 年的《歷史研究》上著文論之。他根據契約的內容，把元代土地買賣的程序概括為四點。①賣主出立定約；②遍問房親鄰里，是否願買、徵求買主議價；③赴官呈報，官給半印勘合公據，書立文契成交；④赴稅驗價、交稅過割。施先生的概括對於我們考察元代土地買賣的法定過程無疑具有很大的幫助。但是對於有關田宅買賣的法定程序的順序和有關內容，筆者以為施文尚有可商之處，而且施文沒有把元之法律規定與宋對比分析，這就使我們較難看出元究竟在哪些方面繼承和發展了宋的有關制度，從而也使元朝法律所處的歷史地位及對後世的影響顯得模糊不清。鑒於此，筆者把宋元有關土地、房宅買賣的法定程序列表於下，重點在於說明元是如何繼承、發展和完善自宋以來的有關土地買賣的法律制度的。（表見下頁）

圖表十：宋元土地、莊宅典當、買賣法定程序表

朝代	步驟	法定內容	朝代	步驟	法定內容
宋	1	賣主先問房親、四鄰，房親四鄰不要，他人並得交易。	元	1	買主出立定約。
	2	典買人須稱官府請買「定帖」。		2	赴官呈收，官給半印勘合公據，遍問房親、鄰里。
				3	嚴格房親、鄰人、典主的權利責任：願者限十五日內議價，違限不酬價者笞二十七；不願要者，十日內批退，違限笞一十七。
	3	契約的交割必須幾方面當事人到官驗明。		4	書立契成交（尊長、賣主）、賣買雙方、見證人簽字畫押。
				5	赴官驗價，交稅過割。
	4	未經輸錢印契的契約為「白契」，官府不予保護。		6	契尾成為驗證契約的主要標記。
				備註	《中國史研究》1987 年第 1 期載有周紹泉先生的《田宅交易中的契尾試探》一文，對契尾的產生，發展及對明清的影響進行了詳細的考察，可參考。

　　上表與施一揆先生文中所敘略有不同，差別在於：施文認為，赴官呈報，官給半印勘合公據，在「遍問房親、鄰人、典主」之後，我認為應在它之前。其理由有兩點，首先以元代法律的規定看，「諸典賣田宅，須從尊長書押，給據立帳，歷問有服房親，及鄰人典主。」〔註39〕從這段話的文字看，立帳，就是指的出賣人出立定約，「給據」不是指出賣人給付買主憑證，（因為賣主是無此項權利的）而是指封建國家的政府機構發付給當事人的公據。實事上，這個給據正是指的由元官府發付給出賣人的「半印勘合公據」，實質上是封建國家對契約是否合法所進行的必要監督程序。若說此項程序在「遍問房親、鄰人、典主」之後，顯然與法律條文上的文字相矛盾。從實踐上看泉州路晉江地契所載之內容地說明「官給半印勘合公據」應在「遍問房親、鄰人、典主」之前。

　　第二，從上列泉州地契一覽表來看，第二組的二號契約，實際上就是晉江錄事司經過委託三十七都里正、主首劉觀志、陳九依法對定約檢驗明白後，

〔註39〕（明）宋濂等：《元史》卷一百三，志第五十一，《戶婚》，中華書局 1976 年版，第 2641 頁。

發付給出賣人的官方憑據。此據中載：「……除外，合□□□又字九號半印勘
合公據本人收執、前去立帳口□親鄰願與不願執買口便□人成交」。同組六號
契約載：「……合行給日字三號半印勘合公據，付簿阿友收執。□□□問親鄰
願與不願依律成交」。〔註40〕這兩件憑據行文中間，有的字已脫漏，但把二文
參照對比，其意思還是清楚明白的。它告訴我們，出賣人是在收到「半印勘
合公據」後，才去問房親、鄰人的，弄清二者的先後，旨在說明封建國家加強
了對買賣契約的干預。因此，我以為從法律的條文規定及土地買賣契約的實
際兩方面考察，合理的答案應是上表所列之程序。這是要著重說明的。

從上列各表也不難看出，元代土地，房宅私有權觀念進一步深化。主要
表現在以下幾個方面：

1. 田宅買賣方面法定程序的完善

就田宅買賣的有關法定程序而言，如表所述，元代立法中有關在出賣人
出立定約，「遍問房親、鄰人」及立契成交後「到官驗價，納稅過割」之內容，
顯然是從宋代承襲下來的。立契赴官納稅，最早開始於宋太祖開寶年間。〔註
41〕至於「官給半印勘合公據」和契尾制度的實行則是元代獨創。契尾之制始
於元代，它因黏連在契約之尾部而得名，又稱稅給或稅票。契尾於至元二十
二年（公元 1285 年）產生，當時江浙行省「各務契稅不用元降契本」，只黏
本稅務的「務官契尾」。這是契尾之制的發端。契尾剛出現時，由於它是稅務
官員為代替官版契本，以「盜稅文契，欺隱課程」而使用的。因此元廷嚴令禁
止。這是契尾之制的發端。二十三年後，武宗至大元年（公元 1285 年）元廷
正式承認各縣行用的契尾，如至大元年徽州路祁門縣契尾：

> 徽州路總管府祁門縣在城稅使司，今據謝良臣齋的後項文契，
> 計價中統鈔柒拾柒兩（貫），赴□□稅訖，本司照依口畫驗價鈔例收
> 稅附歷訖，所有公據合行出照驗者。
>
> 右付收執準此。至大元年十一月日給
> 稅使司押。〔註42〕

〔註40〕引文中「□」為脫文符號。
〔註41〕開寶二年九月，「令民典賣田土者，輸錢印契」。參見（清）畢沅：《續資治通
　　　鑒》卷六，中華書局 2011 年版，第 133 頁。
〔註42〕原件藏中國社會科學院歷史研究所。參見中國社會科學院歷史研究所整理：
　　　《徽州千年契約文書（宋元明編）》卷一，至大元年祁門謝良臣置產稅票，第
　　　1 冊，花山文藝出版社 1991 年版，第 8 頁。

公據與稅尾的實行旨在防止因土地所有權的轉移而使國家稅收落空的現象出現，從而保障封建國家的稅收順利進行。但二者也是封建國家驗證契約是否合法的主要標記，並對其後的明、清產生了一定的影響。明律規定：「凡典賣田宅不稅契者，笞五十……不過割者，一畝至五畝笞四十。」〔註43〕清《戶部則例》規定，買賣雙方須「親身赴縣，對冊推收，隨時過割」。〔註44〕此制對清也頗有影響。據《清朝文獻通考·征榷考》記載，「止鈐契紙，不連用契尾者」為違法。〔註45〕

2. 合同契約的重要作用

元代，合同契約是確定田宅所有權轉移的基本方式，也是勘驗訴訟的重要憑證。《通制條格》載：「大德十年五月，中書省御史臺呈，河南道廉訪司申，近年告爭典質田產，買囑牙見人等，通同將元典文據改作買契，昏賴親鄰，牙見證說爭差，致使詞訟壅滯，禮部議得：典質地產，即係活業。若一面收執文約，或年深迷失，改作賣契，或昏昧條段間座，多至爭訟，以此參詳，今後質典交易，除依例給據外，須要寫立合同文契二紙，各各畫字，赴務投稅。典主收執正契，業主收執合同，雖年深，憑契收贖，庶革僥倖爭訟之弊，都省準呈。」〔註46〕我們從圖表所載的地契中也可以看到，元代的這種法律規定在實踐中得到了貫徹執行，契約合同為確立田宅所有權轉移的基本方式。

3. 田宅典賣中的時效

封建社會，土地、房宅是人們最基本的生產資料與生活資料，人們視土地、房宅的買賣為大事。出於對封建宗法倫理道德的遵守和封建國家對土地所有權保護的需要，元朝法律在土地、房宅的買賣中，首先保障賣主的房親、鄰人、典主的優先購買權，法律規定：「軍戶、諸色人戶凡典賣田宅，皆從尊長畫字給據立帳，取問有服房親，次及鄰人典主」。〔註47〕「典主」排在房親、

〔註43〕（清）薛允升：《唐明律合編》卷十三上，法律出版社 1999 年版，第 307～308 頁。

〔註44〕《欽定戶部則例》卷十七，田賦·推收田產，故宮珍本叢刊第 284 冊，海南出版社 2000 年版，第 146 頁。

〔註45〕王雲五總編：《清朝文獻通考》（「萬有文庫」本），卷三十一，《征榷考》六《雜征斂》，商務印書館 1937 年版，考 5141。

〔註46〕方齡貴校注：《通制條格校注》卷十六，典賣田產事例，中華書局 2011 年版，第 478～479 頁。

〔註47〕陳高華等點校：《元典章》典章十九，戶部五，《書狀》，中華書局 2011 年版，第 694 頁。

鄰人之後也取得優先購買權，這是元律對宋的發展。它表明元代土地買賣關係比宋更加深化，更加適應私有制向縱深方向發展的需要。其次，元統治者已開始注意斯在給予賣主的房親、鄰人、典主以優先購買權的同時，必須嚴格限制其運用優先購買權的時間，以免此類人因享有優先購買權而故拖延時間，影響土地買賣的順利進行，妨礙商品經濟的發展。對此，元代法律進一步規定房親、鄰人、典主「不願者（按：不願購買者）限一十日批退，違限不行批退者，決一十七下；願者限一十五日批價，依例立契成交，若違限不行酬價者，笞二十七下，任便交易」。〔註48〕並規定：「親鄰典主故相邀阻，需求書字錢物者，笞二十七」。〔註49〕

　　從上述規定看，元人的立法比宋大有發展，在宋代，田宅典賣應先問房親，房親不要，次問四鄰，親指賣主緦麻以上的親，鄰是指賣主土地的四鄰。〔註50〕只有在房親、四鄰都不願買的情況下，他人才得交易，但是宋代法律對房親、鄰人的優先購買權並無時間上的限制，也就是說這種優先購買權究竟何時消滅，法律並無規定，這就為房親、鄰人阻撓土地買賣的順利進行，藉故刁蹬妄興訟詞洞開了方便之門。元的立法恰恰彌補了這一漏洞。房親、鄰人、典主不願買者，則必須於十日內在賣主出立的定約上批字，明確表示不願購買，退給賣主，以便賣主及時與他人交易。若違限不批退，則決親鄰典主十七下。若親鄰典主自願購買，其時間也有嚴格限制，限十五日內必須批價，依例立契成交，違限不酬價者，也要追究親鄰、典主的法律責任，笞二十七。這就以法律的形式，保障了土地買賣關係的順利進行，順應了歷史發展的潮流。值得一提的是，從泉州路晉江地契所載的內容看，元代法律的這種規定是完全付諸了實踐的。我們從薄阿友出定立定約到與藩五賞立契成交看，限期在一月之內，房親鄰人典主的批退時限也必然合乎法定時限。

4. 收贖期限的縮短

　　在應問房親、鄰人而不問的情況下，出賣人與他人立契成交，宋律規定，三年內允許其收贖。而元代法律規定，只有在賣主「虛抬高價，不相由問成

〔註48〕 陳高華等點校：《元典章》典章十九，戶部五，《書狀》，中華書局 2011 年版，第 694 頁。

〔註49〕（明）宋濂等：《元史》，卷一百三，志第五十一，《戶婚》，中華書局 1976 年版，第 2641 頁。

〔註50〕 楊廷福：《宋朝民事制度述略》，載《宋史論集》，中州書畫社 1988 年出版。

交」的情況下，才允許「親鄰典主百日內收贖，限外不得爭告」。〔註51〕同時，法律還規定：「親鄰典主在他所者，百里之外，不在由問之限。」〔註52〕

略言之，元之法律與宋相比有兩個突出的特色。第一，對土地出賣人的房親、鄰人、典主的優先購買權有明確的時間限制；第二，縮短了此類人的收贖期限。二者都是為了避免無謂的爭訟，保證買賣關係的順利進行。

必須指出的是，在元代土地買賣的過程中，免不了出現豪右掠奪貧民的兼併之風，加之元蒙古族統治者又大力推行民族壓迫、階級壓迫政策，不知有多少貧民子弟因土地被兼併而導致家破人亡。誠如延佑二年（公元 1315 年）九月，監察御史言：「切謂民間，諸賣田宅，皆因迫於飢寒，或遇喪事，及欠少錢債，委無措置，將田土房舍或典賣以救其急，蓋不得已也。」土地買賣中所反映的階級壓迫是封建社會的痼疾，不獨元之特有。儘管如此，自宋以來土地買賣的盛行及統治者對此而進行的大量立法，還是從一個側面展現了封建地主階級的土地私有制向縱深方向發展的歷史趨勢，同時它也告訴我們，古代的民事立法到宋元已進入一個新時期。

（二）關於其他物品的典權

典權是所有權基礎上的用益物權。元代，不僅田宅可以典，其他屬於動產的物品，如金、銀、珠寶、馬牛之類，也可作為典當的標的物進入流通領域。元政府在全國普遍設立「解典庫」，收典物品。法律對典當的規定尤為詳盡。

1. 確定解帖典質

一般物品的典質憑證稱為解帖，「解帖」須要寫明典當的對象，所得鈔兩，每月利息等。〔註53〕典質物品不立解帖為違法，元政府一律加以禁止。《元史·刑法志》載：「諸典質不設正庫，不立信帖，違例取息者，禁之。」

2.「解典金銀諸物並二週年下架」

古代的法律中並無動產與不動產之法律概念，但是自宋以來，法律已對田

〔註51〕陳高華等點校：《元典章》典章十九，戶部五，《書狀》，中華書局 2011 年版，第 694 頁。

〔註52〕（明）宋濂：《元史》，卷一百三，志第五十一，《戶婚》，中華書局 1976 年版，第 2642 頁。

〔註53〕蔡美彪主編：《中國歷史大辭典·遼夏金元史卷》，上海辭書出版社 1986 年版，第 497 頁。

宅與其他物品作了法律概念上的區分。宋時普遍稱田宅所有權為業權，其他物品為物權。元代法律對田宅的典賣回贖與金銀珠寶之物的回贖期限作了不同的規定。元貞二年（1296 年），元廷下令，典質金銀諸物，二年內許出典人收贖。超過二週年，所有權歸典主，元代法律稱之為「下架」。《元典章》卷二十七《戶部》卷十三《解典》規定：「解典金銀諸物，並二週年下架」，所以如此，一是為了督促典人盡快贖回典質物品，以革爭訟之源，二是為了保障典主不致因典物品時間過長而蒙受經濟損失，三是有利於民事關係的順利流轉。

3. 規定典主的保管義務

典主在典當關係中負有保管當物的義務。若當物因意外的原因而發生滅損，典主負賠償責任。元令（至元雜令）規定：「或亡挫折，論贖日，於元典物上，別償兩倍，雖有利息，不在準折之限。」這種不問典主主觀上有無過失，客觀上是否有不測之事的發生（如失火，被盜），一律令典主賠償的規定，頗有現代民法上無過失責任的意味。

（三）關於債權

債權是所有權轉移的一種形式。現代民法意義上的債是指特定的當事人之間的民事法律關係。債的一方享有請他方為十定行為或不為一定行為的權利，他方負有滿足該項請求的義務。在羅馬法中，債被解釋為「依國法而應負擔履行義務之法鎖也」。〔註54〕法鎖即指債權人和債務人之間的法律關係，「債」在我國古代稱之為「責」，僅指負財、欠錢而言。《周禮·天官冢宰·小宰》中有「聽稱責任以傅別，聽買賣以質劑」的記載。傅別就是指的借貸契約。西方民法中的債權概念直到修定《大清民律草案》時才首次被引用。儘管如此，在封建商品經濟發展的不同階段，我國債權關係也還有相對發達的一面。元朝債的發生主要是以契約關係而告成立，兼有因損害賠償而發生的債的關係。

1. 因契約而發生的債

以契約而成立借貸關係是元代社會債的發生的主要方式，從《元典章.戶部》卷十三《錢債》的有關規定看，借貸金錢當必訂立契約。中統二年八月，中書省諭各路宣慰司語「……民間私借錢債驗元借底契，只還一本一利」，「又

〔註54〕《法學階梯》，轉引自《中國大百科全書·法學卷》，中國大百科全書出版社 1984 年版，第 721 頁。

照得先帝聖旨，如有為民借了，雖寫作梯己文契……亦在倚閣之數」。〔註55〕
「梯己」就是指的自己，這是元代特有的術語。從這些記載看，訂立契約是
金錢借貸關係成立的基本方式，元借物契約的規範程序如何？1929 年前西北
科學考察團在新疆庫車獲得的借錢賣地契約，及中國科學院考古研究所在
1951 年夏買到的殘缺契約，〔註56〕為我們認識這個問題提供了方便。現摘錄
於下：

> ……餘，土爾迷失的斤因需要大都通用的錢幣——和州帶「高
> 昌」字樣的也一樣，我由我的女胥，他撥迷失分到的耘田和擠奶子
> 的地方　我經合法的手續，賣給法蘇都，文書內言明中統鈔八十錠。
> 自立文書之日起餘，法蘇都即將全數付給。餘，土爾迷失的近即將
> 全數收到。……縱然有搗亂之徒從中作害，與法蘇都無干。
>
> 這個手印是我土爾迷失的斤的（蓋章）
這個手印是我塞溫赤脫端裏的（簽字）
（下有若幹人蓋章、簽字，皆略去——引者）

這是十三世紀元朝畏吾兒人留給我們的認識元借錢賣地契約的珍貴資
料。從元代法律的有關規定及契約的內容看，訂立的契約有一定的規範格式，
開頭為借錢人（賣地人）的名字，內容詳述為何而立契約，後署借錢人、中
人、見證人的名字，簽字或蓋章。

此外，法律還對借債的利息，債務人的主體作了若干限定，主要是：「私
債」，錢債只還一本一利。元朝貴族勢要之家利用權勢借貸於民、高利取息的
現象十分嚴重。《黑韃事略》稱：「自驅主以至偽諸王，偽太子、偽公主等，皆
付回回以銀」。回回人發明了一種「羊羔息」的放債辦法更是適應了蒙古諸王
及地主階級壓迫剝削農民的需要，以致於使貧民家破人亡，難以還償。尤其
是在蒙古諸王的投下（封地）裏，債務人因還不起債，被強行拖曳，折身抵價
的現象經常發生。史稱：「所在官吏取借回鶻債銀，其年則倍之，次年則並息
又倍之，謂之羊羔利，積而不已。往往破家散族，至以妻子為質，然終不能

〔註55〕李修生主編：《全元文》，卷九四，《錢債止還一本一利詔》，鳳凰出版社 1998
　　　　年版，第 275 頁。
〔註56〕這兩件契約均為維吾兒文，由馮家昇譯為漢文。參見馮家昇：《元代畏兀兒文
　　　　契約二種》，載《歷史研究》1954 年第 1 期。

償。」〔註57〕這種情況若連續發生下去，就會影響封建統治者的整體利益。為此，元廷下令，私借「錢貸只還一本一利」。〔註58〕「放債取利不得過分」。〔註59〕「多要利錢本利沒官」。〔註60〕並禁止強行拖拽人口頭匹拆價，「如違，定是治罪施行」。〔註61〕「諸人舉放錢債，每貫月例三分，止還一本一利」〔註62〕卑幼不得私借債。為了維護家庭中家長的特權，元代法律規定：「卑幼不得私借錢倆……如違，其借錢人並借與錢人、牙保人一例斷罪」。〔註63〕

2. 因非法侵害而發生的債

早在秦朝，封建統治者就以維護社會的整體利益為出發點把盜竊、強搶、傷害、誹謗之類的行為視作犯罪，而首先用刑罰的方法加以解決，同時還把它視作附帶的民事問題，而給受害者以經濟賠償。元代，對於強搶、鬥毆傷人，因誣告使人致傷受殘者，首先給予刑事處罰。其次，加害人必須給害人以經濟補償。如法律規定：「諸軍人在路奪物，又追逐人致死非命者，首先杖一百七，為從七十七，徵燒埋銀給苦主」，「以頭觸人，與人俱僕，肘抵其心，邂逅致死者，杖一百七，全徵埋錢」。「諸豪橫輒誣平人為盜，捕其夫婦男女，於私家考訊監禁……其被害有致殘廢者，人徵中統鈔二十錠，充養贍之貲」。〔註64〕

六、調解制度完善，代理範圍擴大

（一）元代法律中的民事調解

中國的民事調解活動歷史悠久。秦漢時的「鄉嗇夫」，職聽訟，負有調解

〔註57〕李修生主編：《元文類》卷八，《中書令耶律公神道碑》，鳳凰出版社1998年版，第174頁。

〔註58〕陳高華等點校：《元典章》典章二十七，戶部十三，中華書局2011年版，第992頁。

〔註59〕陳高華等點校：《元典章》典章二十七，戶部十三，中華書局2011年版，第992頁。

〔註60〕陳高華等點校：《元典章》典章二十七，戶部十三，中華書局2011年版，第993頁。

〔註61〕陳高華等點校：《元典章》典章二十七，戶部十三，中華書局2011年版，第992頁。

〔註62〕陳高華等點校：《元典章》典章二十七，戶部十三，中華書局2011年版，第995頁。

〔註63〕陳高華等點校：《元典章》典章二十七，戶部十三，中華書局2011年版，第993頁。

〔註64〕（明）宋濂等：《元史》卷一百五，志第五十三，中華書局1976年版，第2673頁。

職責。唐朝鄉里訟事則先由里正、村正、坊里調解。宋時，法律中未見有關於民事調解的規定，但在司法實踐活動中，確也有調解的事例。〔註65〕元代的法律正式規定了民事調解制度，並在當時廣大農民的基層組織村社普遍推行。有一元代的民事調解制度，對穩定封建社會秩序、和睦家庭、團結鄰里，加強封建社會的統治效能起到了重要作用，並對其後的明朝制度有著一定影響。研究和探討這一制度即便是對我們今天社會主義法制建設也不無歷史的借鑒意義。

1. 民事調解制度適用的對象

由於歷史的原因，有元一代的主要法律典籍《大元通制》全文今已不存，有關民事調解制度的規定散見於僅存的《通制條格》殘卷及《元史・刑法志》和人物筆記、石刻叢書之中。《通制條格》卷十六載有《至元新格》中的一條法令：「諸論訴婚姻、家財、田宅、債負，若不係違法重事，並聽社長以理諭解，免使妨廢農務，煩撓官司。」〔註66〕《元史・刑法志》載：「諸蒙古人斫傷他人奴，知罪願休和者聽」。「諸戲傷人命，自願休和者聽」。〔註67〕由此可知，適用民事調解的案件因性質上的差異，大致可分為兩類。

（1）因「婚姻、家財、田宅、債負」而引起的民事糾紛，在當時被認為是「不係違法重事」的輕微案件。

（2）因行為人主觀上的過失（所謂戲傷他人）而造成的對他人的輕微傷害，這種案件的性質介於民刑之間，若雙方當事人自願和解，司法機關則予以認可。

2. 調解的方式

元代的民事調解因參與調解的機關與個人有無審判權可分為民間調解和司法機關的調解兩種方式。

（1）民間調解。元代，執行民間調解職能的是設立在農村的基層組織——社。社由社長負責。元制，「諸縣所屬村疃，凡五十家立為一社，不以是何諸色人等並行入社，令社眾推舉年高、通曉農事、有兼丁者立為社長……增

〔註65〕 北宋名臣張齊賢成功調解財產糾紛，後受到真宗的表揚。參見司馬光：《涑水紀聞》卷七，中華書局 1987 年版，第 133 頁。

〔註66〕 方齡貴校注：《通制條格校注》卷十六，理民，中華書局 2011 年版，第 452 頁。

〔註67〕 （明）宋濂等：《元史》卷一百五，志第五十三，中華書局 1976 年版，第 2673 頁，第 2678 頁。

至百家者，另設社長一員。」〔註68〕社長除主要負責勸課農桑、誠飭游蕩、防奸察非的事務外，他還依法律之規定，對發生在家庭、鄰里之間的民事糾紛負有「以理諭解」的責任。社並非元朝的一級司法機關。元制「五十七以下司縣斷決，一百七以下，各路總管府斷決」，可見社並無審判權限，社長本人也無審判權利。因此，我們把社長所進行的民事調解稱為「民間調解」。

（2）司法機關的調解。元代司法機關在受理案件時，也可以對當事人進行調解。元人張養浩曾擔任御史臺掾、堂邑縣尹。史稱他為政十年，頗有政績。其政績之一，就是在擔任審判官吏期間，對民間訴訟，多以理論之。他在《牧民忠告・聽訟》中說：「書訟者誠能開以枉直，而曉以利害，鮮有不愧服兩釋而退者。」因此，他主張，「瑣屑不切之訟，聽其從宜諭遣，如迷不復，乃引而之官」。〔註69〕富陽朱某遇有鬥訟之案「輒開諭之，使解去裏中賴以無事」。〔註70〕而另一個葉某在處理案件時更是遇「人有鬥訟，必諭以理，啟其良心，俾悟而止氣若遇訴財產之事，則曰：「汝姑退，歸而自思，兄弟、錢財，敦輕孰重……，其人愧謝，雍睦如初。」〔註71〕因此，一家之讓，化行里閭。可見，司法機關的審判官員在司法實踐中也普遍推行民事調解制度。

3. 元代民事調解制度在村社的實行

元代的民事調解在村社實行的情況如何？《山右石刻叢編・霍邑縣杜莊碑》的碑文，對這個問題做了很好的回答，碑文記載了當時的杜莊與其他村莊因使用泉水而發生民事糾紛，最後由鄰近幾村社長以理調解，達成協議一事。這是一件研究元代民事調解制度的寶貴資料。為了更好地說明、分析問題，現全文抄錄於下：

霍邑縣杜莊碑

（碑文二截高三尺，廣一尺九寸，上截十八行，行三十字至四十字不等，下截刻本村人戶，計兩側十二行，均行書，今在霍州。筆者按：上述文字為

〔註68〕陳高華等點校：《元典章》典章二十三，戶部九，《勸農立事社理》，中華書局 2011 年版，第 916～917 頁。

〔註69〕（元）張養浩：《張養浩集》卷二五，《牧民忠告・聽訟》，吉林文史出版社 2008 年版，第 213 頁。

〔註70〕李修生主編：《全元文》，卷九八一，《富陽朱君墓誌銘》，鳳凰出版社 1998 年版，第 435 頁。

〔註71〕李修生主編：《全元文》，卷九六四，《葉府君碑》，鳳凰出版社 1998 年版，第 86 頁。

《山右石刻叢編》編者所加）。

　　霍邑縣給

　　　據杜莊村馬□高移、成貴、惠吉祥連名狀告：伏為東城村東有
淋浸水九十六眼，次下合流一處。其水自來止是本村食用。其餘村
莊人戶並不得洗裳、淘菜、飲牛穢污等事。卻為泉水微小及渠道上
下遠穿，水流不到。以上本村眾人戶將宋壁村澗北古舊泊池一個淘
開足水，逐旅放流本村使用。至元十年四月十八日，有宋聖村任二
妻、趙三妻拆訖上項泊池根底石砂，又被宋聖村趙一趕牛五支，趙
大趕牛一支，相水渠內飲水拋糞、穢污。以此情等具狀經霍邑縣衙
陳告。蒙受理施行間，有宋聖村趙一、趙大、任三、王林、賈稱、
趙三託令東城村靳榮北、杜壁村王立等社長，石鼻村梁社長，其衆
靳聖村蘇鄉老和寫立私約：該今後除宋壁村食用人戶食用外口，不
取相社莊村古舊有例食用水內及足水泊池。並上下渠內飲嫠口、淘
菜洗衣裳等事，及任二妻、趙三妻將元圻訖泊池根底石移依舊壘了
當。如今後但違犯之人，情願準罰米三十石，充本村祗應用度，及
有依時耕種過往牛畜及上秋後撒放大到□□至在科罰之限，立訖。
如此私約合同收執具一，同攔狀抄連私約赴官告攔了當。今事情等
忖得在手口無係官勘信憑據，切恐已久□致昏昧，據此合行陳告，
伏乞霍邑縣祥的給據。各行事縣衙。為此照勘，得此宗無行文案並
取賽的本私約，並與所告相同。據公憑全行出給者。

右給付杜莊村馬清等收執照准此。

至元十二年三月初七日給司吏馬澤民

主簿兼尉李

將士郎霍邑縣平高押

達魯花赤樣兀魯阿思蘭押

本村人戶，金田院（下列人名省略）〔註72〕

　　從以上碑文的內容看，這是一件因使用泉水而引起的所有權遭受不法侵
害的民事訴訟案件。由社長調解後，以寫私立約，申請縣衙備案而告結束。

〔註72〕（清）胡聘之：《山右石刻叢編》卷二五，載《歷代碑誌叢刊》第16冊，江
　　　蘇古籍出版社1998年版，第47～48頁。

本案的原告是社莊村的村民，被告是宋聖村趙一、趙大等人。從事情的發生經過看，杜莊村一貫對村東泉水行使所有權（原始取得）。其他村莊並無疑義，至元十年四月十八日，只因宋聖村任二妻、趙三妻將泊池上頂石磅劈開，趙一、趙大等又趕牛拋糞污染水源，才使杜莊村的所有權中的食用水權益遭到不法侵害。為此，杜莊村村民，聯名向所在縣霍邑縣告狀，其訴訟請求類似現代民法意義上的排除妨礙（所有權保護中的一種方式）。只是當霍邑縣即將受理時，被告趙一等人委託鄰近幾村社長進行調解。調解後又恐寫立的私約因天長日久發生昏昧，不利於今後作為憑證使用，最後又向所在縣縣衙申請備案，由縣發付給據，元時稱公據。有趣的是，經社長調解後寫立的私約，其處理結果竟與現代民事訴訟程序中對所有權保護所採用的方式有某些類似之處。現代民事訴訟程序對所有權的保護一般採用賠償損失、恢復原狀、排除妨礙三種方式。封建的法律中不可能有現代民法意義上的一般法律概念，但從本案社長參加調解寫立私約的結果來看，部分內容確有現代民事法規所應包含之意義。如：「令任二妻、趙三妻將原圻訖泊池根底石磅依舊修壘了當」，令其他村（宋壁村除外）依舊遵循不得侵佔杜莊村食用水之獨佔權的慣例。這就等於在所有權的保護上採用了恢復原狀、排除妨礙的方法。說明了我國古代民事法規在某個方面的相對成熟與發達。

就碑文的內容結合元代法律的其他規定，我們可以認為：

（1）民間調解依法律規定可由社長主動調解，也可由原、被告當事人的任何一方委託調解（如本案）。

（2）從碑文記載看，社長調解具有一定的步驟。首先，社長對雙方當事人要闡述利害得失，以理曉喻雙方。其次，在雙方自願的情況下，把調解結果寫成書面文字，以合同的形式訂立私約，並以此作為憑證，為了防止再因此事引起爭訟，特向具有審判權限的當事人所在地的司法機關申請備案，並請求發給官方公據，以絕興訟之源。

（3）調解的結果對當事人具有法律效力，訴訟雙方一般不得再以同樣事實和理由重新提起訴訟。

現代意義上的民事訴訟，其結案方式有兩種。一是調解結案，一是判決結案。也就是說，民事調解的後果在實體上對當事人具有法律上的約束力，雙方當事人必須執行，不得違約。在程序上，調解如同民事判決一樣，引起訴訟程序的結束，當事人不得就同樣理由和同一事實重新提起訴訟。元代的

民事調解同樣具有這兩方面的意義。第一，從碑文的內容看，調解後寫立的私約規定：「如今後但有違犯之人，情願準罰米三十石，充本村祗應用度」。也就是說，調解的後果具有法律上的效力，雙方不得違背。第二，對於民間調解是否有程序上的意義。碑文沒有明確的記載，但《元典章・刑部・訴訟》中的《告攔・田土告攔》條對此作了很好的說明。〔註73〕該條詳細地記載了汴梁路封丘縣（今河南省）民王成與祁馬互爭田土一案，經知識人鄭直勸解後，自願休和。對此，元的行省、禮部、都省作了詳細的批示，其原文如下：「有元告人王成、被告人祁阿馬及干證人等連名狀告：緣為成等遞相赴上司陳告見爭地一頃一十六畝半。蒙中書省委官前來歸斷，將成等勾到官，欲行歸結間，在外有知識人鄭直等將成等勸和……，以此，成等自願商議休和。議將見爭地土，各除地段，對眾另立私約合同文字」。〔註74〕「如此攔告，以後各不翻悔，如有翻悔之人，成等情願甘當八十七下，更將前項地土盡數分付與不悔之人，永遠為主，再不爭官赴告」。〔註75〕對此一事，當事人所在行省批道：「凡告婚姻、地土、家財、債負外，不違法者，若已攔告，所在官司不許輕易再接詞狀歸問，如違，從廉訪司照刷究治相應」。〔註76〕禮部參詳（商量後的決定）：「今後凡告婚姻、地土、家財、債負，如元告、被論人等自願告攔休和者，準告之後，再興訟端，照勘得別無違錯事理，不許受狀。」〔註77〕都省批示：「今後凡告婚姻、田宅、家財、債負，若有願告攔休和者，詳審別無違枉，準告以後，不許妄生詞訟，違者治罪。」〔註78〕文中所謂「告攔」就是指當事人因婚姻、田宅、家財、債負等事發生民事訴訟時，在官府受理前，由他人將當事人勸和，訂立私約，不再爭訟。實際上「告攔」也是元朝民事調解的一種方式，只是名稱不同而已。

〔註73〕陳高華等點校：《元典章》典章五十三，刑部十五，《田土告攔》，中華書局 2011
　　　　年版，第 1789 頁。

〔註74〕陳高華等點校：《元典章》典章五十三，刑部十五，《田土告攔》，中華書局 2011
　　　　年版，第 1789～1790 頁。

〔註75〕陳高華等點校：《元典章》典章五十三，刑部十五，《田土告攔》，中華書局 2011
　　　　年版，第 1790 頁。

〔註76〕陳高華等點校：《元典章》典章五十三，刑部十五，《田土告攔》，中華書局 2011
　　　　年版，第 1790 頁。

〔註77〕陳高華等點校：《元典章》典章五十三，刑部十五，《田土告攔》，中華書局 2011
　　　　年版，第 1790 頁。

〔註78〕陳高華等點校：《元典章》典章五十三，刑部十五，《田土告攔》，中華書局 2011
　　　　年版，第 1790 頁。

從上述資料可以看，這種以「告攔」的方式進行，在雙方自願的基礎上達成的和解，元廷是依法認可的。它具有訴訟程序上的法律意義。就是說調解的結果如同官府判決一樣。不僅對當事人具有同等的約束力，而且在程序上引起訴訟的結束。

4. 民事調解制度產生的原因及對後世的影響

馬克思主義法學原理告訴我們，法律作為建立在一定經濟基礎之上的上層建築。其產生、發展、變化的根本原因在於一定的物質生產方式。其次，法律又有相對的獨立性，一定社會的文化，統治階級的思想意識也會對法律產生重大影響。元朝民事調解制度的產生及相對完善決不是偶然的。它同樣有著社會的經濟原因及政治原因。元世祖至成宗時，元的商品經濟有了較大的發展，商業的繁榮是引起封建商品經濟變化的起點，也是促使封建的上層建築發生變化的重要因素。當時的元朝，買賣土地盛行，契約關係十分發達，加之各民族融合、雜居所帶來的傳統習慣、文化信仰上的差別，必然使諸如婚姻、田宅、家財、債負之類的民事訴訟增多。正如前文所述「民訟之繁，婚田為甚」，這種形勢不能不引起元統治者的密切注視。另外，儒家的「和為貴」思想也逐漸被統治者所接納，調解制度就是在這種歷史條件下應運而生的。這種制度的實行收到了兩個方面的效果。一是團結了鄰里，和睦了家庭。封建統治者歷來把家看作是國家的一個縮影，主張家國相通，提倡「修身、齊家、治國平天下」的封建倫理道德，曾擔任過監察御史的元人張養浩說：「親族相訟，宜徐而不宜亟，宜寬而不宜猛。徐則或悟其非，猛則益滋善惡。第下鄉長論之，斯得體矣」。〔註 79〕這是對元統治者推行民事調解的極好注腳。第二，起到了化民成俗，庶革繁濫，減少訴訟，緩和矛盾的良效。封建商品經濟發展離不開相對安定的社會環境，民事糾紛往往因處理不及時而使矛盾激化。甚至釀成人命重案。這就必然會給封建的社會秩序帶來嚴重的危害。民事調解制度的實行恰恰對解決這一重大的社會矛盾大有裨益，「如此則訟原可清，而民間澆薄之俗庶乎復歸於厚矣」。〔註 80〕「不勞薄責，刑威而自息」。〔註 81〕

〔註 79〕 （元）張養浩：《張養浩集》卷二五，《牧民忠告·聽訟》，吉林文史出版社 2008
年版，第 213 頁。

〔註 80〕 （元）張養浩：《張養浩集》卷二五，《牧民忠告·聽訟》，吉林文史出版社 2008
年版，第 213 頁。

〔註 81〕 李修生主編：《全元文》，卷六五七，《前儒林郎面鄉宣差燕立帖木兒遺愛碣》，
鳳凰出版社 1998 年版，第 302 頁。

這就在一定程度上適應了社會發展的需要，鞏固了社會統治秩序，提高了封建社會的統治效能。正因為如此，所以代元而起的明王朝儘管對元之統治，綱紀緩弛多有批判，而對元朝的民事調解制度則多有繼承，並在一定程度上加以擴大。明朝的鄉里，每個鄉都有鄉約。每當會日，里長、甲首與里老集合理民，講論鄉規民約，有的里設有申明亭，里老對戶婚、田土等一般民事訴訟糾紛，有權在申明亭勸導解決。不惟如此，大概有明一代之制對元多有承襲，正如沈家本在《歷代刑法考·明律目箋二》中說：「《明律》中承用元法處甚多，以元法較之，可得其大凡矣」。〔註82〕

（二）元代民事訴訟中的代理制度

根據法律規定，法院指定或者在當事人委託的權限範圍內，代理一方當事人，並以被代理人的名義進行訴訟行為的，稱為訴訟代理。我國古代民事立法中沒有代理的一般法律概念，但代訟活動在我國卻有著久遠的歷史。《周禮·秋官·小司寇》載：「凡命夫命婦，不躬坐獄訟。」大夫不出庭的制度，秦時仍在實行。秦以後至唐宋，法律中未見有訴訟代理的規定，正式在法律中規定代理制度的首推元朝。現就《元典章·刑部·訴訟·代訟》《元史·刑法志》及《事林廣記》的有關記載略論之。

1. 代理訴訟的範圍進一步擴大

元朝以前，訴訟代理的適應有嚴格的限制。周、春秋、戰國、秦時的代理都侷限於奴隸主、封建士大夫之間。到了元朝，統治者為了減少訴訟，標榜寬厚，訴訟代理不僅適用於封建士大夫和官吏之間，而且統治者還把它擴大到一般老百姓之中。

（1）代理在統治階級內部的擴大

《元史·刑法志》載：「諸致仕得代官，不得已與齊民訟，許其親屬家人代訴，所司毋侵撓之」。〔註83〕這就是說退休的封建官吏也可以委託家屬，家人代理訴訟。

（2）代理的範圍擴大到一般勞動者之間

第一，年老篤疾殘廢等人許令其同居親屬代理訴訟。《元典章》卷五十三

〔註82〕（清）沈家本：《歷代刑法考》，明律目箋二，中華書局 1985 年版，第 1832 頁。

〔註83〕（明）宋濂等：《元史》卷一百五，志第五十三，中華書局 1976 年版，第 2671 頁。

《刑部》十五《訴訟‧代訴》載至元九年八月的規定：「年老篤疾殘廢人等如告謀反叛逆、子孫不孝，及同居之內為人侵犯者，聽。其餘公事，若許陳告，誠恐誣枉，難以治罪，合令同居親人屬代訴。若有誣告，合行抵罪，反坐原告之人。」〔註84〕第二，婦女在一定條件允許他人代訴。同卷載皇慶二年的法律規定，婦女「若或全家果無男子，事有私下不能杜絕，必須赴官陳告，許令宗族親人代訴。所告是實，代理歸結。如虛不實，止罪婦人，不及代訴……如果寡居無依，及雖有子男，別因他故妨礙，事須論訴者，不拘此例」。〔註85〕

　　這裡特別需要指明的是，對於代理的法律規定，《事林廣記》的記載與上述《元典章》所載略有差異。《事林廣記‧公理類‧告狀新式》載：「婦人不得代替男子告訴詞訟。若寡居無依及有男子因故妨礙，事須先理者不拘此例。……若有誣告，合抵罪，反坐代告之人。」〔註86〕這段文字與《元典章》所載有所不同，《元典章》是「反坐原告之人」，《事林廣記》則是「反坐代告之人」。一字之差，其意殊甚，究竟誰是誰非？王寶成在《試論元朝的訴與狀》中說，《元典章》所載與「情理不符」，即是說《事林廣記》所載的「反坐代告之人」才是對的。〔註87〕對此，筆者以為尚有探討之餘地。

　　我們知道，代理活動本是以被代理人的名義所進行的。若代理人的行為沒有超過其代理權限，其活動的法律後果應由被代理人承擔。元朝不可能有現代嚴格意義上的代理制度，但代訴是屬代理活動的一種。代訴人所進行的訴訟及法律後果顯然也是為了解決被代訴人的實體訴訟請求，因此，其法律後果也必然應該歸屬於被代訴人。我們知道，在現代代理制度中，代理人在代理活動中並非完全被動，他有自己獨立的意思表示（只是不能超出其代理範圍）。元代的代理活動中，代訴人是否也具有其獨立的意志表示，法無明文。僅從代訴人主要是來源於被代訴人的家屬、家人及同居之人的規定來看，在封建倫理道德支配下進行的訴訟中，代訴人顯然會受制於被代訴人。發生誣告，如果顯屬被代訴人所為，則「事坐原告之人」完全合乎情理。因此，斷然

〔註84〕陳高華等點校：《元典章》典章五十三，刑部十五，《老疾合令代訴》，中華書局 2011 年版，第 1774 頁。

〔註85〕陳高華等點校：《元典章》典章五十三，刑部十五，《不許婦人訴》，中華書局 2011 年版，第 1777 頁。

〔註86〕（宋）陳元靚：《事林廣記》，公理類‧告狀新式，中華書局 1999 年版，第 126 頁。

〔註87〕王寶成：《試論元朝的訴與狀》，載《1986 年中國法制史年會論文集》，第 9 頁。

認為《元典章》中的記載不合情理，似有不妥之處。在封建社會，雖然我們還不能說元朝代理制度適用的範圍擴大，是出於對婦女、老弱殘疾之人訴訟權利的保護，因為立法者的主要意圖旨在維護封建的倫理道德，恤老憐弱，標榜哀矜仁政。但是我們還是應該客觀地評價它的歷史作用。它表明，我國自宋以來，隨著商品經濟的進一步發展和客觀形勢的變化。民事關係在社會生活中逐步增多。元統治者適應了客觀變化的要求，注意和重視運用法律的手段來調整新出現的社會關係，代理制度範圍的擴大和適用案件性質的轉變既是其立法表現之一端，也是我國古代訴訟制度史上的一次新飛躍，恰如徐朝陽先生在《中國訴訟法溯源》中所說：「一般人民許與代理訴訟者，殆自元代始。」〔註88〕

2. 代理訴訟的適用性質是民事案件

元朝的代理制度是適用於民事案件，抑或是刑、民兼而言有之？《元典章・刑部・訴訟・代訴》載有《老疾合令代訴》《禁止富戶令幹人代訴》《閒居官與百姓爭論子侄代訴》《不許婦人訴》四個條目。其中雖無明文規定代理訴訟應適用於何類案件，但我們對這個條的內容略加考察，就不難得出結論。《老疾合令代訴》條的前半部分主要是說明為什麼令此類人代訴。但它卻從另一個角度告訴了我們哪些案件適用於代理制度。文載：「至元九年八月中書刑部承奉中書判送御史臺呈。陝西、四川道按察司申：該爭告戶婚、田宅、債負、驅良。差役之人地內有一等年老、篤廢殘疾人等縣狀陳訴，其官府哀憐此等之人，恐有冤抑，多為受理。」這說明此類案子僅限於婚姻、田宅、債負等民事範圍內。《閒居官與百姓爭論子侄代訴》條載：「大德七年（1303年）十月二十一日江西行省準中書省咨：……除犯取受侵欺私罪或干涉指證擬合照依至元二十五年十一月十二日呈准都省定例施行外，據爭訟田土、婚姻、錢債等事，合令子孫弟或家人代訴」。為此，都省議得：「致仕得代官員即同見任。凡有迫問公事，依例行移……。其爭訟婚姻、田宅等事合令子孫弟侄或家人陳訴」。《不許婦人訴》的條文其立法原義在於禁止婦女提起訴訟。因為在統治者看來婦女根本不是權利主體。更為重要的是，婦女參加訴訟，嚴重地違犯了封建的倫理道德。因此，法律予以禁止，但它也從一個側面反映了代訴的性質。其文載：「安陽等處人戶告爭田土、房舍、財產、婚姻、債負

〔註88〕徐朝陽：《中國訴訟法溯源》，中國政法出版社 2012 年版，第 60 頁。

積年未絕等事，照得原告、被論人等，於內有一等不畏公法、素無慚恥婦人，自嗜鬥爭，妄生詞訟⋯⋯今後不許婦人告事」。〔註89〕

綜合以上史料，元朝的代理制度的適用性質已由先前的以刑為主轉向諸如「婚姻、田宅」之類的民事糾紛，或者主要是適用於民事案件，這一轉變在我國古代民事立法史有著重要意義。

七、「各依本俗」，婚姻立法突出保護蒙古貴族的優越地位

與元代的歷史條件及社會結構相適應「各依本俗」，保障蒙古族的特權是元婚姻立法的一大特色。早在元太祖時就有「成吉思漢皇帝降生，日出至沒，盡收諸國，各依風俗」的記載〔註90〕以後諸朝立法莫不遵循這一基本原則。婚姻關係中這一原則更有著廣泛的反映。如，漢族「有妻更娶妻者」，法律不予承認，且判離異。但由於「札撒」允許蒙古人一夫多妻，所以蒙古婚姻從本俗，可以「不在此限」再如，蒙古族實行「父兄弟婚」（子收父妾，弟收兄妻或兄收弟妻），這一習俗曾在元初影響到漢族，後來法律予以禁止，若蒙古族與其他族遞相婚姻，則以男方習俗為主，但對於蒙古人又「不在此例」。就是說若有蒙古族女子與他族通婚，仍要用蒙古族習俗。這些規定固然不能一概認為就是統治者推行民族壓迫的產物，但多少還是反映了蒙古族優越的特權思想。

（一）婚姻成立的條件

元關於婚姻成立的規定，明顯地含有對前封建王朝，尤其是唐宋的法律繼承的因素。就是說，婚約、聘財這些唐宋法律中所規定的婚姻關係成立的程序，元代法律依然採用。不同的是，元之法律對婚書的格式關係內容規定的更加詳盡。

1. 婚約

婚約分婚書及私約兩種。

（1）婚書。《元典章》十八《戶部》四《婚姻・嫁娶禮書》規定「凡婚書不得用彝語虛文，須要明寫聘財、禮物，婚主並媒人各各畫字。女家回書，亦寫受到聘禮數目，嫁主並媒人亦合畫字。仍將兩下禮書背面大書「合同」字

〔註89〕陳高華等點校：《元典章》典章五十三，刑部十五，代訴，中華書局2011年版，第1774～1777頁。

〔註90〕陳高華等點校：《元典章》，典章五十七，刑部十九，中華書局2011年版，第1893頁。

樣，分付各家收執。如有詞語朦朧、別無各各畫字並合同字樣，爭告到官，即同假偽。」〔註91〕從上述規定看，元代的婚書無論是從格式上（如將兩下禮書背面大書合同字樣），或者是內容上都比唐宋要求的更加明確、翔實。

（2）私約。何謂私約，元之法律未見其詳。《元史·刑法志》記載：「諸有女許嫁，已報書及有私約，或已受聘財而輒悔者，笞三十七。」〔註92〕顯然，私約也是婚約的一種形式。按照唐律的解釋「謂先知夫身老、幼、疾、殘、養庶之類」。〔註93〕凡男方有此情形均須向女家言明。如女家同意，即為「兩情具愜，私有契約」，不得反悔。

2. 聘財

元依戶等的高低把嫁娶財禮分為三等。其具體規定是：「上戶金一兩，銀四兩，綵緞六表裏，雜用絹四十匹。中戶金五錢，銀四兩，綵緞四表裏，雜用絹四十匹。下戶銀三兩，綵緞二表裏，雜用絹一十五匹」。〔註94〕元代法律還對嫁娶聘財的筵席等第也作了不同的規定，即上戶、中戶不過三味。「下戶不過二味」〔註95〕這種聘財等第的規定反映了封建婚姻買賣的性質。

（二）悔婚的法律責任

元之法律對悔婚的處罰原則基本上一襲唐舊。但在某些方面也有變化。現把唐、元兩朝法律的有關規定列表對照如下：（表見下頁）

圖表十一：唐、元法律關於悔婚處罰對照表

朝代	法律內容	處罰	備註
唐	①已報婚書及有私約或受聘財後，女方悔婚者，不論是否許嫁他人。	杖六十	已成婚者徒一年半
	②若女方更許他人尚未成婚者。	杖一百	已成婚者徒一年

〔註91〕陳高華等點校：《元典章》典章十八，刑部四，中華書局 2011 年版，第 611 頁。

〔註92〕（明）宋濂等：《元史》卷一○三，刑法二，中華書局 1976 年版，第 2643 頁。

〔註93〕（唐）長孫無忌等：《唐律疏議》卷十三，劉俊文點校，中華書局 1983 年版，第 253 頁。

〔註94〕陳高華等點校：《元典章》典章十八，戶部四，中華書局 2011 年版，第 611 頁。

〔註95〕陳高華等點校：《元典章》典章十八，戶部四，中華書局 2011 年版，第 611 頁。

	③後娶者男方，若已知女方有許婚之情而娶者，減嫁罪一等，未成婚減已成婚者五等。	杖六十	
	④對悔婚的婦女，原則上歸前夫，前夫不要，女方還聘財，後一個婚姻關係可告成立。	杖六十	
	①已報婚書及有私約，或已受理聘財而輒悔者，女方。	笞四十七	已成婚者笞五十七
	②女方更許他人者。	笞四十七	
元	③後娶男家知情，減一等，女歸前夫，男家悔者不坐，不追聘財，五年故不娶者，有司給據改嫁。		
	④諸女子已許嫁而未成婚者，其夫家犯叛逆，應沒入官，若其夫為盜及犯流遠者，皆聽改嫁。		

由上表可知，二者的相同點在於：法律規定的悔婚責任都僅限於女方，體現了封建法律嚴格維護夫權、壓迫婦女的階級實質。不同的是，就處罰而論，元比唐律顯著減輕。並在一定條件下，作了較為靈活的變通。如：男方五年無故不婚，有司給據，允許女方改嫁。這些不同的變化，既與當時的社會條件有關，同時也說明元統治者的封建倫理觀念要相對淡化一些。

（三）對婚姻關係成立的限制

1. 同姓不得為婚。《元典章》《戶部・婚姻同姓不得為婚》條載：「至元二十五年十月十六日，尚書省……從今後同姓為妻夫的每，教禁約者。」〔註96〕由此可知，至元二十五年後，法律是禁止同姓為婚的。

2. 良賤不婚與適當變通。元代法律原則上從唐律，仍規定「良賤不得為婚」。如《元典章》《戶部》四《婚姻・驅口嫁娶》條載：「驅口不嫁良人，驅口不娶良人」。但實際上，這項禁令已有鬆動。例如《通制條格》卷三《戶令・良賤為婚》條載：「至元十四年七月中書省戶部議定，驅口與良人結婚，兒男籍記為良，隨父同居，正驅死後，另立戶名當差，軍驅的兒男，為良貼戶。」〔註97〕這是蒙古社會中舊制度的具體反映，蒙古的習慣，承認主奴構婚，蒙古的宰幹勒（奴隸）在一定條件下可以放良。

禁止漢人「兄收弟妻」及「故婚有夫妻妾」。「兄收弟妻」，子娶父妾及「故

〔註96〕陳高華等點校：《元典章》典章十八，戶部四，《同姓不得為婚》，中華書局2011年版，第626～627頁。

〔註97〕黃時鑒：《大元通制考辯》，載《中國社會科學》1987年第2期。

婚有夫妻妾」，唐、宋均無定律。這是元代社會獨有的問題，是蒙古族習俗在婚姻立法上的反映。它與漢族的封建倫理道德相悖。因此，對漢族來說，法律是嚴格禁止的。《元史‧刑法志‧戶婚》載：「諸漢人、南人，父沒子收其庶母，兄沒弟收其嫂者，禁之。」〔註98〕對於有夫妻妾知而故娶者，「將媒人、婚姻主並前後夫一體斷罪，財錢沒官，本婦斷離歸宗」。〔註99〕《元史‧刑法志‧戶婚》說：「諸有妻妾，復娶妻妾者，笞四十七，離之。」〔註100〕

（四）其他性質的違法婚姻

封建社會的法律是一種公開的等級法。有些人因身份、社會地位的差異，法律絕對不允許他們結為婚姻，如法規規定：「諸職官娶娼為妻者，笞五十七，解職，離之」。〔註101〕

（五）婚姻關係的解除

1. 七出。所謂「七出」，是說妻子具有下列條件之一者，男方可以休離，具體規定是：「一無子；二淫泆；三不事公姑；四口舌；五盜竊；六妒嫉；七惡嫉」。〔註102〕但有下列情況，不得休離，這就是：「三不去」，即「一經持公姑之喪，二娶時賤後貴，三有所受無所歸」。〔註103〕

2. 義絕。元代法律關於「義絕」的規定不見其詳，從婚姻立法的整體精神而言，當超不出唐律規定的範圍。《元典章》十八《戶部》四《婚姻》載：「犯義絕者，離之。」〔註104〕《元史‧刑法志》載：「諸男女既定婚，其女犯奸事覺，夫家欲棄，則追還聘財，不棄則減半成婚」。〔註105〕

〔註98〕（明）宋濂等：《元史》卷一〇三，刑法二，中華書局1976年版，第2644頁。
〔註99〕陳高華等點校：《元典章》典章十八，戶部四，《婚姻》，中華書局2011年版，第612頁。
〔註100〕（明）宋濂等：《元史》卷一〇三，刑法二，中華書局1976年版，第2643頁。
〔註101〕（明）宋濂等：《元史》卷一〇三，志第五十一，《戶婚》，中華書局1976年版，第2643頁。
〔註102〕陳高華等點校：《元典章》典章十八，戶部四，《婚姻》，中華書局2011年版，第612頁。
〔註103〕陳高華等點校：《元典章》典章十八，戶部四，《婚姻》，中華書局2011年版，第612頁。
〔註104〕陳高華等點校：《元典章》典章十八，戶部四，《婚姻》，中華書局2011年版，第612頁。
〔註105〕（明）宋濂等：《元史》卷一〇三，刑法二，中華書局1976年版，第2643頁。

3. 和離。和離就是雙方自願離婚，法律規定「若夫婦不相安諧而和離者，不坐。」〔註106〕

簡言之，元之婚姻立法有兩大時代特色。一是承襲了唐、宋法典的基本精神，嚴格維護夫權在婚姻關係中的統治地位。二是在內容上多有刪定，主要是表現了蒙古貴族的統治意識和蒙古社會制度的重大影響，突出了蒙古族的優越地位，反映了元代社會的新因素。

八、歷史的借鑒

回顧歷史，不是為了沉湎於過去，而是為了借鑒於現在，展望未來。有元一代的民事立法具有哪些特色，應該在中國古代的民事立法史上佔有怎樣的歷史地位，能為我們提供怎樣的歷史借鑒呢？

元是一個少數民族入主中原的封建王朝，它的民事法律體系同樣具有雙元的混合結構特色，這也是與元所處的歷史條件相適應的。忽必烈統一中國後建立的元王朝是一個地域遼闊、民族眾多的封建專制國家。蒙古族是這個政權的主體，為了保障本民族的特權，元統治者在制定法律時滲透著濃厚的蒙古的社會因素。同時，為了適應統一後中原及廣大南方漢族人民業已高度發展的經濟、文化的需要，蒙古族統治者既要廣泛吸取「漢法」，接受漢族封建統治者積累起來的立法經驗，還要擴大統治的社會基礎，聯合蒙古貴族及其他少數民族的上層，共同對勞動人民實行階級壓迫和剝削。在這樣的條件下，以保護蒙古族貴族的特權利益為宗旨，「各依本俗」，「蒙古」，「漢法」、「回回」之法並行就成為歷史的必然了。「三法」從根本上可以分為兩類，這就是元人所用的「南北法」之稱謂。「南」指中原漢地傳統的封建刑法。「北」也者，蒙古法也。元的立法多是二者的混合統一。

民法在此方面更有明顯的體現，如管轄的分類，「約會」制度的施行，婚姻關係中的例外等等，不一而足。它既含有民族壓迫的成份，也具有蒙古族社會傳統習慣的影響。看不到民族壓迫的實質，無疑是錯誤的，但過分誇大民族壓迫的成份也是有失偏頗的。

馬克思說，無論是民事的立法或者是市民的立法都只是表明和記載經濟關係的需要而已。一般說來，民事法律的發達與否是同商品經濟的發展程序

〔註106〕陳高華等點校：《元典章》典章十八，戶部四，《離異買休妻例》，中華書局 2011 年版，第 646 頁。

息息相關的。元朝統治者重農也重商，封建商品經濟在元中期也大概達到了宋代的高度，但由於元代的統治並不長久，封建商品經濟無論與前代的唐、宋，還是與其後的明、清相比，都沒有獲得長足的發展。然而我們何以得出元代民事法規在某些方比唐宋有相當發展的結論呢？列寧說世界歷史發展的一般規律，不僅絲毫不排除個別發展階段在發展的形式或順序上表現出來的特殊性，反而是以此為前提的」〔註107〕有人認為，元統治者崛起於少數游牧部落，向無重視法律之習慣，所以明人及近人寫的史書都稱元之立法是「多採所行一時之事例劃為條格而已」，就是當代，史學界也多持有元一代無一部系統封建法典之論。簡言之，元人不重視立法，對此，黃時鑒先生曾著專文予以糾正。而我對元代民事法規的考察說明，元統治者是相當重視法律建設的。從元世祖的《至元新格》到英宗新政時的《大元通制》，統治者共頒行《至元新格》《大德律令》《受財條格》《贓罪十二章》《風憲宏綱》《大元通制》五部單行法規，一部封建法典，數量之多不次於前人。針對當時出現的大量的新社會關係，尤其是在新的經濟關係、民事關係湧現時，元統治者不斷地通過法律的形式加以調整，更是適應了社會發展的要求，促進了封建商品經濟的發展，這正是值得我們借鑒的可貴之處。

　　通過以上七方面的綜合考察，我們似應得出如下結論：元之民事訴訟與民事立法，除對唐、宋律多有承襲外，其在法律編纂和內容上都對前代有著較大的發展，有些方面還達到了相對完善的程度。法律對土地典賣人的房親、鄰人、典主的憂買權給予時間限制，無疑會在土地私有制的演化程度上，比宋律有著更大的促進作用。民事調解制度的實行，不但在當時起到了積極的作用，而且還對明代產生了一定的影響。這對於我們今天加強社會主義立法，制訂「鄉村民間組織條例」也不無歷史的借鑒意義。概言之，元之民事立法，上承唐、宋，下及明清，且具有其時代特色。它無疑應在我國古代民事立法史上佔有一定的地位。

〔註107〕中共中央馬克思恩格斯列寧斯大林著作編譯局：《列寧選集》第 4 卷，人民
　　　　出版社 1975 年版，第 690 頁。

比較法視野下的中國法傳統及其價值

訟師與律師：中西司法傳統的差異及其意義〔註1〕——立足中英兩國12～13世紀的考察

　　所謂司法傳統，是指一個民族世代相傳、具有特色的裁判糾紛的活動和因素，如司法的理念、運作機制、訴訟制度等。為了避免論題的空疏，本文特對此論題作以下限制：首先，本文所指的司法傳統主要包括三個方面：司法的理念；運作的機制；訴訟制度；其次，西方是一個政治、地理、時代都極為廣泛的概念，若不限制，難免使討論的問題大而無當，故本文所研討的範圍以英國為限，由於英國的普通法基礎是在法國人征服者諾曼底‧威廉〔註2〕1066年入侵英格蘭以後形成的，故在歷史的追溯中將會偶而涉及法國的史料；最後，本文探討的時間範圍以12世紀為中心，但訟師與律師的歷史命運不可能於此一世紀就見分曉，故於此研討時，放寬歷史的視野將是不可避免的選擇，但這種歷史時間的拉長都將圍繞一個中心進行，即中英兩國官方對他們的態度及其他們在各自司法傳統中的地位與角色。本文將從以下三個方面開展研討。

一、12世紀英國司法傳統變革中律師群體的形成

　　著名哲學家維特根斯坦說：「發現起點是如此困難。或者毋寧說：從起點

〔註1〕本文原載於《中國法學》2001年第3期。
〔註2〕指諾曼底‧威廉公爵（Normandy‧William，1066～1087），又稱征服者威廉一世（William the Conqueror）。法國貴族羅洛的一個遠房後代，於1066年入侵英格蘭，成為英格蘭威廉一世。參見《不列顛百科全書》，中國大百科全書出版社1999年修訂版，12冊，第220頁。

開始是困難的。」〔註3〕律師與訟師，學界以往雖於此有所研討，但對十二世前後的這段歷史卻一直語焉不詳，〔註4〕甚至在已有的成果中還存在著一定的誤解。〔註5〕故本文的研討不得不從此開始。

考察歷史，人們會發現一個有趣的歷史現象，即在中國與英國的歷史上，都曾出現過一個於司法傳統具有重要意義的時代，這就是 12 世紀。英國著名的法律史學家梅特蘭（Maitland）先生說：「12 世紀是一個法律的世紀。不僅如此，它是這樣的一個法律世紀，正是在這個世紀裏，西方法律傳統得以形成。」〔註6〕就英國而言，12 至 13 世紀，是司法體制發生重大變革的歷史時期，在這個時期裏，伴隨著王權的擴張，不僅司法體制的集權化和統一化開始出現，而且還產生了英國司法職業的群體化，其中律師又扮演著重要角色。

學界通常認為，12～13 世紀英國法律制度的一個重大變化是司法審判人員的職業化以及由此導致的職業法官與職業律師的興起。〔註7〕然而，在英國

〔註3〕轉引自應奇：《概念圖式與形而上學》，學林出版社 2000 年版，扉頁。

〔註4〕就律師制度而言，學界研討或翻譯的重點在於當代，較有代表性的著作（包括譯著）有：（1）宋冰編：《讀本：美國與德國的司法制度及司法程序》，中國政法大學出版社 1999 年版；（2）（英）赫恩等：《英國律師制度和律師法》，陳庚生等譯，中國政法大學出版社 1992 年版；1999 年 1 月，法律出版社出版何勤華主編的《英國法律發達史》，該書的第一章導論對於英國的律師制度進行了歷史的描述，並於該書 71 頁繪製了「英國律師的起源及其演變」表，這對於瞭解律師的歷史形成大有裨益，但不足的是該圖表作者不注資料來源出處，讓人徒增疑惑。對英國的律師制度史進行系統研討的是日本東京第二律師協會編的《各國律師制度》，其第一編是專門研討英國律師史的，該書由朱育璜、王舜華譯，法律出版社 1989 年出版。對訟師的研討，學界尚無專門的著作，可資參考的著作有：（日）夫馬進：《明清時期的訟師與訴訟制度》，載（日）滋賀秀三等：《明清時期的民事審判與民間契約》，王亞新、梁治平編，王亞新、范愉、陳少峰譯，法律出版社 1998 年版。另可參見陳景良：《崔述反「息訟」思想論略》，載《法商研究》2000 年 5 期。

〔註5〕如茅彭年、李必達先生主編的《中國律師制度研究》認為：唐代已經出現了訟師。（參見茅彭年、李必達主編：《中國律師制度研究》，法律出版社 1992 年版，第 33 頁。）查該書作者所依據的材料僅為《唐律疏議·鬥訟》條之一孤證，況且該條的意思是說：被人雇用寫作辭牒訴狀者，如果擅斷增加告人罪狀的，笞 50。就唐代史料而言，目前尚無見到「訟師」二字的出現，況且訟師的規模形成尚需經濟、民俗、司法技術發展的條件，這只有在宋代才有可能。故斷定唐代已有訟師，似欠周詳。

〔註6〕（美）伯爾曼：《法律與革命》，賀衛方等譯，中國大百科全書出版社 1993 年版，第 143 頁。

〔註7〕程漢大：《12～13 世紀英國法律制度的革命性變化》，載《世界歷史》2000 年第 5 期。

的歷史上，公元 1066 年具有重大的意義，因為正是在這一年，法國貴族諾曼底・威廉公爵征服了英格蘭，統一了英國，從此敞開了王權擴張、司法統一、普通法（又稱習慣法）產生的大門。在此之前，英國屬盎格魯、撒克遜時代，通行在這塊土地上的司法是個多元管轄的體制，主要的法院有〔註8〕：（1）領主法院（Manorial Court），（2）郡法院（County Court），（3）郡區法院（Hundred Court），（4）教會法院（Ecclesiastical Court），（5）商事法院（Court Merchant）。由於歷史的複雜性，這些多元的司法體制並沒因威廉的征服而馬上消失。其實，在 12 世紀中葉以前，即亨利二世（Henry II，公元 1154～1189）司法改革之前，英國還只是一個名義上政治統一的國家，儘管此時期的王權擴張已悄悄進行，但真正的全國司法一體化和法律體系統一化並未完成，司法體制與法律體系的多元化至直 12 世紀初仍清晰可見，〔註9〕「普通法」這一詞彙仍然未在世俗法院的法學家那裡普遍適用。

12 世紀中葉以後，亨利二世登上了歷史舞臺。他不僅開啟了英國普通法的歷史車輪，而且還對英國的司法體制進行了「向前躍進」的改革，〔註10〕其中最為重要者：一是巡迴審判制度的建立，二是陪審團的創建。這兩項制度都與司法人員的專業化密切相關，故也就與我們研討的律師制度密不可分。換句話說，巡迴審判制度為專業法庭的建立提供了基礎，而陪審制的實行，則是英國司法傳統由落後、野蠻、分散走向先進、文明、統一的標誌。之所以如此說，理由有四：其一，司法人員的專業化是在審判機構的專職化基礎上產生的，而審判機構的專職化則與巡迴審判制度密切相關。舉例來說，英國最早的專職司法機構——普通巡迴法庭、清審監獄巡迴法庭都是巡迴制度的產

〔註8〕 （日）東京第二律師協會編：《各國律師制度》，朱育璜、王舜華譯，法律出版社 1989 年版，第 7 頁。另可參見（美）哈羅德・伯爾曼：《法律與革命》，賀衛方、高鴻鈞、張誌銘、夏勇譯，中國大百科全書出版社 1993 年版，第 531 頁。在這裡，伯爾曼把郡稱作「shire」，郡法庭叫做「shire Court」。

〔註9〕 大致說來，當時的英國司法權仍是公共司法權、封建司法權、國王司法權的並行，與此相適應的是三種不同法律體系的通行，即威塞克斯法律、麥西亞法律和丹麥法律。著名的英國法律史專家卡特說：「那時，整個英格蘭王國的司法體系被撕成若干碎片」。參見卡特：《英國法制史》（A. T. Carter, A History of English Legal Institutions），倫敦 1906 版，第 23 頁。轉引自程漢大：《12～13 世紀英國法律制度的革命性變化》，載《世界歷史》2000 年 5 期。

〔註10〕 （美）哈羅德・伯爾曼：《法律與革命》，賀衛方、高鴻鈞、張誌銘、夏勇譯，中國大百科全書出版社 1993 年版，第 531 頁。

物。〔註11〕其二，伴隨著王權擴張、司法體制統一而分別產生的英國中央三大專職司法機構，即普通民事法庭（common Pleas，1178 年建立）、王座法庭（gang's bench，1268）、財務法院（Court of Exchequen，1236～1237 年），雖建立時間各不相同，但它們都固定於西敏斯特，定期巡迴全國。〔註12〕其三，專職司法機構的建立，加速了普通法的產生，而普通法的適用需要專門的法律知識，因為普通法的救濟手段是與嚴格的令狀制度密切相關的，這樣以來，司法人員的職業化便成為客觀的需要，實際上，英國的律師制度也正是在此基礎上產生的。其四，陪審制與巡迴審判制的實施帶來的不僅僅是審判機構的專職化，其背後是審判方式、審判程序、審判理念的理性化，這必然會加快司法人員職業化的步伐。申言之，12 世紀中葉以前，英國的審判方式及理念是與神示裁判分不開的，審理案件時，不僅沒有統一的法律可資利用，而且也不是依據事實。案件的判決更與邏輯推理、法理依據毫不相關，而是訴諸於神靈，這裡的神靈請不要誤解為教會的上帝，而是擲骰子賭博一般的迷信，是簡單地訴諸於超自然的力量。〔註13〕研究英國政治制度史的專家程漢大先生說：「其實，那時根本談不上審判二字，當時的英語中也無（trail）審判這個詞，而只有驗證 Proof，trial 一詞直至布萊克頓時代才出現。」〔註14〕舊審判方式的非理性不僅受到威廉二世（William II，1087～1100 年）的指責和嘲笑，〔註15〕就連當時的教會僧侶也對神示裁判及決鬥法的野蠻斥之以鼻。〔註16〕

英國法學家密爾松在其名著《普通法的歷史基礎》一文中說：「理性裁判

〔註11〕 程漢大：《12～13 世紀英國法律制度革命性的變化》，載《世界歷史》2000 年 5 期。
〔註12〕 《不列顛百科全書》，中國大百科全書出版社 1999 年修訂版，12 冊，第 220 頁。
〔註13〕 英國 12 世紀中葉以前的審判方法主要有四種：證人誓證法；公證人誓證法；神判法；決鬥法。參見程漢大論文。
〔註14〕 《不列顛百科全書》，中國大百科全書出版社 1999 年修訂版，12 冊，第 220 頁。
〔註15〕 《不列顛百科全書》，中國大百科全書出版社 1999 年修訂版，12 冊，第 220 頁。
〔註16〕 教會僧侶公開譴責神示裁判和決鬥是「野蠻人」習慣。1215 年，拉特蘭宗教大會下令禁止教士參加神判，因神判法的實行需伴之以宗教儀式，故此道禁止令無疑宣布了神判法的死亡。梅特蘭認為：自 1216 年起，在英國的司法檔案中再也找不到一件使用神判法的記錄。（The Lateran Council of 1215 forbad the clergy to take part in the one mony. In England this decree ford a a prompt obedience Such as it hardly found elsewhere; their was abolished at once and for ever. Flourishing in the last records of Johns rein, we can not fred it in any later rolls）. 參見 S・F・Pollock、F・W・Maitland: The history of English law, page 599, university press, Cambridge 1898.

取代神明裁判是一個漫長而複雜的過程」。﹝註17﹞在這個過程中，巡迴審判及陪審制的確立，結束了英國中世紀「野蠻」、殘酷的審判方式，開創了以理性為基礎的新型的審判方式及其制度。這個轉變具有重大的意義，它不僅加速了普通法的形成，也同時促進了專門職業法庭及司法人員職業化的形成，﹝註18﹞而律師這一特殊群體的出現正是在法官職業化的過程中誕生的。

在英國，律師起源於兩個系統，一為初級律師，一為高級律師。英國1873年司法改革後，高級律師（即出庭律師）統稱為「巴律師（Barrister）；」初級律師（即訴狀律師）統稱為「沙律師」（即 Solicitor）。其實，它們作為英國12世紀前後司法制度改革發展的歷史產物，其名稱和職能都與歷史上的司法傳統密切相關。先就初級律師而言，他們的原型在12世紀和13世紀分別用兩個詞來表達，即「responsalis」與「attorney」，雖然這兩個詞學界經常譯為「訴訟代理人」，﹝註19﹞但據梅特蘭《英國法律史》的考證，這兩個詞之間還是有著微妙差別的，前者指代辦人，後者指代理人。﹝註20﹞「代辦人」發展到「代理人」有著一個歷史的發展過程，正是在這個過程中，我們才看到了律師起源時英國所具有的司法特徵。詳言之，在英國的歷史長河中，司法傳統就像一條流水潺潺的小溪，從古代歷史的狹縫中流淌，一直流到今天，匯成了波瀾壯闊的海洋，成為風格獨具的普通法傳統。這個傳統的最大特色是：保持歷史的連續性和漸進性。律師的早期原型代辦人（responsalis）的出現及職能的變化也與這個傳統密不可分。就歷史而言，「responsalis」的開初職能是充當訴訟當事人的替身，而不是代理他訴訟。英國法律史學者梅特蘭先生說：「古老的法律程序非常嚴格，當程序的每一步推進都依賴於當事人確切的話語時，

﹝註17﹞（英）密爾松：《普通法的歷史基礎》，緒言，李顯冬等譯，中國大百科全書出版社 1999 年出版。

﹝註18﹞學界認為：1268 年，勞倫斯‧德‧布魯克被任命為普通訴訟法庭的法官，他是第一個既非政府官員亦非高級教士而僅憑自己淵博的法律知識和豐富的辦案經驗而進入普通訴訟法庭的法官。參見程漢大：《12～13 世紀英國法律制度革命性的變化》，載《世界歷史》2000 年 5 期。

﹝註19﹞何勤華主編：《英國法律發達史》，法律出版社 1999 年版，第 70～71 頁。

﹝註20﹞ S‧F‧Pollock，F‧N‧Maithand：《The history of English law》，vi，第 213 頁。梅氏說：「在格蘭威爾時代，於王室法院參加民事訴訟的當事人已有指派『代辦人』的權利，但那時，『代理人』（attorney）這個詞還未曾使用，而是用『代辦人』（responsalis）。」（A- ready in Gianvill's day everyone who is engaged in civil litigation in the king's Court enjoys this right of appointing an attorney, or rather, for the word attorney is hardly yet in use, a responsalis.）

那麼當事人不出庭，而由熟悉辯論技巧的內行能手代理出庭，這在當時會被認為是不合時宜的」。〔註21〕也就是說，這時的 attorney 與 responsalis 相似，作為第三者只是依當事人「替身」（alterego）的資格完成出庭的義務，而不必然具有辯護的職能。之所以如此，在於國王法院中訴訟程序的嚴格要求。「這就是：國王法院的審判並沒有缺席判決的制度，訴訟當事人必須親自出庭因此，要到交通不便的遠方法院出庭，這對訴訟當事人來說原是一件非常痛苦的事。特別是對那些同時是數件訴訟的當事人來說，為了到法院出庭就必須從一個地方到另一個地方進行遠途旅行，這不僅花費很多的費用和時間，而且還是個人能力所不能企及的事情。為了解除這種不合理的現象，就要求有一個可以使他人作為自己的『替身』來出庭的制度。」〔註22〕其實，在那時當事人不能出庭的理由遠不止上述內容，另外還有諸如：當事人在家生病、出庭途中病倒、海外經商、因去聖地巡禮、因避同村人仇嫌等。〔註23〕當事人因故不能出庭，而古老的訴訟程序又要求當事人必須出庭，否則它將喪失有關權利，這就不得不尋求第三者幫助，「代辦人」（responsalis）就是應此急需而產生的。但這裡需要強調的是：當事人因故不能出庭而由代辦人代替，這是國王恩惠給當事人的權利，因此，它必須通過購買去獲得由國王頒發的令狀。因此，律師這個職業的產生一開始便與英國司法傳統中的「令狀制度」緊密相連。梅特蘭、布洛克指出：「更重要的是，這種權利（即指派代辦人——引者）必須有王室令狀才能行使。當事人必須有相應的令狀才能指代辦人參加其將要進行的訴訟活動。」〔註24〕

「代理人」（attorney）取代「代辦人」（responsalis）的時間不可能有一個確定的界限，二者的差別也是細微的。一般說來，大致在 13 世紀中葉代理人（attorney）普遍出現，由於代理人只是以當事人「替身」的資格完成出庭之義務，故在其起始之日並無專門的辯論知識和技巧，這是它和辯護律師的最大不同之處。所以，當初的代理人多有親友擔任，如妻子對丈夫、教士對主教、僧侶對修道院院長、管家或騎士對主人，只要具有自由合法的

〔註21〕 S・F・Pollock，F・N・Maithand：《The history of English law》，vi，第 211 頁。
〔註22〕 （日）東京第二律師協會編：《世界各國律師制度》，朱育璜、王舜華譯，法律出版社 1989 年版，第 11 頁。
〔註23〕 （英）格蘭威爾：《中世紀英格蘭王國的法和習慣》，轉引自何勤華：《西方法學史》，中國政法大學出版社 1996 年版，第 287 頁。
〔註24〕 S・F・Pollock，F・N・Maithand：《The history of English law》，vi，第 213 頁。

身份都可充當代理人。〔註 25〕根據布洛克及梅特蘭的研究，代理人成為一種職業，是在愛德華一世時期（公元 1272～1307）。〔註 26〕這時其職能與身份也發生了重要變化。就其職能而言，代理人的主要任務是在法院出庭、提交及收領文書、購買令狀、交納訴訟手續費用、代製法律文書、徵收地租等，除此之外，在專門律師壟斷辯護權以前，他有時也在王座法院承擔辯論任務。〔註 27〕故此時的代理人多由親友以外的人擔任了，其中成為選任對象的大多數是與訴訟程序密切相關的法院官吏，如警官、執行官等。〔註 28〕發生上述變化的主要原因有四：其一，是訴訟的增多。其二，當時的令狀和訴訟記錄依慣例皆用拉丁文書寫，而識字的人除了牧師外就是法庭裏的書吏和職員；其三，任命代理人的條件放寬；其四，法院可以對代理人施行監督。〔註 29〕

可見，初級律師在由代辦人演變為代理人，由非職業化向職業化的演變過程中，一開始便與英國 12 世紀中葉前後的司法傳統密切相關。在司法由野蠻向文明的演進中，初級律師也伴隨著陪審制、巡迴審判制、令狀制而走向職業化、知識化、理性化。只不過它的職能在一開始便與法院及其訴訟程序的嚴格要求結下了不解之緣。強烈的事務陛色彩是他與高級律師的最大區別。

高級律師起源於愛德華一世在位期間（1272～1307）。其早期的原型大約有四種不同的稱呼：〔註 30〕（1）辯護律師（pleader），（2）陳述士或申訴人（narrator），（3）抗辯人（Counteurs），高級律師（Serjeant-Counteurs）。這四種人之間的差別和產生的原因途徑等，我們現在因史料的缺乏而無法進行詳細的討論。但有一點可以肯定，即辯護律師的特長是運用辯論技術和法律知識來幫助別人，並以代理人的身份代為他人辯護。因此，辯護律師可以說是受一方訴訟當事人的委託在法庭上為他人進行辯護之人。辯護律師的出現，同樣是 12 世紀中葉之後英國司法傳統變革的產物。具體說來，其原因有二：

〔註 25〕茅彭年、李必達主編：《中國律師制度研究》，法律出版社 1992 年版。
〔註 26〕S・F・Pollock，F・N・Maithand：《The history of English law》，vi，第 213 頁。
〔註 27〕（日）東京第二律師協會編：《各國律師制度》，法律出版社 1989 年版，第 20頁。
〔註 28〕應奇：《概念圖式與形而上學》，學林出版社 2000 年版，第 110 頁。
〔註 29〕應奇：《概念圖式與形而上學》，學林出版社 2000 年版，第 20 頁。
〔註 30〕應奇：《概念圖式與形而上學》，學林出版社 2000 年版，第 10 頁。

一是在英國，法庭審判原本就有一項古老的原則，即沒有能力陳訴自己主張的人可以帶他的親友或「顧問」（counsd）出庭，並讓他們為自己陳述。〔註31〕但是促使辯護律師出現的更為根本的原因則是當時訴訟程序上的一種特殊原則，該原則規定：當事人必須在法庭上口頭陳述自己的主張，且陳述後不准撤回。若當事人因緊張或其他原因說錯或想錯，就會敗訴，其權益便無法保障。為了解決司法上的這種不合理現象，由辯護律師代為陳述的制度便應運而生。〔註32〕梅特蘭先生說：「專職律師（professionalpleader）在法庭上的初始功能並非是以當事人代理人的身份說話，而是站在當事人一邊代為陳述。對其陳述，當事人可以採納，也可以更改，甚至可以否認。在當事人未明確或默認之前，辯護律師的陳述並不必然對當事人具有約束力。也許，這時辯護人的主要作用在於為當事人提供再一次行使自己權利的機會。」〔註33〕由此看來，辯護律師的初始職能在其形成時，便與保護當事人權益，增強法庭審理中的控辯機能有著不可分割的聯繫。二是由於亨利二世（1154～1189）實行司法改革後，「令狀」和「陪審制度」的推行，使得審判程序複雜化，因此律師的辯護的技巧和專業知識便成為不可或缺的內容。恰如吉川精一先生所言：「亨利二世雖然創設了通過陪審進行事實審理的制度，和以『令狀』作為訴訟開始起因的制度，但由於這些制度使審判程序複雜化，因此需要種種的技巧和知識，這就是使為他人進行辯護的『辯護律師』形成為一種職業的原因〔註34〕。」

通過上述的考察，大體可以得出以下幾點結論：第一，在英國律師的早期歷史中，儘管初級律師與高級律師的稱呼不同，如「代辦人（responslias）」、「代理人（attorney）」、陳述人或申訴人（narrator）、法律顧問（counsellor）、

〔註31〕 "still in yet ancient days a litigant. is allowed to bring into court with Fatty of friends and to take' counsel' with them before hepleads"，參見 S · F · Pollock，F · N · Maithand：《The history of English law》，vi，第 213 頁。

〔註32〕 （日）東京第二律師協會編：《各國律師制度》，第 10 頁。

〔註33〕 "The professional pleader make his way into the courts, not as one who will represent a litigant, but as one who will stand by the litigant's side and speak in his favour, subject. however to correction for his words will not bind client until that client has expressly or acidy adopted the them. Perhaps the main object of having a pleader is that one may have two chances of pleading correctly." 參見 S · F · Pollock，F · N · Maithand：《The history of English law》，vi，第 213 頁。

〔註34〕 應奇：《概念圖式與形而上學》，學林出版社 2000 年版，扉頁。

辯護律師（pleader）、高級律師（sergeant-at-law）等；職能不同，初級律師與辯護律師的最大不同在於：前者具有強烈的法律事務性色彩，後者則主要依據法律專業知識和訴訟技巧為當事人辯護；起源的目的不同：前者主要是代當事人出庭，後者主要是為當事人贏得第二次於法庭上陳述自己權利的機會，等等。但他們畢竟有一點是相同的，即他們都是在 12 世紀前後英國司法傳統的變革中產生的，故他們的產生與英國的司法傳統的形成，便是一個問題的兩個方面：即一方面，英國司法傳統的變革促使了他們的產生；另一方面，他們的產生又改鑄著英國的司法傳統。二者互為作用的合力使英國的司法傳統具有了近代性的因素，抗辯制模式由此產生。第二，二者與令狀制及訴訟程序方面的緊密聯繫，鑄造了英國司法傳統中「重知識、重技巧、重訴訟程序」的機能；第三，二者雖在法律實務與辯論職能方面有著明顯的差異，但他們在與採用陪審制及巡迴審判制的專門法庭及職業法官的聯繫上都有著共同點：即他們與法官之間都有著「兄弟關係」。由此形成了英國司法中「律師與法官一元化」體制的傳統，律師成為法官的後備隊伍，司法職業化於此初露端倪。質言之，12 世紀後期，隨著中央司法體制的確立及專門法庭的出現，普通法適用中的專業知識性需求越來越強，陪審制的建立及令狀制度的施行又從另一個方面強化了法庭辯論功能，法庭對案件的審理需要專業的法律知識和辯論技巧，當事人慾保護自己的權益必須購買令狀、熟練訴訟程序，這在當時對於一個普通的當事人來說，已很難勝任。更何況當時的法庭記錄及令狀大多是用拉丁語書寫的。於是乎一個以幫人訴訟為職業的群體應運而生了。恰如程漢大先生所言，在英國司法傳統的變革中，「與法官專業化互為因果，同步發展的是律師階層的出現。」〔註35〕

二、訟師與宋代司法傳統的轉型

12 世紀中葉，當英國的司法傳統發生變革，律師職業蔚然而生時，中國的宋代也發生了司法傳統的轉型，由漢唐以來的人倫理性向知識理性轉變，伴隨著私有制的發展及商品經濟的繁榮，民間的「好訟」之風宛如一股洶湧澎湃的浪潮猛烈地拍打著以人倫道德為基礎的司法防線，與之相應，一種專門教人打官司的學問與職業也在民間應運而生，這就是訟學與訟師。所謂「訟

〔註35〕程漢大：《12～13 世紀英國法律制度革命性的變化》，載《世界歷史》2000 年
5 期。

學」，即是教人詞訟之學，也就是專門教人如何打官司的學問。有了這樣的學問，就會有專門從事這類活動並以此為生業的人，這就是「訟師」。這裡，讓我們先說前者，然後再去論述訟師與司法傳統的轉型。

訟學大體說來，產生於北宋仁宗年間（公元 1023～1056 年）。生活在北宋中期的沈括在所著《夢溪筆談》中稱：「世傳江西人好訟，有一書名鄧思賢，皆訟牒法也。其始則教以侮文，侮文不可得，則欺誣以取之；欺誣不可得，則求其罪劫之。蓋思賢，人名也，人傳其術，遂以之名書，村校中往往以授生徒。」〔註36〕宋室南渡後，江南的訟學更是霞飛雲湧，蔚然成風。《袁州府志》卷十三稱：江西一帶，「編戶之內，學訟成風；鄉校之中，校律為業。」隨著訟學成為民間的時尚，江西還出現了教人詞訟的專門機構——「訟學業觜社」。周密《癸辛雜識・續集》上稱：「江西人好訟，是以有簪筆之譏。往往有開訟學以教人者，如金科之法，出甲乙對答，及嘩訐之語，蓋專門於此。從之者常數百人，此亦可怪。又聞括之松楊有所謂業觜社者，亦專以辨捷給利口為能，如昔日張槐應，亦社中之琤琤者焉。」〔註37〕

這條史料有幾點需要特別注意，首先，「訟學」一詞在此處首先出現，並且它明確指出這是專門教人訴訟的學問，其方式是有問有答，或者是一人出題，數人詰難，然後再進行詳加解說，如同《唐律疏議》對法律的解釋，故文中稱「如金科之法」，金科在古代漢語中為法律、法令的別稱；其次，學習訴訟的人數達數百人，說明民間對打官司的學問十分喜愛。其實，教授學習訴訟的對象不僅僅侷限在成人，而且還擴及到兒童。史稱：「江西州縣有號為教書夫子者，聚集兒童，授予非聖之書，有如四言雜字，名類非一，方言俚鄙，皆詞訴語。」〔註38〕最後，沈括記載的浙江松陽一帶的「業觜社」，其主旨在於訓練人的訴訟技能，即讓參加學訟的人變得口齒令俐，其中名叫張槐應的人，就是學訟之人中的佼佼者。

訟學的興起為訟師的產生提供了肥沃的土壤，其形成中的各種稱謂大部

〔註36〕（宋）沈括：《夢溪筆談》，筆談卷二十五，中華書局 2015 年版，第 244 頁。
〔註37〕（宋）周密：《癸辛雜識》，吳企明點校，中華書局 1988 年版，第 159～160 頁。《癸辛雜識》為一部豐富的史料筆記。周密（1232～1298），字公謹，號草窗，又號四水潛夫，弁陽老人。祖籍洛南，曾祖周祕隨宋室南渡，定居吳興，始為湖州人。
〔註38〕（清）徐松：《宋會要輯稿》刑法二，第 14 冊，劉琳等校點，上海古籍出版社 2014 年版，第 8376 頁。

與其職業習性密切相關，見諸於史籍的大約是如下幾種：

第一，「珥筆之民」。「珥筆」即腦後插筆的意思，原指古代史官、諫官上朝，常插筆冠側，以便記錄，謂之珥筆。到了宋朝，「珥筆之民」成了幫人代寫詞狀、招攬訴訟的代名詞，這在當時的江南廣為流行，江西諺語稱：「筠、袁、虔、吉，頭上插筆。」〔註39〕瑞、袁、虔、吉即今江西省高安、宜春、吉安、贛州一帶。由此可見當時訴訟之風的盛行，以至於南宋時應俊向社會發出了要勸服「執筆教訟者」息訟而「傳問孝之章」的呼聲。〔註40〕

第二，「傭筆之人」。即不在官府登記，專在民間代寫詞狀，招攬訴訟的人〔註41〕。

第三，「茶食人」。宋代人有關茶食人的材料，現在能夠看到的僅見於《名公書判清明集》及《朱文公文集》的《約束榜》，其名稱由來及確切含義均無史料以資詳考。但「茶食人」這個名稱對於那些活動於民間、不拿官方俸祿、而靠收取訴訟費用而討得生計的訟師來說，倒是一個十分貼切的稱謂。據史料的記載，「茶食人」是宋代民間機構——書鋪裏專門負責雕刻訴訟的人員之一，由於其出身寒微，生活無計，便也經常以其職業的方便而從事訴訟活動且從中收取訴訟費用以充生活之資。《朱文公文集。約束榜》謂：「人戶陳狀，本州給印字，面付茶食人開雕，並經茶食人保識，方聽下狀，若人戶理涉虛妄，其犯人並書鋪、茶食人一例科罪。」這裡的「印字」就是官府發給告狀人的專門用於開印訴狀的憑證，由茶食人收納，並對告狀人所告事情的真實負有擔保責任，這是宋代官方對「茶食人」這種職業的較為客觀的記載。

其四，「健訟之民」。宋代假託陳襄之名而編寫的《州縣提綱》一書在卷二和卷三中寫道：「健訟之民朝出入官府，詞熟而語順，雖饒（形容爭辯的聲音）獨辯庭下，走吏莫敢誰何？」。這說明號稱「健訟之民」的訟師，一是熟諳官場，二是口齒伶俐，三是爭辯之雄姿足以讓那些刁鑽的胥吏也得讓他三分。

其五，「訟師官鬼」與「嘩魁訟師」。這兩個名字分別見於《名公書判清明集》卷十二與卷十三。二者的差別大體有：其一，身份不同。前者的身份是

〔註39〕（宋）普濟：《五燈會元》卷十六，中華書局1984年版，第1080頁。
〔註40〕（宋）應俊：《琴堂諭俗編》（景印文淵閣四庫全書第865冊）卷上，臺灣商務印書館1986年版，第230頁。
〔註41〕（清）徐松：《宋會要輯稿》刑法三，第14冊，劉琳等校點，上海古籍出版社2014年版，第8415頁。

士人或「假儒衣冠」、「假手文解」。所謂士人即是有功名或讀書識字的人，「假儒衣冠」、「假手文解」，大概是指那些與宗室略有牽連、識文斷字而冒充有功名的人。這些人就是鄉間的士紳，宋又稱之為「朝奉」。〔註42〕後者的身份多是些有劣跡的吏人子弟，或幹人、罷吏等，這些人具有極大的反社會性及嗜利性；其二，活動的方式略有差異。前者的特點多是利用其知識、錢資、身份及地域上的優勢，控制所在州縣的吏員或低級官員，從而於訴訟中獲利。就此意義而言，宋代士大夫在判詞中又多稱此類人為「把持之人」。其實，二者在串通胥吏、把持訴訟上又是相同的。為了避免所引史料的繁蕪，現把《清明集》一書卷12～13所記載的訟師的身份、名稱、發案地點、手段等匯表如下，這對我們全面認識「訟師」這種職業及其與宋代司法傳統的關係都是富有啟發意義的。

訟師名稱類別		身 份	地 點	手 段	判詞作者	史料出處
種類	姓名					
訟師官鬼 訟師官鬼 把持之人 把持之人 把持之人 把持之人	不詳	不詳	江南東路	以錢借公吏，壟斷訴訟。「壟斷小人，囂訟成風，始則以錢借公吏，為把持公事之計，及所求不滿，則又越經上司，為劫持立威之謀。何等訟師官鬼乃敢如此。」	蔡杭（號久軒）	473
	鄭應龍	朝奉，宗室女婿	兩浙東路	向當事人提供食宿，收藏文引，賄賂官吏，操持訟柄，從中漁利	翁甫（號石壁）	474
	劉必先	假儒衣冠	兩浙東路	聚徒興訟，趕打吏人	翁甫	475
	趙添監	假儒衣冠	荊湖路（今湖南湘江一帶）	接攬訴訟，把持縣道	胡穎	475
	劉濤	士人	荊湖路	資助錢財，教唆訴訟，與吏勾結，從事罔利	胡穎	478～479

〔註42〕說到「朝奉」，研究徽州文化的學者王振忠教授曾說：「『朝奉』一詞，至遲在元代的徽州契約文書中就已出現。」其實，早在宋代的法律文書中就有了「朝奉」的專有名詞，參見中國社會科學院歷史研究所宋遼金元史研究室點校：《名公書判清明集》，卷十二，《專事把持欺公冒法》，中華書局1987年版，第474頁。王先生的說法，參見王振忠撰文、李玉祥攝影：《鄉土中國：徽州》，三聯書店2000年版，第8頁。

2. 茶食人	成百四	間巷小（自稱朝奉）	兩浙路	以曲為直，以是為非，騙取財物，兜攬教訟	蔡杭	476
3. 珥筆之人	①彭觀才	不詳	荊湖路	教訟	胡穎	479
	②易百四郎	不詳	袁州（今江西）	不事生業。專為教訟。袁自韓文公時，稱為民安吏循，守理者多，則其風俗淳厚。蓋已久矣，不知何時有此一等教訟之輩，不事生業，專為囂囂，遂使腦後插筆之淫，例受其謗，為長吏者，要當為爾袁一洗之。太守入境之初，猶未交印，紛然遮道，論遣復前，已厭具為喜訟矣，有一鑒者，試呼而問曰：「年幾何？」曰：「十二。」「能書乎？」曰：「不能」。「則狀誰所書也？」曰：「易百四郎。」心已知其為教訟之人，不可不追，問所以，則又有甚焉，蓋易從口鋪也，豈不知年尚幼，法不當為狀首，而教之訟，其罪一。陳念三，後夫也，法不當干預前夫物業，而教之訟，其罪二。新知縣方到，未給朱記，法不當為人寫狀，而教之訟，其罪三。	方秋崖	479～480
4. 嘩魁訟師						
①嘩徒	金千二鍾炎	幹人子弟吏人子弟	婺州（今浙江金華）	教唆脅取	蔡杭	418～482
②嘩徒	張夢高	吏人子弟	兩浙路	打話倡樓，過度茶肆，裝架詞語，教令越訴	蔡杭	482～483
③嘩徒	婁元英	無賴子弟	兩浙路	教唆訴訟，以此資身	馬裕齋	484～485
④嘩徒	蔣元廣	富民	婺州東陽	資人誣告，挑潑訴訟	吳雨嚴	489

概括而言，訟師與訟學對司法傳統的影響有四：第一，通過其在民間的活動，增強了訴訟當事人追求財產的個體意識，從而形成時尚，衝擊著司法傳統中的道德形成；第二，促使司法傳統由漢唐以來的人倫理性向知識理性變遷。如刑事審判中「鞫讞分司制」（即審與判分離）；民事訴訟中的給當事人「斷由」或「定奪因依」（即判決理由），允許民事當事人越訴等；第三，促使宋代的司法判決更多的關注當事人的財產利益，如宋代第一次頒布了禁止翻刻書籍的法令，保護了著者的合法權益〔註 43〕；第四，使宋代的司法實踐知識更趨成熟，如世界上第一部法醫學著作及宋慈的《洗冤集錄》在宋代問世。

三、訟師與律師的不同命運及其意義

12 世紀無論是對中國還是對英國都是一個重要的歷史時期，因為在這個時期裏，不僅中國的司法傳統通過訟師、訟學的影響折射出了知識理性之光，衝擊著漢唐以來的人倫道德防線，甚至在一定程度上還提供了向近代司法轉型的契機，與此同時，英國的司法傳統也在此時期發生了重大變革，並為其後司法傳統的近代化提供了豐厚的歷史資源，其中，律師的形成和興起就扮演著舉足輕重的角色。問題是：以人倫理性為基礎的中國古典司法傳統曾經一度領先於英國及其當時西歐各國，且在宋代獲得了向近代轉型的機遇。然而，為什麼這個機遇稍縱即逝，甚或在其後的歷史進程中完全落後於起點較低的英國？這不能不說是一個沉重而又讓人覺得十分有趣的問題？也許，我們能從律師與訟師的差異及其不同的歷史命運中尋求到某些答案。那麼，訟師與律師在各自不同的司法傳統中有著哪些重大的區別呢？

第一，文化背景不同，價值觀念迥異。律師與訟師，雖僅有一字之差，卻貌合而神離，其所依存的價值觀念也是大異其趣的。其中，人們如何看待秩序，如何評價法律及如何看待他們在訴訟活動中的作用，將直接關涉到他們在各自司法傳統中的價值和地位，是一個首先需要辯明的問題。

秩序以什麼為基礎，法律在秩序中的地位如何。12 世紀前後的中英兩國，雖在司法傳統變革這一點上有著相似之處，但二者對上述問題的回答仍然有著較大的差異。在中國古老的文化傳統中，自孔孟以來，中國人都認為

〔註43〕葉德輝：《書林清話　書林餘話》，書林清話之卷二，嶽麓書社 1999 年版，第 31～36 頁。

秩序應該建立在「仁、義、禮、智、信」的人倫道德基礎之上。這是因為，在中國人看來，人與禽獸的最大區別在於人有禮義，而動物卻與此茫然不知。因此，人的生活與秩序應以道德為基礎，法律雖然重要，但與道德相較，畢竟是第二位的東西。因為法律無論如何重要，它都只不過是約束人們行為、調控社會關係的外部規範，而理想和諧的社會秩序只能靠日積月累的道德修養來完成，無法以法律為根本。研究中世紀文化及法學的著名學者 A・古列維奇先生說：「中世紀的中國人對待法律的態度完全不同於歐洲人。他們對待法律的態度確實可以從本質上表現出一種中國式的認識事物的方式，法沒有被解釋為社會結構的基礎。」〔註44〕到了宋代，如果說私有制深化下的商品經濟意識及功利主義思想曾經在很大程度上衝擊過上述傳統的人倫道德觀念，並在一定程度上使人們對秩序期待及法律觀念都有所改觀的話，那麼，這種衝擊並沒有從根本上動搖社會的道德防線，訟師在人們的心目中仍是道德敗壞的小人。南宋著名的司法官員蔡久軒在判詞說：「嘩徒（訟師的一種）張夢高，乃吏人金眉之子，冒姓張氏，承吏奸之故習，專以嘩訐欺詐為生。」〔註45〕當代著名學者費孝通先生也說：「在鄉土社會，一說起『訟師』，大家會聯想到『挑撥是非』之類的惡行。作刀筆吏的在這種社會裏是沒有地位的。可是在都市裏，律師之上還要加個大字，報紙的封面可能全幅是律師的題名錄。」〔註46〕

英國則有所不同，儘管 11 世紀以前的英國，在秩序和法律方面並沒有多少令同時代的中國人敬佩的業績，但 12 世紀中葉以後，伴隨中央司法權的統一及王權與教權的鬥爭，世俗社會以法律為基礎的觀念已深深植根於英國人的心目之中。人們利用法律去贏得權利不僅是普遍的價值觀念，也是英國歷史上的真實行動與社會實踐，1215 年《英國大憲章》的頒布就是最好的說明。A・古列維奇說：「法律是人類社會的基礎，國家是以法律為基礎建立起來的，如果沒有法律，國家就要滅亡」，〔註47〕法律既然是人們生活的基

〔註44〕（蘇）A・古列維奇：《中世紀文化範疇》，龐玉潔、李學智譯，龐卓恒校，浙江人民出版社 1992 年版，第 178 頁。

〔註45〕中國社會科學院歷史研究所宋遼金元史研究室點校：《名公書判清明集》，卷十三，《撰造公事》，中華書局 1987 年版，第 482～483 頁。

〔註46〕費孝通：《鄉土中國》，生活・讀書・新知三聯書店 1985 年版，第 54 頁。

〔註47〕（蘇）A・古列維奇：《中世紀文化範疇》，龐玉潔、李學智譯，龐卓恒校，浙江人民出版社 1992 年版，第 179～180 頁。

礎，當然社會秩序就必須以法律為根本。這樣以來，以法律知識為專業從事各類訴訟活動的律師，也就成了人們生活中維護正當、合法權益的知心人，由此而受到人們的尊重則是包括英國人在內所有的西歐人的共同觀念。羅馬皇帝列奧和安德米的話就是此種觀念的典型表達，他們在致伊利克拉蒂的信中說：「那些消解訴訟中產生的疑問並以其常在公共和私人事務中進行辯護幫助他人避免錯誤、幫助疲憊者恢復精力的律師，為人類提供的幫助不亞於那些以戰鬥和負傷拯救祖國和父母的人。因此，對於我們的帝國來說，我們不僅把身披盔甲、手持劍盾有戰的人視為戰士，同樣認為律師也是戰士。因為那些受託捍衛榮耀之聲，保護憂慮者的希望，生活和後代的訴訟辯護人是在戰鬥！」〔註48〕

第二，置身的訴訟權力結構不同。所謂權力結構是指在一個國家的訴訟模式中，哪些人在訴訟的活動中享有主體權利的地位。就中英兩國的歷史而言，訟師與律師雖同時參與訴訟活動，但他們在各自司法傳統中的地位卻不可同日而語。就中國而言，12世紀前後的訟師雖然在民間生活中十分活躍，但宋代的法令和官府始終沒有正式承認他們的合法地位，訟師不但不能堂堂正正地走進審判公堂，而且在宋代訴訟的體制中，他們也不具有主體的資格，沒有法定的權利。因為在當時的訴訟程序中，代理與辯護並不是其中的法定環節，訟師始終生活在社會的陰暗面，無法成為從事審判活動的主體——士大夫們的後備力量。訟師對當事人的幫助只是中國古典司法傳統中的一種助訟活動，並非是司法程序中必不可少的要素。

律師則不同。產生於12世紀中葉之後的英國律師，雖在初始之時，其主體地位也沒有明確的法律規定，但由於律師於其形成之初便與從事審判的法官及專門法庭有著千絲萬縷的聯繫，故他們在訴訟中的主體資格便很快得到了法律的認可，律師也由此走向了「律師——法官」一體化的道路，成為法官的後備隊伍，辯護成為英國司法傳統中不可或缺的法定環節。西方學者泰格及利維說：「律師這一專業，從其為一群又受管制而又受過正式訓練的從業人員這個意義來說，是在13世紀晚期出現的。英、法兩國的君主都曾為這個職業立法，限定只有經司法官員批准者方可從事法律工作。這種立法—英國

〔註48〕 （意）桑德羅·斯奇巴尼選編：《司法管轄權·審判·訴訟》，黃風譯，中國政法大學出版社1992年版，第42～43頁。

是在 1292 年，法國是在 1274 和 1278 年。」〔註49〕

第三，訴訟機制不同，在中國的宋代，雖然商品經濟衝擊下的司法模式正在悄悄地發生著變革，但士大夫作為斷案的官員，其在訴訟中的中心地位仍是不可動搖的，刑事審判中，訴訟的運作機制皆以懲治犯罪、控制社會為中心，因此辯護不能成為刑案中的環節自不必待言；就是民事訴訟，由於訟師為當事人提供的服務只是一種助訟活動，且無正當合法的地位，故其助訟也就必然改變不了「糾問式」審判下法官的職權主義傳統，這種機制下的訴訟活動自然不會為訟師的成長、發展及其才能的發揮提供多麼廣闊的空間。

英國則不同，律師的成長發展是伴隨著訴訟模式中的抗辯機制而走向未來的。在英國的歷史上，無論是初級律師或者是高級律師，其職能的發揮（如代替當事人出庭、處理法律事務；代為辯護等），都離不開知識性、技術性極強的令狀制度，故「程序優先於權利」不僅僅是 12 世紀中葉以來英國司法的古老格言，也同時是英國律師生活的實踐。律師在訴訟活動中的一個最大功能便是為保護當事人的權益而辯護。無論是刑事案件還是民事案件，當律師運用其知識和才華為訴訟的雙方竭力辯護時，抗衡機制的由弱到強便成為英國司法史上的一道靚麗風景。根據英國法律史學家密爾松的研究，英國歷史上老早就存在著一種抗辯職能，當原告向被告提出某種訴訟請求時，被告在早期的訴訟史上一般可作概括性否定。譬如原告就一塊土地向被告提出訴請：要求被告歸還這塊非法佔有的土地。被告只需說，這塊土地不是非法佔有，而只是來自被告父親的贈與，這就足夠了。至於是否真實，在早先的年代只有交給神去裁判或由鄰人作證。12 世紀中葉後，情況發生了變化，審判要求以理性的方式和原則進行。抗辯機能亟需強化，律師也就在其間發揮著更為重要的作用。在上述同一個例子中，假若被告抗辯時說，他佔有此塊土地是來自於原告父親的贈與。但事實是，原告的父親當時是一個精神病人，他的贈與能有效力嗎？〔註50〕原告針對被告的抗辯還需要進行進一步的答辯，這就需要律師的幫助。其實，英國的抗辯職能正是在律師的辯護中逐步發展起來的。當然，抗辯機制充分發揮效能的英國司法傳統也為律師的發展提供了

〔註49〕（美）泰格・利維：《法律與資本主義的興起》，紀琨譯，劉鋒校，學林出版社 1996 年版，第 151 頁；（美）約翰・麥・贊恩：《法律的故事》，劉昕、胡凝譯，姜渭漁校，江蘇人民出版社 1998 年版，第 283 頁。
〔註50〕（英）密爾松：《普通法的歷史基礎》，李顯冬等譯，中國大百科全書出版社 1999 年版，第 38 頁。

遠比中國廣闊的前景。

第四，歷史命運不同。一個國家的司法制度採取怎樣的訴訟模式固然與其文化傳統、政治制度、地理環境、社會結構密切相關，但同時不可忽視的是：法律職業群體能否在訴訟的權力結構中佔有一席之地，尤其是在訴訟的運作機制中是否承認那些具有一定法律知識、熟悉訴訟技能之人的合法地位，也會對一個民族的司法傳統產生舉足輕重的作用。大體說來，在英國的歷史上，由於律師與法官走向了一元化道路，律師在訴訟中始終是一個不可或缺的環節，發揮著重要的作用。儘管在英國的歷史上，律師如同中國的訟師一樣也曾因嗜利而受到過社會的道德譴責，但 13 世紀後英國通過立法及法官的指令規範了律師的職責、紀律與資格，又通過四大律師學院的教育〔註51〕，陶冶了他們的情操，好的律師不僅在社會上享有殊榮，他們同時也是法官隊伍的後備力量。律師作為一個職業群體，不僅在具體的案件中，幫助當事人尋求最合適的令狀形式以維護當事人的合法權益，而且他還作為一種抗衡機制，參與訴訟活動，從而使法官尋求法、發現法、宣示法具有更大的權威性，從而在社會上築起一道調解社會矛盾、緩和衝突的巨大防線，在民眾的心目中築起一塊公正、權威的豐碑。

在中國，宋代的訟學與訟師初興之時，它與上述其他因素共同構成了中國古典司法傳統走向近代轉型的機制，當時的中國古代司法既領先於西歐諸國，也在歷史的轉型中獲得了與英國起點大致相同的機遇，若宋代以後的元、明、清諸朝抓著此一機遇，沿著宋代開拓的方向前進，中國的古典司法傳統該早已完成了向近代的轉換。但歷史不能預設，在宋代以後的歷史進程中，隨著理學地位的確立，專制主義的強化，明清的訟師雖有讓人刮目相看的專業知識及辯論技能，但他們始終生活在社會的陰暗面，得不到法律的認可和官方的確認，其資格和收入也無法通過正當途徑獲得批准。因此，他們在訴訟活動中始終處於一個較為尷尬的地位。一方面，當事人在複雜的刑事案件及多元的利益糾紛中需要其專業知識的幫助，這就是明清時期訟師仍然活躍於民間的最為主要原因，甚至個別有見識的士大夫也大力呼喚訟師不當禁

〔註51〕 即 A．林肯律師學院（Lincoln's Inn），B：格雷律師學院（Gray' Inn），c：內殿律師學院（The Inner Temple），D：中殿律師學院（The Middle Temple）（日）東京第二律師協會編：《各國律師制度》，朱育璜、王舜華譯，法律出版社，1989 年版，第 15 頁。

止。〔註52〕但另一方面，他們又始終在道德和法律兩個方面受到官方的譴責。其中受人們譴責的最大口實是訟師的嗜利行為。訟師於訴訟活動收取一定的費用本是正當之舉，但中國古代的官府始終於此無法律之規定，也無具體操作的機制，這就使得訟師收費何為正當，何為敲詐沒有一個固定的標準，好的訟師為此而蒙冤，道德敗壞的訟師更是有恃無恐。這種收入的灰色性是訟師這個群體無法擺脫士大夫指責的最大羈絆。訟師的地位得不到社會、法律的正當評價，也就必然無法堂堂正正地走向司法正途，訟師只能成為士大夫的對立面，而無法成為其後備隊伍，因此司法職業化的途徑因訟師命運的坎坷而被中斷，宋代出現的由古典走向近代的轉機，因訟師命運的多舛而很快淹沒在明清理學及專制主義的深泥污潭之中，歷史的差距於此拉大，歷史的機遇於此喪失！

通過上述分析，我們可以這樣設問：原本先進的中國古典司法雖然與歷史進程中的英國獲得過同樣的發展契機，但卻失之交臂，喪失了發展的動力，這是為什麼？也許我們可以通過訟師與律師的不同命運及中英兩國司法傳統的差異中尋求到些許答案。歷史的警示告訴我們：中國法制的現代化與司法改革若不接受中國歷史上訟師命運的教訓，不承認法律職業的合法性、正當性，我們還會繼續落後於別人！

〔註52〕清代幕友王一孚在《一得偶談》中稱：「彼播弄鄉愚，恐嚇良善，從而取財者，乃訟棍耳。安得以師字加之。余謂訟棍必當懲而訟師不必禁。」

試論中國傳統法文化在現代法制中的意義 〔註1〕

一

現代化離不開對傳統的利用和改造，最現代的法制也包含著古代法的影響。〔註2〕中國傳統法文化關注人生，重視社會實踐，它的主導價值功能在於強調社會個體的道德自覺。這種重道德自覺輕個體權利的法文化價值觀並不完全與現代法制相悖逆。

從總體特徵來看，西方法文化重視對個體權利的保護，中國則偏重於強調社會個體的道德自律。中國人對法的思考主要集中在兩點上：一是如何通過禮的引導與法的懲戒來提高社會主體的道德自覺性；二是如何置個體利益於家庭、國家、社會的整體利益之中。因此，中國古代的思想家看來，法與禮都不應該首先考慮社會生活中「小我」之權利，而應該把「小我」融匯於社會、國家乃至整個宇宙的相互關係之中。個體價值的實現應以家庭、國家、社會的利益為依歸。恰如埃爾曼教授所說：「『禮』的基本概念構想著一個以義務為中心並僅僅以義務加以調整的社會。……在『禮』盛行的社會裏，自身利益被置於由內心反省所激發的有效的控制之下。這樣有德性的人本身便是秩序的淵源。」〔註3〕這種法文化價值觀念忽視對個體權利、自由的保障，在

〔註1〕本文與張中秋合作。原載於《江蘇社會科學》1992 年第 4 期。
〔註2〕參見（英）梅因：《古代法》，商務印書館 1959 年版；（法）勒內·達維德：《當代主要法律體系》，上海譯文出版社 1984 年版。
〔註3〕（美）埃爾曼：《比較法律文化》，賀衛方、高鴻鈞譯，北京三聯書店 1990 年版，第 88 頁。

現代化的法制建設中自然存在著嚴重的弊端。但應注意到，當思想家要求個體置自己利益於家庭、國家、社會之中時，他們同時也要求這個社會的最高統治者也依禮和法來約束自己的私欲，做到「官不私親，法不遺愛，上下無事，惟法所在」〔註4〕，把壓迫限制在一個能為社會所容忍的限度內，這樣做，既是法的要求，也是禮的價值所在。

重個體道德自律的法文化價值觀表現在司法上，它要求作為執法主體的「小我」，不因權貴的干涉而曲法，不以己之喜怒而妄斷是非，所謂理獄聽斷應「志存公道，人有所犯，一一於法」。〔註5〕古代的中國人能在封建宗法等級和自然血親人倫等級的雙重壓迫下，倡導「小己」的浩然正氣，保持個體人格的完善，這與傳統法文化的薰陶不能說沒有聯繫。

處在現代化進程中的我國當代法制自然與封建時代的法文化有著本質的差異，古代社會中的「個體」觀念自然也不可能等同於現代社會中「公民」的概念。但當代法制建設除了以民主政治為基礎，需要重點關注公民的民主權利外，它也同樣需要發揮公民的道德自覺性，倡導人們養成自覺遵守法制的能動意識，而這正可以從傳統法文化的主導價值功能中吸取有益的營養。當然，我們無意掩蓋中國傳統法文化的嚴重缺陷，提倡借鑒中國傳統法文化的價值功能決不意味著不加批判地全部吸收。如果說中國人曾在漫長的歷史進程中失落了個體權利和自由的價值觀念的話，那麼在倡導借鑒中國傳統法文化以有利於我國現代化法制建設的今天，無論如何不能忽視對社會個體權利和自由的保障。這是中國傳統法文化從另一個方面給我們的啟示。

二

中國傳統法文化蘊含著一以貫之的實踐理性精神。自春秋戰國以來，中國古代的思想家對法與禮的解釋基本上是遵循著一條理智求實的思維路線，思想家們不是用神秘的方式，而是以冷靜的、現實的理智態度來解說闡發有關法的一系列問題；雖然這種解說還沒有能從本體論的角度去探討法與權力、正義之間的關係，爭論那些具有純粹的法哲學意義的命題，但他們卻踏實地從穩定社會秩序、和諧天理人倫的實用角度去論述法的作用，闡述立法的理

〔註4〕《慎子‧君臣》。
〔註5〕（唐）吳兢：《貞觀政要集校》卷五，論誠信第十七，中華書局 2009 年版，第 294 頁。

論和變法的根據，他們不在彼岸世界尋求法的價值，也不把人格的完善寄託在法的權威之下，而是注重在現實生活中通過修身踐言去實現禮與法的精神，通過修律注疏來推動成文法的發展，發展司法技術。顯然，這種法文化具有重視社會現實和人生意義的特點。

我國古代法學自春秋戰國由宗教神學走向世俗人倫以來，對法的思考有著一個極為鮮明的特徵，就是高度重視從自然、社會、人倫及民心向背的綜合聯繫中去思索法令的可行性，以此為據確定立法的原則，即所謂「法合四時，令順民心」。《管子》稱：「刑德者，四時之合也。」〔註6〕《漢書·刑法志》說：「聖人既躬明哲之性，必通天地之心，制禮作教，立法設刑，動緣民情，而則天象地。」〔註7〕這些論述首先是在為統治者立法的神聖性尋找理論依據，但即便是從鞏固統治階級政權的立場出發，使社會穩定發展，也必須考慮民心的向背。早在西周時期，統治者就認識到「民之所欲，天必從之」。〔註8〕《管子》云：「政之所興在順民心，政之所廢在逆民心」。〔註9〕法家將民心理解為民情，實指人的趨利避害的本性。儒家則認為，人心就是人的倫理性。實際上，古代的思想家從未在此問題上取得過統一的意見，但這並沒有影響統治者和思想家對民心向背的重視。法家主張，立法順從民心應體現在提高人們的物質生活上，所謂「凡治國之道，必先富民，民富則易治也，民貧則難治也。」〔註10〕儒家認為，立法順從民心的標誌在於「輕繇薄賦，寬法裕民」。

「法合四時，令順民心」的原則，從本質上看是古代思想家「法自然，循天道，順人情」觀念的反映，與現代立法以遵循事物發展的客觀規律以及保障絕大多數人的根本利益為依歸的法學理論有著本質的區別，更何況順時則天的法自然理論，在我國古代產生的卻是「秋冬行刑」、「天遣神告」之類的司法現實，它的落後性和時代侷限性是顯而易見的。但我們也要看到在古代中國，「令順民心」的主張，一旦被開明的統治者所採納，就會帶來經濟的繁榮和文化的發展。

〔註 6〕《管子·四時》。
〔註 7〕（漢）班固：《漢書》卷二三，刑法志三，第 4 冊，中華書局 1962 年版，第 1079 頁。
〔註 8〕《尚書·泰誓》。
〔註 9〕《管子·牧民》。
〔註10〕《管子·牧民》。

三

著名法學家羅斯科‧龐德說：「法律必須穩定，但又不能靜止不變。因此，所有法律思想都力圖使有關對穩定性的需要和對變化的需要方面這種相互衝突的要求協調起來。一般安全中的社會利益促使人們為人類行為的絕對秩序尋求某種確定的基礎，從而使某種堅實而穩定的社會秩序得以保障。但是，社會生活環境的不斷變化，則要求法律根據其他社會利益的壓力和危及安全的新形式不斷做出新的調整。這樣，法律秩序必須穩定而同時又必須靈活。人們必須根據法律所應調整的實際生活的變化，不斷對法律進行檢查和修改。如果我們探尋原理，那麼我們既要探索穩定性原理，又必須探索變化原理。」〔註11〕

龐德所揭示的法律運動規律也被我國古代思想家所認識，只不過他們的出發點是為了實現封建專制條件下的「法治」以及富國強兵的理想而已。慎到說：「治國無其法則亂，守法而不變則衰。」〔註12〕《韓非子‧五蠹》說：「法莫如一而固」。這裡的「一」是指法令的內容要統一，不能新舊相反，前後相悖；「固」是說法律作為治國之本，必須保持相對穩定，不可朝令夕改。法家從法的普遍性、客觀性及其所蘊含的物質利益關係方面，探討了法與政權的鞏固、秩序的穩定之間的內在聯繫，這對封建立法產生了積極的影響。唐太宗曾反覆強調法律的相對穩定性，並把它作為立法原則貫徹在唐律中。他說：「法令不可數變，數變則煩，官長不能盡記，又前後差違，吏得以為奸。」〔註13〕因此，「數變法者，實不益理道，宜令審細，毋使互文」。〔註14〕

任何一個時代的法典不論如何詳備，都不可能把當時所有的社會關係概括無遺，更不能對以後出現的新的社會關係加以規範，也就是說法制實行過程中所留下的空隙及社會關係的變化，要求法在相對穩定的前提下，仍須保持一定的靈活性。這是法律運動的一般規律。能否認識到這一點，並揭示出其內在的規律，反映出一個時代法律學說水準的高低。我國遠在春秋戰國之際，思想家就已認識到了這一問題，並對其變化的規律作了闡述，提出了「法與時轉則治，

〔註11〕（美）羅斯科‧龐德：《法律史解釋》，華夏出版社1989年版，第1頁。
〔註12〕（戰國）慎到：《慎子集校集注》，慎子逸文，中華書局2013年版，第78頁。
〔註13〕（宋）司馬光：《資治通鑑》卷一九四，貞觀十年，中華書局1956年版，第6124頁。
〔註14〕（唐）吳兢：《貞觀政要集校》卷八，論赦令第三十二，中華書局2009年版，第450頁。

治與世宜則有功」的著名論斷。〔註15〕其後，南宋時期的陳亮、葉適還曾就北宋法制出現的弊端提出了「法隨時立，須變而通之」的法制改革思想。縱觀中國古代的典籍，法既貴穩定又須靈活的論斷不絕如縷，它從一個側面反映了我國古代法文化重實際尚人倫的實踐理性精神。這在今天仍有借鑒的價值。

四

儒法兩家的法律思想與現代法制的觀念是不可相提並論的，但它們仍有著某些方面的聯繫，至少在這樣兩點上，傳統法文化與現代法制建設是可以契合的，即強調守法的重要性與執法的嚴明。有這樣的疑惑是很自然的，鼓吹「生法者，君也，守法者，臣也；法於法者，民也」〔註16〕的等級專制觀念的法家，怎麼會有「法貴一體遵守」的思想呢？儒家不也是倡導封建宗法與血緣人倫等差的代表嗎，怎麼會贊成「法貴嚴明」的精神？其實，這個問題並不難理解。儒法兩家就維護封建君主專制制度這一點是共同的，雖然他們不可能有建立在現代民主政治基礎之上的法制意識，但他們畢竟是卓越的思想家。法家站在維護地主階級整體利益的立場上，在尊君的同時，向來主張「法貴公平」、「守法一體」；儒家則從統治階級的長遠利益著想，始終重視聖君賢人率先示範的作用，強調「君臣守法」、「法與天下共之」以及「執法嚴明」的重要性。

中國古代的思想家認為，法律能否實行與統治者的態度密切相關。在封建社會，儘管要求皇帝或國王守法從根本上說是不可能的，但在理論上要求統治者作為一個整體與天下普通良民一道守法，則是古代思想家持之以恆的觀念。管子說：「君臣上下貴賤皆從法，此謂為大治。」〔註17〕商鞅說：「法之不行，自上犯之。」〔註18〕漢文帝時，當廷尉張釋之處理犯蹕一案時，文帝以處罰太輕為由要張改判，張回答說：「法者天子所與天下公共也，今法如此而更重之，是法不信於民也。」〔註19〕文帝以為然。唐高祖武德初年，擢

〔註15〕《韓非子‧心度》。

〔註16〕《管子‧任法》。

〔註17〕《管子‧任法》。

〔註18〕（漢）司馬遷：《史記》卷六八，商君列傳，第 7 冊，中華書局 1982 年版，第 2231 頁。

〔註19〕（漢）司馬遷：《史記》卷一〇二，張釋之列傳，第 9 冊，中華書局 1982 年版，第 2754～2755 頁。

李素立為監察御史，「有犯法不及死者，上特命殺之。監察御史李素立諫曰：『三尺法，王者所與天下共也；法一動搖，人無措手足。陛下甫創洪業，奈何棄法！臣忝法司，不敢奉詔。』上從之。」〔註20〕太宗貞觀元年，「解令裴仁軌私役門夫，上怒，欲斬之。殿中侍御史長安李乾祐諫曰：『法者，陛下所與天下共也，非陛下所獨有也。今仁軌坐輕罪而抵極刑，臣恐人無所措手足。』上悅，免仁軌死，以乾祐為侍御史。」〔註21〕類似的史例仍有很多。當然，在中國二千多年的封建社會裏，法律並未完全嚴格地認真實行過，皇帝濫施淫威、恣意殺人的事例更是俯拾皆是。從文化的角度來看，中國傳統法文化的最大失誤，也許在於沒有從制度上對皇權加以規定和制約。這是時代和社會結構本身所造成的，我們不能因此而否定中國古代思想家所提出的「法貴嚴明」的積極意義。

我國古代的思想家賦予法的內涵是賞與罰，執法嚴明的要求主要表現在「信賞必罰」與「法不阿貴」上。韓非認為，賞罰既是法的主要功用，也是帝王手中的二柄，同時又是貫徹法令的關鍵。所謂「寄治亂於法術，託是非於賞罰。」〔註22〕賞罰的原則有三：一是信賞必罰，二是賞罰得當，三是法不阿貴。用韓非自己的話說，便是明主須「明其法禁，必其賞罰」〔註23〕，「賞莫如厚而信，使民利之；罰莫如重而必，使民畏之」〔註24〕；「誠有功則雖疏賤必賞，誠有過則雖近愛必誅。」〔註25〕以致「法之所加，智者弗能辭，勇者弗敢爭。刑過不避大臣，賞善不遺匹夫。」〔註26〕《晉書‧刑法志》云：「法軌即定則行之，行之信如四時，執之堅如金石。」〔註27〕唐代人則說得簡明有力：「南山可移，判不可搖也。」〔註28〕在我國歷史上，有作為的封建

〔註20〕（宋）司馬光：《資治通鑒》卷一八六，武德元年，中華書局1956年版，第5834頁。

〔註21〕（宋）司馬光：《資治通鑒》卷一九二，貞觀元年，中華書局1956年版，第6044頁。

〔註22〕《韓非子‧大體》。

〔註23〕《韓非子‧五蠹》。

〔註24〕《韓非子‧五蠹》。

〔註25〕《韓非子‧主道》。

〔註26〕《韓非子‧有度》。

〔註27〕（唐）房玄齡等：《晉書》卷三十，刑法志第二十，第3冊，中華書局2012年版，第936頁。

〔註28〕（宋）歐陽修等：《新唐書》卷一二六，李元紘傳，第14冊，中華書局2013年版，第4419頁。

君主無不重視執法的嚴明，進而在監察司法官員的選用上主張以清廉為本，介直為先，而「介直」之品格也確實是司法官員履行職責、嚴明執法的最基本素質。正是因為傳統中國法文化中有這樣一種傳統認識，才在我國歷史上產生了許多「剛正疾惡鬥權貴」的護法神形象，這種形象和精神體現了法律文明發展的本質要求，與現代法制的內在精神是一致的。

五

中國傳統法文化的價值取向具有兩個重要特徵：一是重倫理人生，二是重整體協調。對第一點前面已有闡述，這裡對後一個特徵再略加研討。

建構在農業經濟基礎之上的中華文明向來具有樸實厚重的歷史傳統，它不習慣於在彼岸的世界中尋求人生的精神寄託與信仰，而是把人生的價值追求寄託於人生本身的實踐活動和聖賢身上，在現實社會的人倫融洽中獲得實現，在這種文明傳統中成長起來的思想家總是習慣於用整體的方法來觀察社會，思考人生，意在通過各方面的協調而求得社會的穩定，家庭的幸福。這種法律文化的一個最大特點是堅持認為，決定世界安寧和人類幸福的是和諧，而要建立一個和諧的社會，純粹依靠法律是遠遠不夠的。儘管中國古代也有「法者，民之父母」，「君王之命」的格言，但從總體上說，以儒家思想為主體的中國傳統法文化，從來不把理想社會的建立寄託在單純的法律上。埃爾曼教授說：「依照儒家思想，普遍的和諧與穩定的理想狀態並不能通過法律或權利與義務之間的平衡而獲得。」〔註29〕《淮南子·泰族訓》稱：「法能殺不孝者，而不能使人為孔、曾之行；法能刑盜竊者，而不能使人為伯夷之廉。孔子弟子七十，養徒三千，人皆入孝出悌，言為文章，行為儀表，教之所成也。墨子服役者百八十人，皆可使赴火蹈刃，死不還（旋）踵，化之所致也。」〔註30〕「民無廉恥，不可治也。非修禮義，廉恥不立。民不知禮義，法弗能正也。……無法不可以為治也，不知禮義，不可以行法。」〔註31〕所以，古代中國人歷來主張治理國家，必須「禮、樂、政、刑」互為並用。

《禮記·樂記》載：「禮以道其志，樂以和其聲，政以一其行，刑以防其奸，禮、樂、政、刑，其極一也。禮節民心，樂和民聲，政以行之，刑以防之，

〔註29〕（美）埃爾曼：《比較法律文化》，賀衛方、高鴻鈞譯，生活·讀書·新知三聯書店 1990 年版，第 87～88 頁。

〔註30〕《淮南子·泰族訓》。

〔註31〕《淮南子·泰族訓》。

禮、樂、政、刑四達而不悖，王道備也。」白居易、朱熹等人也有相類的論述。白居易說：「夫刑者，可以禁人之惡，不能防人之情；禮者，可以防人之情，不能率人之性；道者，可以率人之性，又不能禁人之惡」；因此，只有刑、禮、道「循環表裏，迭相為用」，才能使王者之化成。〔註32〕白居易雖以「道」代替了「政」與「樂」，但其中所含的思維模式與前人並無二致。朱熹提出：「愚謂政者，為治之具。刑者，輔治之法，德禮則所以出治之本，而德又禮之本也。此其相為終始，雖不可以偏廢，然政刑能使民遠罪而已，德禮之效，則有以使民日遷善而不自知。故治民者不可徒恃其末，又當深探其本也。」〔註33〕禮、樂、政、刑相互為用的思維方式反映了我國古人從宏觀角度思考法的特點，體現了整體、系統的法律價值觀。就這一思維方式與價值觀產生的理論基礎而言，其落後性和時代的侷限性是不言而喻的。首先，從「天人合一」的宇宙觀去闡述法，本已含有「本體論」的因素，可惜在其後的歷史進程中，董仲舒、朱熹等人以陰陽五行學說及所謂的「天理」簡單地比附人類社會、在對天地之性和自然規律論述的同時，已悄然把理論的焦點轉移到「三綱五常」的倫理道德之中。與此相應的是，禮、樂、政、刑綜合運用的基點也已落在「德禮為本」、「刑罰為用」的道德說教上，人倫道德俺沒了法的精神。第二，系統的考察導致了整體對個體的扼制。這種思維方式，使中國古代思想家在崇尚德禮的同時過分忽略了對法的認真思考，結果是，法雖重要，但畢竟只是助治的工具，這就窒息了法律學說發展的內部活力。

　　儘管如此，這種思維方式及其所體現的法律價值觀，對現代法制建設仍有借鑒的意義。其一、它可以直接為我國法制建設中的「綜合治理工程」提供歷史資源。雖然古代的「禮、樂、政、刑互為終始」說與現代的「綜合治理」有著極大的差別，但從思維方式上看，二者都強調以整體的觀點來看待法和發揮法在治國和維持社會秩序中的重要作用；在司法實踐中，古代中國既重視刑的懲罰，也重視寓教於刑；既重視司法官員在審理活動中大興教化，施以人倫，導人向善，同時也主張依靠家庭、宗族、社會中的積極力量，勸人悔過自新，改造自我。這種思維方法所包含的積極因素在於：整體功能的系

〔註32〕　（唐）白居易：《白居易文集校注》卷第二十七，中華書局 2011 年版，第 1533 頁。

〔註33〕　（宋）朱熹：《四書章句集注》，《論語集注》卷一《為政》，中華書局 1983 年版，第 54 頁。

統發揮大於各個部分功能之和。傳統法文化中所蘊含的整體價值觀，及封建法制的綜合運用在實際生活的有益作用，是有史可證的。其二，從整體系統的思維方式出發，思想家從兩個方面來關注法（也包括禮）與人之間的關係：一是作為個體的人，儒家主張用禮來約束自己、規範自己，通過個體的內心道德自律來提高人的主觀自覺；二是社會個體作為家庭社會的一員，它應具有類的屬性，以此為據，思想家們主張法律應先保障家庭、社會、國家的利益，這就要求個體作為類的一分子，應以整體利益為個人價值目標的依歸。同時，它還要求個體應從關心他人及社會的角度去確定人生的位置。顯然，這種重整體、重個體道德自覺的法文化的價值觀，纏有沉重的家族主義和封建倫理道德的鐵鍊，在根本上要與現代法制相融和是十分困難甚至可以說是不可能的。但從它的主導功能上講，有一點也許是可以考慮的，即它重視社會個體的道德自覺自律與遵守規範的自覺性是與現代法制相溝通的連接點。因為，中國社會主義的現代化法制，不僅要充分關注公民的民主權利和自由，也同樣強調公民的思想覺悟和遵守法制的自覺性。

試論中西傳統法文化的內在差異及其歷史的借鑒〔註1〕

中國傳統法文化與現代法制建設的關係問題，是近年來關心中國法制現代化建設的學人們所極為關注的熱門話題。然而，使人遺憾的是，自古老的中華法系伴隨著列強的大炮與救亡圖存的二重奏解體以來，無論是近代之仁人，抑還是「五四」運動之健將，或因階級之侷限或因時代主題之不同，都沒有來得及對中國傳統法文化進行科學的總結和研討。如今，一個半世紀過去，歷史已經進入二十世紀九十年代。當青年學者一反傳統，把目光集中於對中國傳統法文化的批判時，人們便會發現，傳統並未完全死去，西方的也非處處有效。實際上，傳統與現代法制建設的關係問題仍在困繞著一代學人的心靈。如果法制的現代化不可能在傳統中找到歷史的資源，那麼，建設具有中國特色的社會主義法制，其根須又該植向何方？假若法制的現代化不能脫離本民族的傳統，人們不禁要問，我們究竟要在倫理型的歷史法文化中借鑒些什麼？

筆者以為，在中國這塊古老的土地上建設具有中國特色的社會主義法制，決不能脫離本民族的歷史傳統，而要解決與現代法制建設的關係問題，以下三點是必須首先考慮的：第一，必須揭示中西傳統法文化的內在差異；第二，應當明確我國傳統文化既有與現代法制建設嚴重對立的一面，也有相輔相成，可資借鑒的一面；第三，必須就借鑒的具體內容做出解答。本文試圖以馬克思主義為指導對上述問題作一初步的考察。

〔註1〕本文原載於《法學評論》1992 年第 4 期。

一、中西傳統法文化的內在差異〔註2〕

在人類的歷史上，當法伴隨著文明的腳步、剛剛走出原始混沌的門坎而跨入國家初始的時代時，中西思想家對法的探索曾走過了一段共同的道路，那就是於神意中解說法，視法為神靈意志的體現，但未經多時，生活在不同文明下的先賢們便分道揚鑣，走向了不同的價值軌道，其差異首先在下列三個問題上展現出來，即：法是什麼，從何而來，其作用如何？

（一）黃河岸邊中國先賢的探索

在我國古代具有現代法學意義上法律之含義的概念有二：一是法，二是禮。我們先看前者。

法是什麼。這個問題的提出，主要是回答法的形式與本質問題。前者是說，通過什麼樣的程序產生的規則才算是法；後者是說，法反映誰的意志，其根源來自何處？當然對這個問題的科學回答，應有馬克思主義法學理論來完成，中國古人雖然不可能達到現代法學理論的水平，但他們在一定程度上觸及到了法的本質，表現了中華民族所特有的求是精神。申言之，有以下三點：

第一，法是由官府制定的向老百姓及社會公布的行為準則。韓非說：「法者，編著之圖籍、設之官府而布於百姓也。」〔註3〕「法者，憲令著於官府，賞罰必於民心，賞存乎慎法，而罰加乎奸令者也。」〔註4〕

第二，法是度量世間萬物及人們行為的準則和尺度，具有客觀性與公平性。《管子》說：「尺寸也，繩墨也，規矩也，衡石也，斗斛也，角度也，謂之法。」〔註5〕「法律政令者，吏民規矩繩墨也。」〔註6〕慎子稱：「法者，所以齊天下之動，至公大定之制也」。〔註7〕

這種客觀、「公平」的法要適用於所有的人，而不問他們的身份和地位有無高低之別。管子稱：「君臣貴賤上下皆從法，此謂大治。」〔註8〕商鞅說：

〔註2〕本文所指的傳統法文化，在中國是指1840年前，在西方指1640年前。
〔註3〕《韓非子·難三》。
〔註4〕《韓非子·定法》。
〔註5〕《管子·七法》。
〔註6〕《管子·七臣七主》。
〔註7〕許富宏校注：《慎子集校集注》，慎子逸文存疑，第1冊，中華書局2013年版，第108頁。
〔註8〕《管子·任法》。

「刑無等級，自卿相將軍至士大庶人，有不從王令，犯國禁亂上制者，罪死不赦。有功於前，有敗於後，不為損刑；有善於前，有過於後，不為虧法。」〔註9〕階級社會的法，不可能具有超越社會形態的公平性，中國思想家們在這裡所說的「至公」、「一刑」，說到底是反映地主階級利益的公平性。但這一思想的可貴之處在於：法家以代表地主階級整體利益的「至公」之法來限制統治階級內部個別成員乃至國君的私欲，具有極大的歷史進步性，也表現了上升時期新興地主階級思想家的勇氣和膽識。

第三，法是國王或君主治理國家，控制官吏與民眾的工具。管仲說：「法者，上之所以一民使下也。」〔註10〕又稱：「法者，無下之至尊也，聖君之實用也。」〔註11〕韓非說：「君無術則弊於上，臣無法則亂於下，此不可一無，皆帝王之具也。」〔註12〕漢朝王符則說：「義者，君之政也，法者，君之命也。」「夫法令者，人君之銜轡棰策也；而民者，君之輿馬也。」〔註13〕

再說禮。禮是理解中國古代文化的奧秘之所在。從禮所具有的規範性、強制性而言，禮的部分內容及原則直接表現為法，但就禮的總體精神而言，它主要是評價法律良窳的價值體系，一部《唐律疏議》可以說是禮制精神的完美體現。具體說來，禮的含義有二：

其一，禮既是聖人法天則地、經緯國家、規範人倫的大綱大法，又是直接調整人們社會關係的行為準則。《左傳》稱：「夫禮者，天之經也，地之義也，民之行也，天地之經，而民實則之。」〔註14〕《禮記·曲禮上》說：「夫禮者，所以定親疏，決嫌疑，別同異，明是非也。」荀子說：「夫禮者，法之大分，類之綱紀也。」〔註15〕

其二，禮的實質在於強調社會主體通過內心的道德自律而向善，表現在法文化上，其價值的主導功能在於強調社會個體自覺遵守法律的能動性。

孔子稱：「導之以政，齊之以刑，民免而無恥；導之以德，齊之以禮，有恥且格。」《禮記·曲禮上》則說：「修身踐言，謂之善行，行修言道，禮之質也。」

〔註 9〕《商君書·賞刑》。
〔註10〕《管子·任法》。
〔註11〕《管子·任法》。
〔註12〕《韓非子·定法》。
〔註13〕《潛夫論·衰制》。
〔註14〕《左傳·昭公二十五年》。
〔註15〕《荀子·勸學》。

這樣的禮和法從何而來呢？中國的古人作如此答：「禮起於何也？曰『人生而有欲，欲而不得則不能無求，求而無度量分界，則不能不爭，爭則亂，亂則窮。』先王惡其亂，故制禮義以分之。」〔註16〕《淮南子・泰族訓》對法的來源作了這樣的解答：「法者，非天墮，非地生，發於人間而反以自正」。〔註17〕「法生於義，義生於眾適，眾適合於人心，此治之要也。」〔註18〕

總之，中國古人對禮與法來源的思考，大體可從這樣來表述：（1）它們不是來自於虛無飄渺的天國，而是來自於歷史的進程之中，來自於人類財產紛爭的現實生活。（2）它是由君主、賢人依天地之法則，順民眾之心願而制定的。（3）它將在治國安邦，駕馭臣民中發揮重要作用。由此而來，我國古代先賢對禮與法的作用便有如下的闡述：

一是定分止爭。含義有二：第一，確定人們的身份、地位以及與此相應的權利，杜絕或防止犯上作亂的現象發生。司馬光說：「天子之職莫大於禮，禮莫大於分，分莫大於名。何謂禮？紀綱是也。何謂分？君臣是也。所謂名，公侯卿大夫是也。」〔註19〕第二，確定人們的財產所有權。《慎子・逸文》說：「一兔走，百人追之，貪人具存，人莫之非也，以兔為未定分也。積兔滿，過而不顧，非不欲兔也，分定之後，雖鄙不爭。」然而，人們不禁要問，靠什麼確定這個重要的「分」呢？曰：法。管子曰：「律者，所以定分止爭也。」〔註20〕

二是治民止亂與興功懼暴。意為控制、管理民眾以防止姦邪發生；獎賞善行與功業，啟人向善，禁人為非。韓非說：「正明法，陳嚴刑，將以救群生之亂，去天下之禍」〔註21〕管子說：「夫法者，所以興功懼暴也。」〔註22〕

概言之，中國古代的思想家認為：禮與法是規範人倫、控制社會、治理國家的準則和尺度，是君主之命，為立國之本。它由聖人則天因地而定，至大至公，合於民心，與天地同在。法側重於強制與懲處，適用於已發生的犯罪行為；禮側重於預防犯罪和教化人心，重在啟人向善。二者形異而質同，

〔註16〕《荀子・性惡》。
〔註17〕《淮南子・泰族訓》。
〔註18〕《淮南子・泰族訓》。
〔註19〕（宋）司馬光：《資治通鑒》卷一，中華書局1956年版，第2頁。
〔註20〕《管子・七臣七主》。
〔註21〕《淮南子・姦邪弒臣》。
〔註22〕《管子・七臣七主》。

皆帝王治國使民之具，禮與法實行的目的，是為了建立一個天人合諧，教化人類。人倫大治，民阜物豐的太平盛世。這是中國古人所希求的理想社會。

（二）愛琴海畔西方哲人的思考

本文所說的西方，指的是以古希臘、古羅馬及希伯萊文化為基礎的那個法文化圈。對法是什麼，從何而來，作用、目的如何，西方哲人的回答自有其不同於中國古人的獨到之處。

西方思想家認為，法有「實在法」與「自然法」之分，實在法是指世俗社會由國家政權機關制定的法律，它只有合或維護自然法所體現的正義，才能稱做法，否則便不是「法」，所謂「惡法非法」。而自然法才是真正的法、永恆的法，它既是評價實在法好壞的價值標準，也是刻在人們心坎上的一束理性光環。如果說實在法具有強制性及其主要功能也在於制裁的話，那麼，西賢與中國古人在此一問題上並無二致，問題在於實在法之上的自然法。

法是最高的理性，是正義的體現，是自由的保證，權利的象徵，是為了保障公共的幸福而設，諸如此類的問題以及在此基礎上而產生的，那種對法的價值無比崇拜和嚮往的激情與幻想則是柏拉圖、亞里士多德、西賽羅等與我國古代思想家的最大不同。

哲人柏拉圖聲稱：「在家庭和國家兩個方面都要服從我們內心中那種永恆的素質，它就是理想的命令，我們稱之為法律。」〔註23〕亞氏云：「法是正義與非正義事物之間的界限」〔註24〕，「要使事物合乎正義（公平），須有毫無偏私的權衡。法律恰恰正是這樣一個中道的權衡」〔註25〕，「法律不應被看作（和自由相對的）奴役，法律毋寧是拯救」。〔註26〕他又說：「凡是正當和真正的法律都是永恆的，而且不與成文法相始終」，〔註27〕「從這個觀點出發，就會欣然理解為各國制定了壞的和非正義的成文法的人是違背諾言和契約的，他們所實施的東西也就本不是『法』。」〔註28〕西塞羅則說：「法就是最高的理性，並且它固植於支配應該做的行為和禁止不應該做

〔註23〕《西方法律思想史資料選編》，北京大學出版社1983年版，第23頁。
〔註24〕《西方法律思想史資料選編》，北京大學出版社1983年版，第77頁。
〔註25〕《西方法律思想史資料選編》，北京大學出版社1983年版，第77頁。
〔註26〕《西方法律思想史資料選編》，北京大學出版社1983年版，第53頁。
〔註27〕《西方法律思想史資料選編》，北京大學出版社1983年版，第53頁。
〔註28〕《西方法律思想史資料選編》，北京大學出版社1983年版，第59頁。

的行為的自然之中。」〔註29〕

　　其實，說自然也好，理性、正義也罷，說到底它們都不過是古希臘、古羅馬奴隸制城邦政治生活條件下，統治階級整體意志在法律思想上的反映。問題在於，當我們以馬克思主義的法學觀把握了這些概念所反映的階級本質後，換一個角度去思考，我們還必須認識到：西賢從自然、理性、正義、自由之角度去思考法之價值的方法，架設了實在法通向自然法的橋樑，使法由單純的手段變為目的，把法推向了宇宙本體論的高度，從而宏揚了法的無上權威，構建了西方傳統文化在其後的歷史進程中由古代向近代嬗變的文化機因。與此同時，當西人用蘊含理性、正義的自然法之價值標準去評判實在法的優劣時，我們說，無論是其自然法，抑還是實在法，都可因時代的差異而被注入其不同的內容。唯有這種以批判的精神推動實在法的運轉、前進的思考方式，卻蘊含著西人所建構的法文化理論具有發展的內在潛力及其開放性的價值取向。

　　從法是最高的理性出發，西人堅持認為：法的作用和目的是為了保障人民的安全、國家生產的安寧及促進公共的幸福。柏拉圖說：「法律的基本意圖是讓公民盡可能的幸福，並在彼此友好關係中最高度在結合在一起」。〔註30〕亞里士多德說：「優良的立法家們對於任何城邦或種族社會所當之操心的真正目的必須是大家共同的優良生活以及由此而獲得的幸福（立法家應該堅持這種不可改變的目的）。」〔註31〕西塞羅說：「毫無疑問，法律當然是為了平民的安全，擁護國家和人類生活的安寧和幸福而創造的。」〔註32〕托馬斯・阿奎那說：「嚴格說來，法律的首要和主要的目的是公共幸福的安排。」〔註33〕

　　綜上，西人對法的思考，可以概況為以下幾點：

　　1. 自然法來自於宇宙運行中所遵循的普遍法則，具有永恆性，它既是評判實在法善惡的標準，也是一道刻在人們心坎上的理性光環。實在法從形式上看，是由國家或君主制定的規範人們行為的準則和尺度，具有強制性。從本質上看，它起源於人們訂立的社會契約，既是君主意志的體現，又必須受自然法的節制，受理性的支配，否則，它就不是法。二者的作用和目的是為

〔註29〕《西方法律思想史資料選編》，北京大學出版社1983年版，第64頁。
〔註30〕《西方法律思想史資料選編》，北京大學出版社1983年版，第25頁。
〔註31〕《西方法律思想史資料選編》，北京大學出版社1983年版，第59頁。
〔註32〕《西方法律思想史資料選編》，北京大學出版社1983年版，第77頁。
〔註33〕《西方法律思想史資料選編》，北京大學出版社1983年版，第106頁。

了保障人們的權利與自由，是為了促進公共的幸福．

2. 法對社會來說，與其說是強制性的控制，毋寧說是講究藝術的管理。克里西波斯說：「人們必須把法律看成是管理者」。〔註34〕

3. 法對公民來說，與其說是束縛，毋寧說是對其自由和權利的保障。法的本質是最高的理性，具有無與倫比的至上性。法治優於一人之治。

這是西人的結論，也是不同於中國古人的最大之處。

（三）內在的差異

當代著名的比較法學家埃爾曼教授曾借助一位在倫敦受過教育的中國大陸法學家的口說：「你們西方人的煩惱在於你們一直未能超越你們稱之為『法治』的初級階段。……而中國卻總是知道要治理一個社會單憑法律是不夠的。兩千五百年前他便知道這一點，今天他仍然知道這一點。」〔註35〕這是一個深刻又有幾分幽默的結論。實際上，埃爾曼以他敏銳的洞察力揭示了中西法文化在價值觀上的內在差異。

在中國，自殷周之際的社會大變革以來，神學的殿堂便隨著人倫意識的覺醒而倒塌，當西周的統治者從大邦殷滅亡的教訓中，把對法的審視由天上轉向人間時，他們對「德」的重視和強調，無疑開闢了古代中國法文化由宗教神學走向道德人倫的坦途。其後，當春秋戰國之際的諸子百家進行了激烈的論戰時，不管論戰的雙方是否意識到，實際上他們已自覺或不自覺地繼續行進在這條道路上。儘管對中國傳統法文化的價值構成造成巨大影響的儒法二家，在治理國家上存在著激烈的禮法之爭，但從本質上看，他們對法的來源、作用及目的解說卻有著異曲同功之處。他們對法的理智分析及其所持的求實態度首先奠定了中國法文化功用型、倫理型的理論形態。公元 206 年，當巍巍乎大哉的秦國在農民起義的怒濤中壽終正寢時，以嚴刑峻罰為特徵的法律指導思想也受到了儒家德治人倫思想的猛烈衝擊。隨著漢王朝政權的鞏固，早已含有倫理蘊味的功用型文化便在強大的物質載體內萌發了新的勃勃生機。於是乎，在中國古代法文化的歷史園地裏，一棵初建於西周，成長於漢至三國兩晉、迨隋唐而根深葉茂的倫理型法制大樹便悄然拔起於古代的東

〔註34〕（美）喬治·薩拜因：《政治學說史》上冊，商務印書館 1986 年版，第 188 頁。

〔註35〕（美）埃爾曼：《比較法律文化》，生活·讀書·新知三聯書店 1990 年版，第 92 頁。

方。重功用尚倫理的法文化形態終於成熟在燦爛的大唐文明之中。

在古希臘、古羅馬乃至中世紀的西方法文化的歷史進程中，我們看到的是完全不同於古代中國的歷史畫面。當邁步在黃河岸邊的中國先賢們著意從社會實踐及人倫道德中探索法的精神時，睿智的古希臘思想家卻在用他們那充滿邏輯思辯的理性精神於茫茫宇宙的普遍法則中希冀法的真諦。儘管時賢的論述中不時流露出對神祇的崇敬之情，但充其量也只不過是思想家構建法學理論大廈時的點綴。當我們現在仍為亞里士多德「法治應當優於一人之治」的卓越見解而擊節讚歎時，就不能不承認：古希臘先賢們於自然及神意中解說法的理性與價值，決非僅僅是宗教、幻想的同義語。可以說，西人於宇宙的普遍法則中闡述法的作用與價值，並滿懷激情地設立一個法文化中形而上學的二元篇，從而去構建法的價值的理論大廈，乃是西方法文化一個悠久而又以一貫之的古老傳統。在此意義上說，西方古代法文化是一種具有超驗思辨精神的理論形態。

概言之，中西傳統法文化的內在差異可以這樣來表述：

第一，在法的來源和作用上，中國古人視法為君主定分止爭、治民止亂的工具，其地位雖然重要，但其主導功能卻在於強制和懲處。禮雖有啟人向善的功能，但思想家的主旨在於強調社會個體的道德自覺，而不從保障個體權利與自由的角度設定法的精神。西人卻視法為理性，並把自由、正義、平等與法緊密相連，在他們看來，法律與其說是對社會的控制。對人的束縛，毋寧說是對社會的管理，對權利自由的保障，這種法來自於宇宙之中的普遍法則，是理性的最高體現，是亙古永存的。

第二，在法的價值上，首先，中國古人雖然也十分重視法的作用，但他們卻一直認為，要建立一個和諧的社會，單靠法律是不夠的，中國人沒有法律二元論的價值觀念，更沒有創造出一個超越於現實社會的「法的形而上學」。費正清教授說：「中國人不把法律看作是社會生活中來自外界的、絕對的東西，不承認是什麼通過神的啟示而給予人類較高的法律，摩西的金牌律是神在山頂上授予他的，但孔子只是從日常生活中推究事理，而不求助於任何神靈。他並不宣稱他的禮法獲得什麼超自然的認可」。〔註36〕其次，中國的先賢們從來不從個人權利的角度去思考法的價值。他們設計的完全是一條價值取向與

〔註36〕 （美）費正清：《美國與中國》，張理京譯，世界知識出版社 2001 年版，第 109 頁。

此相反的道路。在中國先賢看來，家庭、社會、國家與自然之間是一個系統的整體，個人作為這關係網上的一個結，其生存的價值雖然宏偉，但與整個社會相比，充其量不過是滄海之一粟。人生在世，只有把「小我」融於家庭、社會、國家的「大我」之中，其人生的價值才有意義。故禮的主導精神在於要社會個體通過內心的修持來達到聖人的思想境界，而法以強制的手段貫徹禮所體現的精神，以使家庭和睦，人人和諧，社會安寧，國家富強。

而西人則恰恰相反，他們不僅宣稱「法治應優於一人之治」，視法為治國之本，而且還把法對個人權利的保護視作是最高價值之所在。在西方法文化的歷史長河裏，思想家對個人權利、自由的讚美，對法律至上的謳歌，可以說不絕如縷，它鑄造了西方法文化的價值精神，時至今日仍使中國人大為迷惑不解。

第三，在思維方式上，以農業文明為基礎的中華民族基於觀察自然與社會的實踐經驗，對法的思考與解釋具有樸實、厚重的民族特徵，採取的是直觀感悟式的方法。孔子說：「為政以德，譬如北辰，居其所而眾星共之。」〔註37〕管子說：「制斷五刑，各當其名，惡人不怨，善人不驚，曰刑。正之，服之，勝之，飭之，必嚴其令，而民則之，曰政。如四時之不貳，如星辰之不變，如宵如晝，如陰如陽，如日月之明曰法。」〔註38〕至於說，為何治國以德就能如北斗星一樣讓眾星拱之？法為何如日月之明？中國古人並不作嚴密的邏輯推論。西人對法的分析則是邏輯推理式的。西塞羅說：最淵博的學者從法的定義入手，看來他們是正確的。若根據他們的定義，法就是最高的理性，並且它固植於支配應該做的行為和禁止不應該做的自然之中。當這種最高的理性，在人類的理智中穩固地確定和充分地發展了的時候，就是法。所以，他們認定法就是理智，支配正當行為和禁止錯誤行為就是法的自然的職能。他們認為法的這種性質，在希臘是從每一個人自身假定的概念中取得法的名稱的。而在我們的語言中，我們認為法是從選擇的概念而得名的。因為，他們把公平這一概念歸於法這個名詞，所以我們給予法以選擇的名稱。其實，嚴格說來，假定的概念和選擇的概念都屬於法。現在，如同一般的我所認定的一樣，如果定義是正確的話，那麼正義的起源就會在法中找到，因為法是一種自然的權力，是理智的人的精神和理性，是衡量正義與非正義的標準。但

〔註37〕《論語‧為政》。
〔註38〕《管子‧正》。

是由於我們的全部討論是運用一般人的推理方式進行的，有時就需要用通俗的方式來表述，那就是在成文形式的法令中，凡是用支配或者禁止來表示的就是法。〔註39〕

這段話用邏輯推理的方式來表述，即為：

宇宙間存在著普遍永恆的理性，

人是自然界的一部分，人具有理性，

法是依據自然的要求規範人們行為的準則，所以法是最高的理性·

西方著名哲學家羅素曾用一個故事來描述邏輯與法律的關係。他說：「有一個關於普羅泰戈拉的故事，這個故事無疑是杜撰的，但卻可以說由人民心目中智者與法庭的關係。據說普羅泰戈拉教過一個年青人，規定這個年青人如果在第一次訴訟裏就獲得勝利，才交學費，否則就不交。而這個青年人的第一次訴訟就是普羅泰戈拉控告他，要他交學費。」〔註40〕這個故事與上述史料說明，運用邏輯推理對法進行抽象的思辨，是西方法文化的一個悠久傳統。中西傳統法文化價值觀上的差異對成文法制定所帶來的深遠影響，到處可見。若翻閱一下《唐律疏義》及查士丁尼的《法學總論》，當可於此獲得較深的印象。

二、中國傳統法文化的歷史借鑒

著名的比較法學家勒內·達維德說：「在法的問題上並無真理可言，每個國家依照各自的傳統自定制度與規範是適當的，但傳統並非老一套的同義語，很多改進可以在別人已有的經驗中吸取源泉。」〔註41〕中國的傳統法文化歷史悠久，積層深厚，其博大精深的體系裏雖然到處浸潤著儒家倫理道德的血汁，衍生著封建宗法等級及血緣人倫等級的雙重毒素，但只要翻堅持以馬克思主沐的歷史唯物主義觀點看待問題，就不難發現其中仍然蘊藏著可資借鑒的歷史資源，歸納起來，有以下三個方面。

（一）立法重實際

我國古代法學，自春秋戰國由宗教神學走向世俗人倫以來，對法的思考

〔註39〕《西方法律思想史資料選編》，北京大學出版社1983年版，第64頁。
〔註40〕（英）羅素：《西方哲學史》上冊，商務印書館1988年版，第110～111頁。
〔註41〕（法）勒內·達維德：《當代主要法律體系》，漆竹生譯，上海譯文出版社1984年版，第2頁。

有著一個極為鮮明的特點，那就是中國古代的思想家們對法與禮的解釋基本上是遵循著一條理智求實的思維路線。他們對法的一系列問題上，不是用某種神秘的狂熱，而是用冷靜、現實的理智態度來解說，他們不從本體論的高度去探討法與權力之間的關係，爭論那些難以解決的法哲學命題，而是從穩定社會秩序，和諧天理人倫的實用角度去論述法的作用。他們高度重視從自然、社會、人倫及民心向背的綜合聯繫中去考慮法令的可行性，並依此為據來闡述立法的理論、變法的根據，進而確定出立法的原則。具體說來，內容有三：

第一，法合四時，令順民心。這裡的四時，指春夏秋冬四季，泛指因循而變，交相更替的運轉規律。民心，即民情。管子稱：「刑德者，四時之合也」。〔註42〕「政之所興，在順民心：政之所廢，在逆民心。」〔註43〕班固則說：「聖人既躬明哲之性，必通天地之心，制禮作教，立法設刑，動緣民情，而則天象地。」〔註44〕這裡的民心、民情，在法家看來，說穿了就是指人們趨利避害的本性。儒家則認為，人心就是人們的倫理性。人作為理性的動物，為萬物之靈，知情達理，孝敬父母，喜聖君之仁德，厭暴君之惡政。從歷史唯物主義的觀點看，民心、民情這種東西不可能有一個超越時代、階級侷限的抽象標準。實際上，我國古代思想家也從未在此問題上取得過統一的意見。不可否認的是，民心的標準儘管不同，但並沒有因此而影響統治者及思想家對此問題的重視。法家主張，立法順從民心應體現在提高人們的生活水平上。管子說：「民不足，令乃辱：民苦殃，令不行」。〔註45〕「凡治國之道，必先富民，民富則易治也，民貧則難治也。」〔註46〕儒家認為，立法順應民心的標誌在於輕搖薄賦，寬法裕民。

當然，我們必須明確指出的是，「法合四時，令順民心」的原則，從本質上看是古代思想家「法自然、循天道，順人情」觀念的反映，它的主旨在於為統治者的立法神聖尋找理論根據，與我們現在講的，立法尊重事物發展的客觀規律及以保障勞動人民群眾的根本利益為依歸的法學理論有著本質的區

〔註42〕《管子‧四時》。
〔註43〕《管子‧牧民》。
〔註44〕（漢）班固：《漢書》卷二三，刑法志三，第4冊，中華書局1962年版，第1079頁。
〔註45〕《管子‧牧民》。
〔註46〕《管子‧任法》。

別，更何況「則天順時」的法自然理論，在我國古代的歷史長河裏揚起的多是「秋冬行刑」、「天譴神告」的悠長回聲，它的落後性與時代侷限性是十分明顯的。儘管如此，我們仍應該看到，思想家的這一主張仍具有進步的歷史意義。

第二，法貴簡明。早在春秋戰國時期，思想家在為統治者出謀劃策時就指出，法要得到切實執行，必須簡明。商鞅說：「聖人為法，必使明白易知。」〔註47〕為何要簡明呢？一是要讓老百姓知道什麼是該做的，什麼是禁止的，即「使萬民知所避就」；二是為了「依法治國」的需要。晉時，著名的律學家杜預說「法約而例直，聽省而禁簡。例直易見，禁簡難犯。易見則人知所避，難犯則幾於刑措。」〔註48〕唐太宗李世民則說：「國家法令，惟須簡約，不可一罪做數種條格。」〔註49〕這是從實際操作的角度來闡明法的實踐精神的。

第三，法既貴穩定又要靈活。當代著名的法學家羅科斯·龐德說：「法律必須穩定，但又不能靜止不變。」〔註50〕龐德所揭示的法律運動規律也被我國古代的思想家所認識，只不過古人的出發點是為了實行封建專治條件下的「法治」及其富國強兵的理想藍圖而已。慎到說：「治國無法則亂，守法不變則衰。」〔註51〕韓非說：「法莫如一而固。」〔註52〕這裡的「一」是指法令的內容要統一，不能新舊相反，前後相悖；其「固」是說法律作為治國之本，必須保持相對穩定，決不可朝令夕改。法家認為「法禁數易」是亡國之道。韓非說，「凡法令更則利害易，利害易則民務變。」「治大國而數變法，則民苦之。」〔註53〕

我國遠在春秋戰國之際，思想家就已認識到了這一問題，並對其變化的規律作了深刻的闡述，提出了「法與時轉，治與世宜」的著名論斷，從一個側面反映了我國古代法文化重實際尚人倫的實踐理性精神，就是在今天也仍存值得借鑒的一面。

〔註47〕 《商君書·定分》。

〔註48〕 （唐）房玄齡等：《晉書》卷三十四，中華書局1974年版，第1026頁。

〔註49〕 （唐）吳兢：《貞觀政要集校》卷八，赦令，中華書局2009年版，第450頁。

〔註50〕 （美）龐德：《法律史解釋》，華夏出版社1989年版，第1頁。

〔註51〕 《慎子·逸文》。

〔註52〕 《韓非子·心度》。

〔註53〕 《韓非子·解老》。

（二）執法貴嚴明

第一，「法貴遵守，天下共之」。有人可能會問，法家不是鼓吹「生法者，君也；守法者，臣也；法於法者，民也」〔註54〕的等級觀念嗎？怎麼會有「法貴一體遵守」的思想。儒家不是鼓吹封建宗法等級與血緣人倫等級的典型代表嗎，怎麼會贊成「法貴嚴明」的精神？其實，這個問題並不難解決。儒法二家就擁護封建君主專制制度這一點上是共同的，他們的思想深處不可能有現代民主政治基礎之上的法制意識。但他們畢竟是中國古代思想家中最富影響的卓越代表．法家站在擁護地主階級整體利益的立場上，在尊君的同時，向來主張「法貴公平」，「守法一體」，「執法嚴明」。儒家則從維護統治階級的整體利益著眼，素來重視聖君賢人的率先垂範作用，強調君臣守法的重要性，秦漢以降，儒法合流，二家思想火花的相互交織構成了中國古代法文化中的精華。

中國古代思想家認為，法制能否實行與統治階級所持的態度密切相關。封建社會，儘管要至高無上的皇帝或國王守法從根本上說是不可能的，但要求統治者與天下一道守法，仍是我國古體思想家持之以恆的價值觀念。管子說：「君臣上下貴賤皆從法，此謂大治。」〔註55〕商鞅說：「法之不行，自上犯之。」〔註56〕漢文帝時，當廷尉張釋之處理犯蹕一案時，文帝以處罰太輕為由要張改判。張回答說：「法者天子所與天下公共也，今法如此而更重之，是法不信於民也。」〔註57〕文帝終於採納了張的意見。唐太宗貞觀元年，「上以兵部郎中戴胄忠清公直，升為大理少卿。上以選人多詐冒資蔭，敕令自首，不首者死。未幾，有詐冒事覺者，上欲殺之。胄奏：『據法應流』。上怒曰：『卿欲守法而使朕失信乎？』對曰：『敕者出於一時之喜怒，法者國家所以布大信於天下也。陛下忿選人之多詐，故欲殺之，而既知其不可，復斷之以法。此乃忍小忿而存大信也。』上曰：『卿能執法，朕復何憂！』」〔註58〕

第二，執法嚴明，堅如四時。我國古代思想家賦於法的內涵是賞與罰。

〔註54〕《管子‧任法》。
〔註55〕《管子‧任法》。
〔註56〕（漢）司馬遷：《史記》卷六八，商君列傳，第7冊，中華書局1982年版，第2231頁。
〔註57〕（漢）司馬遷：《史記》卷一〇二，張釋之列傳，第9冊，中華書局1982年版，第2754～2755頁。
〔註58〕（宋）司馬光：《資治通鑒》卷一九二，中華書局1956年版，第6031頁。

執法嚴明的要求主要表現在「信賞必罰」與「法不阿貴」上。韓非以為，賞罰既是法的主要功用，也是帝王手中的二柄，同時又是貫徹法令的關鍵。所謂：「寄治亂於法術，託是非於賞罰。」〔註59〕賞罰的原則有三，一是信賞必罰，二是賞罰得當，三是法不阿貴。韓非子於其論述最為詳備。他說：「賞罰不信，則禁令不行。」〔註60〕「賞莫如厚而信，使民利之；罰莫如重而必，使民畏之。」〔註61〕

這裡的「信」，是指說話算數，不失信於民，「必」是指執法要嚴明，所謂「法之所加，智者弗能辭，勇者弗敢爭。刑過不避大臣，賞善不遺匹夫。」〔註62〕這種思想發展到後來，其態度之堅決，更是錘鏘有力，擲地有聲。晉朝劉頌說：「法規即定則行之，行之信如四時，執之堅如金石。」〔註63〕唐代白居易說：「失人猶可，切法實難」〔註64〕；李元紘則稱「南山可移，而判不可搖」。〔註65〕正是在這種思想的薰陶下，才在我國的歷史長河中捅現了一批剛真不阿、執法如山的英雄形象，如包拯、海瑞等。

（三）司法尚求是

在我國封建社會的司法中，思想家向來主張「因情而就法」，反對「移情而就法」，意思是說，斷案聽訟應據事實與情理，依法而斷，而不是依主觀喜怒改變案情去附會法律。明人丘濬說：「先儒謂古者因情而求法，故有不可加之刑。後世移情而就法，故無不可加之罪。因情求法者，必備兩造之辭，令眾人之聽。覈其實，審其疑。」〔註66〕對於刑事案件，丘濬主張覈其贓物，究其黨羽，查證據，審言詞，不可以盛怒臨之。他說：「盜賊之名，天下之至惡者也。一旦用以加諸其人，非真有實情顯跡者，不可也。欲知其實情顯跡，必

〔註59〕《韓非子‧大體》。

〔註60〕《韓非子‧外儲說右下》。

〔註61〕《韓非子‧五蠹》。

〔註62〕《韓非子‧有度》。

〔註63〕（唐）房玄齡等：《晉書》卷三十，刑法志第二十，第 3 冊，中華書局 2012 年版，第 936 頁。

〔註64〕（唐）白居易：《白居易文集校注》卷二九，謝思煒校注，中華書局 2011 年版，第 1631 頁。

〔註65〕（宋）歐陽修等：《新唐書》卷一二六，李元紘傳，第 14 冊，中華書局 2013 年版，第 4419 頁。

〔註66〕（明）丘濬：《大學衍義補》卷一〇六，詳聽斷之法，上海書店出版社 2012 年版，第 907～908 頁。

窮其黨與，索其贓仗焉。」「欲加人以惡名而致之於死地，烏可以輕易乎哉？是故不可以盛怒臨之，俾之得以輸其情也，不可以嚴刑加之，俾之得以久其生也。」〔註67〕聽斷民事案件，他主張按其圖本，稽其圖冊，以息其訟。他說：「民之訟，爭是非者也。地之訟，爭疆界者也。是非必有證佐之人，疆界必有圖本之舊，以此正之，則訟平而民心服矣」，「官府稽其圖冊，民眾執其憑由，地訟庶其息乎。」〔註68〕

其實，「重證據，慎刑獄，尚求是」是我國古代思想家於司法上一貫追求的一個古老傳統。早在春秋、戰國時，韓非子就提出過「有尺寸，而無意度」的司法原則，即是說，在司法審判中反對以個人喜怒而判定是非，主張以一法律為準繩。所謂「陳義設法，斷事以理，虛氣平心。乃去怒喜。」《貞觀政要》載：「凡理獄之情，必本所犯之事以為主。不嚴訊，不旁求，不貴多端，以見聰明。故律正其奉劾之法，參伍其辭，所以求實也。」〔註69〕

以上從立法、執法、司法三個層面考察了我國古代法文化所蘊含的內在精神，無論是從思想家關於法的理論闡述或主張的實際操作原則來看，都充滿著一種求公正、尚求是的實踐理性精神。故本文的研究得出這樣一個結論：重實用、重倫理的傳統法文化經過馬克思主義的批判改造後，可以為社會主義法制建設提供歷史的資源。

〔註67〕（明）丘濬：《大學衍義補》卷一〇八，謹詳讞之議，上海書店出版社 2012年版，第 932 頁。

〔註68〕（明）丘濬：《大學衍義補》卷一〇六，詳聽斷之法，上海書店出版社 2012年版，第 905 頁。

〔註69〕（唐）吳兢：《貞觀政要集校》卷五，誠信，中華書局 2009 年版，第 296 頁。

崔述反「息訟」思想論略^[註1]

　　崔述^[註2]（1740～1816），字武承，號東壁。直隸大名人，生於清乾隆五年（1740）年，卒於嘉慶二十一年（1816）。乾隆二十七年舉人，嘉慶間曾任福建羅源、上杭等縣知縣。述精研儒學，博綜時務，治有政聲。史稱，他於知縣任內「治官如治家，不美食，不華服，不優伶宴會，卯起亥休，事皆親理，日與士民接見，書役稟事皆許直入二堂，兼聽並觀，往往談詢移晷，而無敢以私者，是以苞苴自絕，而地方百姓情形無壅蔽，從人胥役俱無所容其奸。聽訟不預設成見，俾兩造證佐各盡其辭而後徐折之。數年，案無枉者。」^[註3]這段話並非溢美之辭，崔述不僅為政清廉，於聽訟斷獄時多有詳察獨見之明，而且，他還是我國古代士大夫中第一個公開著文反對「息訟」的人。對此，尚未引起學界的注意，現撰文論述之。^[註4]

一、訴訟為勢之所趨，情之所不能免

　　我國古代受儒家「天人合一」及「大同」思想之影響，在價值理想的預

〔註 1〕本文原載於《法商研究》2000 年第 5 期。

〔註 2〕崔述年少時，其父教之甚嚴，切告之曰：「爾知爾所以名述之故乎？吾少有志於明道經世之學，欲爾（指崔述）成我志耳。」參見顧頡剛編訂：《崔東壁遺書》，上海古籍出版社 1983 年版，第 940 頁。

〔註 3〕顧頡剛編訂：《崔東壁遺書》，上海古籍出版社 1983 年版，第 941 頁。引文中重點號為引者所加。

〔註 4〕崔述的事蹟及其史學思想的價值，民國時期胡適、顧頡剛曾專門研究過。崔述的法律思想近來學界也稍有論及。楊恩：《重釋「貪人敗類」》，載《法學研究》1997 年第 3 期。而關於崔述反對息訟思想的獨特價值，尚未見人論及。

設與現實社會秩序的建構兩個方面，都把訴訟視為不吉之事，而把「無論」作為執法從政的美好理想。秦漢以降，此風尤盛。州縣長官及其所屬於聽訟斷獄之際總把「敦親睦族，化民成俗」〔註5〕的「息訟」思想放在首位，即便是到唐宋之際的社會變遷時期，雖然社會結構變化，婚田之訟日繁，但「息訟」仍是士大夫判詞中的主流話語。〔註6〕

崔述反對這種說法，他認為：訴訟的發生是勢之所趨，情理所不能避免。勸人「息訴」，只能是博其美名，而實有害於鄉里。他說：「自有生民以來，莫不有訟。訟也者，事勢之所必趨，人情之所斷不能免者也。」〔註7〕對此，他從兩個方面展開了論述。

第一，崔述一改儒家典籍中謳歌堯舜之世一無訴訟之舊說，認為訴訟是堯舜以來聖人之所不責，賢者之所不諱的。他說：「訟之事也久矣。舜避堯之子於南河之南，天下諸侯訟獄者不之堯之子而之舜。魯叔孫昭子受三命，季平子欲使自貶，昭子朝而命吏曰『姑將與季氏訟，書辭無頗。』唐、虞之時何時也，諸侯猶不免於訟；昭子，賢大夫也，亦不能以無訟，然則是訟也者，聖人之所不責而亦賢者之所不諱也。」〔註8〕

此段材料出自司馬遷的《史記·周本紀》與《左傳·昭公十二年》的記載，文中堯之子名「丹朱」。「南河」，指黃河，因位於堯都城之南（今河南城25公里），故稱南河。「叔孫昭子」，即叔孫婼，諡昭子，春秋魯大夫叔孫穆子的庶子。「三命」指官爵的等級。周制，官爵分九等。公、侯、伯之卿為三命。「季平子」，即季孫意如，春秋魯大夫，諡號平，季孫宿之孫。〔註9〕這段話的意思是說，訴訟由來已久。堯舜之時，舜為了讓位給堯的兒子丹朱，便避之於黃河之南，然而，天下諸侯之間發生爭訟，仍到舜之處解決。春秋時，魯

〔註5〕東漢時，吳佑為膠東相，「民有爭訴者，輒閉閣自責，然後斷其訟，以道譬之。或身到閭里，重相和解。自是之後，爭隙省息，吏人懷而不欺。」見（南朝宋）范曄：《後漢書》卷六十四，中華書局1965年版，第2101頁。
〔註6〕中國社會科學院歷史研究所宋遼金元史研究室點校：《名公書判清明集》，卷十《鄉鄰之爭勸以和睦》，中華書局1987年版，第393～394頁。又如，《二刻拍案驚奇》卷十記載宋人范弇的詩說：「些小言詞莫如休，不須經縣與經州。衙頭府底賠杯酒，贏得貓兒賣了牛。」
〔註7〕顧頡剛編訂：《崔東壁遺書》，上海古籍出版社1983年版，第701～702頁。
〔註8〕顧頡剛編訂：《崔東壁遺書》，上海古籍出版社1983年版，第700頁，第701頁，第953頁。
〔註9〕高紹先主編：《中國歷代法學名篇注釋》，中國人民公安大學出版社1993年版，第685頁。本文的寫作受益於此書，特此鳴謝。

國叔孫昭子任卿士,季平子與其矛盾深刻,想逼他退讓。昭子絲毫不妥協,他對手下官吏說:「我準備與季孫子打官司,你們記錄訟詞時,不要有偏頗。」

這裡,姑且不論崔氏所論是否正確,因為在現代許多學者的著作中,上引《史記》中的史料仍被當作「息訟」的絕好證明。〔註10〕但可以肯定的是,崔述觀察問題的角度確有不同他人之處。因為在崔述看來,爭訟由來已久,唐堯虞舜之時,何等聖明,諸侯尚且不能免於訴訟,昭子是歷史上有名的賢臣,也仍然在糾紛發生時,主張通過訴訟解決問題,這說明訴訟是自古以來聖人不加譴責,賢人不予避違的事,聖賢何曾勸人「息訟」呢?

第二,訴訟發生的根源在於「勢」和「情」。先說前者。崔述所說的「勢」,指兩方面的內容:一是指生活;二是指賴以生活的物質條件。訴訟之所以不能避免,首先在於它根源於人們的物質生活。在一定的歷史階段內,物質資源的獲取是有限的,而人類對物質資源追求的欲望則是無限的,這就必然發生紛爭。甚至在一定歷史條件下,當人們賴以生活的物質資源尚不能滿足社會民眾溫飽時,爭訟則更是大勢所趨。爭鬥不止,則必然去找那些能判斷是非曲直的人,而聽從他的裁決。只不過,當崔述在表達這種思想時,不是用自己的話說,而是借助了儒家典籍《周易》及唐代柳宗元《封建論》中的話語,這也是中國古代儒家知識分子闡述自己主張時經常使用的方法。他說:「故《傳》曰:『飲食必有訟。』柳子厚曰:『假物者必爭;爭而不已必就其能斷曲直者而聽命焉。』」〔註11〕這裡的《傳》是《周易》,「飲食」則是說的人群生活,生活需要借助外物,外物在柳宗元看來就是人群賴以生活的各類物質條件。崔述以古人之語言,把訴訟的發生與人群賴以生活的物質條件緊密相連,反映了他同柳宗元一致的樸素唯物主義觀點。

再說「情」。「情」在中國古代司法活動中,其含義、作用頗具多面性。研究中國法文化的著名日本學者滋賀秀三曾把「情」字的含義概括為三個方面:一是指與案件有關連的情節、情況以及含義;二是指活生生的平凡人之心,所謂「人同此心,心同此理」;三是指人與人之間的友好關係。〔註12〕崔述這裡所說的「情」,在指「常人之心」和「常情之理」上,與滋賀氏所述有著相

〔註10〕參見張晉藩:《中國法律的傳統與近代轉型》,第十一章,法律出版社 2005 年版,第 277〜288 頁。

〔註11〕顧頡剛編訂:《崔東壁遺書》,上海古籍出版社 1983 年版,第 701 頁,702 頁。

〔註12〕(日)滋賀秀三等:《明清時期的民事審判與民間契約》,王亞新、梁治平編,王亞新、范愉,陳少峰譯,法律出版社 1998 年版,第 37〜38 頁。

同之處，但崔氏所論之「情」是為他的「反息訟」思想作依據的，故其對「情」的解釋尚有其他人所論不到之處。其一，「陵人者常不訟，而陵於人者常訟，其大較也。」〔註13〕在崔述看來，凡是有血氣的人都免不暸解奪之心，果真是爭訟時一方爭執而另一方退讓，那事情也就算完結了；假如雙方誰都不願退讓，則必然發生訴訟。一旦發生訴訟，往往是欺凌人者不靠狀，而受欺凌的人到官府投訴。這是什麼原因呢？崔述分析說，在爭執中甘願退讓的，一般是那些賢明之士與孤獨弱小者，所謂「且爭而甘於讓者，惟賢與孤弱者耳。」〔註14〕然而，就道理而言，發生爭訟即便甘願讓步，也還存在著當讓與不當讓的問題；就爭訟的性質而言，又可能存在著能讓與不能讓的差異。若爭訟的不僅僅是個人得失，就不應該退讓，因為退讓會使爭奪者的意圖得逞。因此，即便是賢人與孤獨弱小之人，也不可能完全做到不爭訟。〔註15〕這些人在被逼無奈時，往往會到官府衙門投狀訴冤，所以告狀的往往是弱小者。其二，不許訴訟是大亂之道，風俗敗壞之源，是最大的不近人情。崔述認為，按理，若賢明之士時常被不賢的人欺凌，孤獨弱小的人被豪強惡霸壓迫，即便是他們不到官府投訴，官吏也應該認真調查並審理這些案件。而現實生活中則恰恰相反，官吏們不僅不主動履行職責，為民伸冤，反而一味地指責訴訟的人，鼓吹「息訟」的好處，堵塞伸冤之道，使豪強愈加逞兇而善良者則忍氣吞聲，如此「息訟」、「無訟」，真不如有訟的好！他憤然寫道：

「夫使賢者常受陵於不肖，而孤弱者常受陵於豪強而不之訟，上之人猶當察而治之；況自來訟而反可尤之乎！今不察其曲直而概不欲使訟，陵人者反無事而陵於人者反見尤，此不惟賞罰之顛倒也，而勢也不能行。何者？人之所以陵於人而不與角者，以有訟可以自伸也；不許之訟，遂將束手以待斃乎？抑亦與之角力於蓬蒿之下也？吾恐賢者亦將改行而孤弱者勢必至於結黨，天下之事從此多而天下之俗從此壞矣！

余幼時，見鄉人有爭則訟之縣；三十年來不然，有所爭，皆結黨持兵而劫

〔註13〕顧頡剛編訂：《崔東壁遺書》，上海古籍出版社 1983 年版，第 700 頁，第 701 頁，第 953 頁。

〔註14〕顧頡剛編訂：《崔東壁遺書》，上海古籍出版社 1983 年版，第 700 頁，第 701 頁，第 953 頁。

〔註15〕原文是：「然理固有當讓，有不當讓；勢固有能讓與不能讓。所爭者非一人之得失，則不當讓。讓之而爭者不已，讓之而爭者得逞，人皆從而傚之，則亦不能終讓。故雖賢與孤弱者亦不能盡無訟也。」顧頡剛編訂：《崔東壁遺書》，上海古籍出版社 1983 年版，第 701 頁。

之，曰：『寧使彼訟我，我無訟彼也！』唯單丁懦戶，力不能抗者，乃訟之官耳。此無他，知官之惡訟而訟者未必為之理也。民之好鬥，豈非欲無訟者使之然乎！逮至近年，風俗尤漓，里巷之間別有是非，反經悖律而自謂公；以鬥傷為偶然；以劫壓為小事；立後則疏族與同父無殊；爭田則盜賣與祖業不異。推此而論，不可枚舉。至於姑殘其媳，弟侮其師，竊田禾，毀墓木，尤恬不以為怪。訴之宗族，宗族以為固然；訴之里黨，里黨以為固然。被固不識字，即識字而亦不知律為何物也；不得已而訟之於官，則官以為好事而里黨亦非之。是以豪強愈肆而善良常忍泣而吞聲。無訟則無訟矣，吾獨以為反不如有訟之猶為善也。

昔韓文公為都縣，雅重盧全，全為比鄰惡少所苦，使奴詣縣訟之，公不惟不薄全，反稱其賢而自引為己罪。彼韓公者豈獨喜人之訟哉？誠少歷艱難而悉寒士之苦故也。然而今之君子或亦生富貴之中，席祖父之勢，居仁裏，處順境，未嘗身雜保庸，目睹橫逆，故不知涉世之難而妄為是高論耳；不然，何其不近人情乃至是也。」〔註16〕

這段文字是崔述反對「息訟」觀點的典型表述，他用具體的事例和韓愈體察民情關心訴訟的史事，說明了「訴訟」原本是貧弱之人伸張冤曲的途徑，而不問青紅皂白的「息訟」主張則是忤民心乖事理的悖情之舉。由此可以看出，崔述所講的「情理」確有與他人不同之處。首先，傳統觀點認為，健訟之人多是無賴之徒；〔註17〕而崔述則認為，受欺凌的貧弱之人與賢明之士往往才是告狀的主要對象。其次，傳統的觀點認為，讓人訴訟是敗亂之道，為禍之源；而崔述則反其道而用之，認為訴訟是貧弱伸張正義之良具，不許訴訟才是秩序紊亂、世風日壞的根源。正因為如此，他才進一步認為，「息訟」只是博世之美名而實有害於百姓。

二、「息訟」名美而實不可行

崔述認為，世之弊端莫大於說起來好聽而實際上行不通。而「息訟」正是這樣的主張。他說：「天下之患莫大乎其名甚美而其實不可行」。〔註18〕他以戰國時期的白圭、許行為例，說明聖賢之君雖知曉減輕賦稅、統一物價的好處，但如言之過高，卻沒法實行，結果反而有害於百姓。以此論「息訟」之

〔註16〕顧頡剛編訂：《崔東壁遺書》，上海古籍出版社1983年版，第701、702頁。
〔註17〕中國社會科學院歷史研究所宋遼金元史研究室點校：《名公書判清明集》，卷十三，中華書局1987年版，第481頁。
〔註18〕顧頡剛編訂：《崔東壁遺書》，上海古籍出版社1983年版，第701頁、702頁。

說，崔氏以歷史的眼光分析說，西漢時，倡黃老之學，世風澆漓。士人幸賴門第之蔭才不被地痞無賴所欺，遂認為訴訟者卑鄙而輕視之，聽訟斷獄之官吏也藉此不願意審理，認為爭訟者都是些惹事生非之人。嘿！這真是天大的冤曲。其實「息訟」之說正像白圭想減輕賦稅、許行要統一市價一樣，名美而實不可行。他寫道：「兩漢之世好言黃老，始有以不與人之訟博長厚之美名者，然亦其時風俗淳古，故得以自安於閭里。唐宋以降，日以澆矣，乃為士者幸藉門戶之蔭，不見侮於市井小兒，遂以人之訟者為卑鄙而薄之；而憚於聽訟之吏因遂得以是藉口，有訟者，則以為好事，怒之責之而不為理。嗚呼！是白圭之取民而許行之治市也」〔註19〕文中所說的白圭、許行都是戰國時期著名的人物。白圭，名丹，字圭，戰國時魏惠王的大臣。他主張徵收生產物的1/20 作田稅，故有減輕賦稅之美名。許行則是戰國時期農家的代表人物，他主張君臣其耕，自食其力。但崔述認為，這些都是不切實際的幻想。崔氏寫道：「白圭二十而取一，孟子曰：『欲輕於堯舜之道者，大貉小貉也。』許行使市賈不二，孟子曰：『物之不齊，物之情也；巨屨小屨同賈，人豈為之哉！』聖人非不知薄取民而一市賈之為美名也，顧以其勢斷不能行，姑取其美名焉而已，而人心風俗必受其大害，是以其論常不敢過高也。」〔註20〕

崔述之所以敢如此大膽地否定傳統的「息訟」思想，是與他的疑古精神分不開的，他認為，兩千多年來，人們對孔子訴訟思想的理解都是不對的，對訴訟之害的分析亦是本末倒置的。崔述是怎樣認識這些問題的呢？

三、使無訟者，「非直者以訟為恥而不敢與曲者訟也」〔註21〕

「聽訟，吾猶人也，必也使無訟乎。」〔註22〕這是老祖宗孔子說的話，也是中國古代「息訟」思想的源頭和不可動搖的權威憑據。崔述既然反對「息訟」的主張，就不能不對孔子的話進行新的闡釋。他首先引用《大學》中的話回答說：「《大學》釋之明矣，曰：『無情者不得盡其辭，大畏民志。』」〔註23〕

〔註19〕顧頡剛編訂：《崔東壁遺書》，上海古籍出版社 1983 年版，第 701 頁、702 頁。
〔註20〕顧頡剛編訂：《崔東壁遺書》，上海古籍出版社 1983 年版，第 700 頁、第 701 頁、第 953 頁。
〔註21〕顧頡剛編訂：《崔東壁遺書》，上海古籍出版社 1983 年版，第 701、702 頁。
〔註22〕《論語·顏淵》。
〔註23〕這段話的意思是：「不誠實的人因為害怕民意而不敢瞎編供詞欺騙別人」，這是崔氏為自己下述觀點的闡述而作的鋪墊。

以儒家典籍解釋孔子之說，這是古人常用的方法，以此可以證明己之新說於經典有據，並非離經叛道，其實是在借題發揮。崔述正是這樣來闡述他對孔子之訴訟思想的重新認識的，他說：「然則聖人所謂『使無訟』者，乃曲者自知其曲而不敢與直者訟，非直者以訟為恥而不敢與曲者訟也。」〔註24〕聯繫上述他對《大學》引文的解釋，崔述的意思無非是說，孔子並不反對訴訟，《大學》對孔子這句話解釋得很清楚，意謂：審理案件我與別人一樣，但我的目的是使那些不誠實的人不敢瞎編供詞欺騙別人。聖人所說的「使無訟」，不是反對訴訟，而是讓理曲的人知道自己理虧，從而不敢胡編理由與有理的人打官司，更不是讓有理之人以訴訟為恥，而害怕與理曲之人進行訴訟。這才是「使無訟」的真正含義。

千百年來，人們對孔子這句話的閱讀，得出來的都是聖人主張「息訟」、嚮往「無訟」的結論，崔述則以卓然不群之眼光，獨得聖賢思想之新意，不能不說是一個難得的突破和創建。接著崔述論述說，如果發生爭訟時，不論有理與否，一律以訴訟為罪過，全以道德感化民眾，不讓當事人充分闡述其理由，這便是大亂之道，即「若不論其有情無情而概以訟為罪，不使之得盡其辭，曰『吾欲以德化民』，是大亂之道也。」〔註25〕或許有人會說，對於訴訟之害，崔述可能未曾見到，若見到就不會主張訴訟了，所謂「子未睹夫訟之害耳。書役之魚肉，守候之淹滯，案牘之株連，有聽一人一朝之訟而荒千日之業，破十家之產者矣；況有訟而誣焉者乎！」〔註26〕對此，崔述分析說，現實生活中因訴訟而使田業荒廢，家破財亡的事確實有過。但這不是訴訟本身帶來的結果，而是官吏貪婪、袒護吏役、無故拖延、不負責任引起的。醫治的辦法應是懲治不法官吏，而不是杜絕訴訟，「息訟」是錯誤的。崔述揮筆寫道：「此誠有之（指訴訟之危害——引者注）。然此誰之過耶。苟官不護其下，書役安得而魚肉之！訟至而即聽，當逮而後逮之，何淹滯株連之有哉！此乃己之不藏，反欲藉口以禁人之訟，可乎！且訟而果誣，反坐之可也；不治誣者而遷怒於他人而禁其訟，是使直者代曲者罹殃也，顛孰甚焉！……且無訟之治，聖人猶難之，今之吏豈惟無德且貪莫甚焉，民之相爭固其所也，而欲使人之無訟，舛矣！」〔註27〕

〔註24〕顧頡剛編訂：《崔東壁遺書》，上海古籍出版社1983年版，第701、702頁。

〔註25〕顧頡剛編訂：《崔東壁遺書》，上海古籍出版社1983年版，第701、702頁。

〔註26〕顧頡剛編訂：《崔東壁遺書》，上海古籍出版社1983年版，第701、702頁。

〔註27〕顧頡剛編訂：《崔東壁遺書》，上海古籍出版社1983年版，第701頁，702頁。

　　崔述對孔子訴訟觀點的理解顯然已加進了許多自己的東西，這正如西方學者尼采所言：「人最後在事物中找出的東西，只不過是他自己曾經塞入事物的東西。」〔註28〕然而，依解釋學之觀點，閱讀是讀者的一種活動，語言的意義是人賦予的，意義是讀者的創造。〔註29〕以此而論，崔述對孔子訴訟文本的閱讀也是解釋學所說的「視角的融合」，〔註30〕是一種新的理解，那麼這種理解的意義何在呢？

四、意義及其限制

　　劉師培曾說：「述生乾嘉間，未與江、戴、程、凌相接，而著書義例則殊途同歸。彼以百家之言古者多有可疑，因疑而力求其是。淺識者流僅知其有功於考史，不知《考信錄》一書自標界說，條理秩然，復援引證佐以為符驗；於一言一事，必鉤稽參互；剖析疑似，以求其真。」〔註31〕劉申叔為經學大師，崔述的《考信錄》以經證史，成績斐然，故劉以經學家之眼光評論崔述之地位確屬中的之言。然而，崔述於其著作中所表現出來的思想史家的氣質及其眼光，遠非「經史學家」一詞所能盡言。僅以他在《無聞集・訟論》中所闡述的反「息訟」思想而言，其價值和歷史地位都是劉師培所言及的與他同時代的江、戴、程、凌所無法比擬的。抑或可以這樣講，崔述不僅是中國古代士人中第一個公開反對「息訟」的人，而且還在於他的思想為我們重新認識中國法律傳統，乃至糾正現在流行於學界的某些結論都是極富啟迪意義的。〔註32〕

〔註28〕（德）尼采：《權力意志》第281節，載洪謙主編：《現代西方哲學論著選集》上冊，商務印書館1993年版，第12頁。

〔註29〕蘇力：《閱讀秩序》，山東教育出版社1999年版，第199頁。

〔註30〕現代解釋學大師伽達默爾認為，在理解的過程中總是存在著兩種視界，作品所表達的內容是作品的視界，解釋者的理解是解釋者的視界。視界融合既不是解釋者完全拋棄自己的視界而進入作品的視界，也不是把作品的視界完全納入並服從於解釋者的視界，而是二者相互融成一個新的視界。參見董洪利：《古籍的闡釋》，遼寧教育出版社1993年版，第80頁。

〔註31〕轉引自胡適：《科學的古史家崔述》，載顧頡剛編訂：《崔東壁遺書》，上海古籍出版社1983年版，第951頁。文中劉師培所說江、戴、程、凌均為乾嘉樸學之代表，指江永、戴震、程瑤、凌廷勘四人。

〔註32〕在學界影響較大的幾本著作中，都把「無訟」、「息訟」作為重點研討的章節，給人的印象是，好像中國古代只講「息訟」、「無訟」，焉有它哉！張晉藩先生的著作算是例外，於「無訟」一章內，提到社會現實中存在著「健訟」的歷史事實，但其分析尚待深入。其實，對「息訟」的單方面解說，是對讀者認識中國法律傳統的誤導。以上參見梁治平：《尋求自然秩序中的和諧》第八章，

首先，崔述的反「息訟」思想使我們認識到了中國法律傳統的多層面性，對中國古代法律文化中訴訟理論的研究，不能僅僅停留在「息訟」、「無論」的層面上，應該看到在「息訟」的價值話語背後，還存在著「興訟」、「囂訟」的歷史事實。崔述的「反息訟」思想並非空穴來風，支撐在其價值背後的物質性力量便是崔氏生活的那個時代及其歷任羅源、上杭知縣的社會經歷。

其實，早在中國古代社會發生轉折的唐宋之際，「訴訟」的繁多便已成為社會的現實，尤其是趙宋之時，隨著社會結構的變化及私有制的發展，社會關係日趨複雜，經濟利益呈多元化發展，社會對法律的需求增加，生活中也就出現了專門幫人打官司的人，史稱「訟師」，〔註33〕或曰「珥筆之人」，〔註34〕「茶食人」，〔註35〕他們的活動也成了一門學問，有的學者稱為「訟學」。〔註36〕元、明清時期，隨著民族的融合、雜居，民事糾紛更趨繁多，《元典章·刑部·聽訟》稱「諸民訟之繁，婚田為甚。」只不過宋、元時期，訟師的活動不僅得不到官府的支持，就是在史料典籍中也鮮有士大夫公然同情他們的記載。到了明、清兩朝則不然，尤其是清朝，史籍中開始出現了記載「訟師」正面作用的材料，如嘉慶年間，當過幕友的王有孚在《一得偶談》中說：「若夫安分良民，或為豪強欺壓，或為仇盜扳累，大則身家幾陷，小則名節攸關，捶胸飲恨，抱曲莫伸，僅假乎庸碌代書，具詞呈訴，非格格不吐，即草草敷衍，徒令閱者心悶，真情難達，於此而得一智慧之士，為之代

中國政法大學出版社 1997 年版；張中秋：《中西法律文化比較研究（修訂版）》，第八章第一節，南京大學出版社 1996 年版。張晉藩：《中國法律的傳統與近代轉型》第十一章，法律出版社 1997 年版。

〔註33〕「訟師」最早出現在宋代，是國內學界和日本學者較為一致的意見。但對「訟師」的研究，除了日本學者夫馬進教授的論文外，國內學界還鮮有深入研究的成果，零星的論文中對訟師資料的引用，還時有錯誤，如郭東旭《宋代之訟學》之文說：「羅大經的《鶴林玉露》中，亦有『訟師，方履險者也』。」顯然，郭先生此處是把「訟師」作專有名詞看待的，其實《鶴林玉露》中的這句話是說，依《易》六卦條，訟為凶卦。應為「訟、師方履險者也，戒之宜矣」。（宋）羅大經：《鶴林玉露》，王瑞來點校，中華書局 1983 年版。第 80 頁。

〔註34〕「江西細民險而健，以終訟為能，名曰珥筆之民。」見黃庭堅：《黃庭堅詩集注》，外集卷第十一，中華書局 2003 年版，第 1135 頁。

〔註35〕中國社會科學院歷史研究所宋遼金元史研究室點校：《名公書判清明集》，卷一，《群僚舉措不當輕脫》，中華書局 1987 年版，第 25 頁。

〔註36〕郭東旭：《宋代之訟學》，載漆俠主編：《宋史研究論叢》（第 1 輯），河北大學出版社 1990 年版，第 133～147 頁。

作詞狀，摘伏發奸，驚心動魄，教令對簿當堂理直氣壯，要言不繁，卒致冤者得白，奸者坐誣，大快人心。是不惟無害於人，實有功於世。吾鄉老友中，似此刀筆間亦有之，然不多覯。宜其子孫蕃衍，保世成家。律內雖有見人愚而不能伸冤，教令得實者勿論之文。陰曹不待不罪之，且有以極之也。若而人者庶不愧訟師之名哉。彼播弄鄉愚，恐嚇良善，從而取財者，乃訟棍耳。安得以師字加之。余謂訟棍必當懲而訟師不必禁。」〔註37〕顯然，作者於此不僅描述了訟師的正面作用，而且還把「訟師」與「訟棍」相區別。另據文獻記載：「雍正時，松江有吳墨謙者，通曉律例，人請其作呈牘，必先叩實情，理曲，即為和解之，若理直，雖上官不能抑也」，〔註38〕這大有不畏權勢、仗義直言的味道了。

從幕之人對訟師地位的肯定，從一個側面反映了清代民間不諱言訴訟的社會風氣。史稱乾嘉年間「州縣告期收詞，多者盈千，少者亦累百」，〔註39〕健訟之風，一時盛行。崔述生活在這樣的時代，又在地處東南沿海的羅源、上杭（今屬福建省）兩縣任知縣，好訟的社會現實不能不在其思想觀念上留下深刻的時代烙印。

其次，崔述「反息訟」思想的提出，深刻揭示了中國傳統法文化內部主導價值的差異性，即在「和諧持中」、「息訟寧人」的背後，還同時存在著「和而不同」、反對「息訟」的價值觀念，而後者則常常為人們的研究所忽略。

其實，以孔孟為主導的儒家法文化，固然倡導「和諧持中」的思想，然而人們千萬不應忽視，更不應該忘記，這樣的強調是以承認事物的多樣性為前提的，它強調的是矛盾的對立統一。《論語‧子路》載：「子曰：『君子和而不同，小人同而不和』」。張岱年先生說，在中國歷史上，有所謂「和同之辯」，西周末年的史伯已經認識到，由不同的元素相配合，才能使矛盾均衡統一，收到和諧的效果。五味相和，才能產生香甜可口的食物，六律相和，才能形

〔註37〕（日）滋賀秀三等：《明清時期的民事審判與民間契約》，王亞新、梁治平編，王亞新、范愉、陳少峰譯，法律出版社1998年版，第425頁。

〔註38〕徐珂編撰：《清稗類抄》，第三冊，中華書局1984年版，第1047頁。

〔註39〕（日）滋賀秀三等：《明清時期的民事審判與民間契約》，王亞新、梁治平編，王亞新、范愉、陳少峰譯，法律出版社1998年版，第422頁。另據日本學者夫馬進《明清時代的訟師與訴訟制度》一文，清代嘉慶年間安徽省六安州的知縣在任10個月，曾處理案子1360件，該文稱這並非個別現象。參見該書第392～393頁。

成悅耳動聽的音韻。〔註40〕「和」非「同」,「『和』或諧和謂二個或二個以上之相異者之會聚而得其均衡。『同』或同一謂相等或全無區別。」〔註41〕

「和而不同」的理論,揭示了事物發展的對立統一規律,是中國先賢觀察自然、認識社會人生的深切體察。其對中國歷史的影響是深遠的,但因社會發展的時代差異而有著不同的表現形態。就秦漢而言,封建國家機構尚在建立、鞏固之中,思想上與大一統的專制制度相適應,尤其強調統一的意識形態;唐宋之際,社會結構深刻變化,社會分化〔註42〕的程度越來越高,「和而不同」的理論不僅表現為哲學家於世間萬物中皆求「對待」〔註43〕之思想,而且還在治國之道上表現為兩宋士大夫「議論高奇」,「慨然有矯世變俗之志的獨特風貌」。〔註44〕乃至明、清,「和而不同」的理論於社會影響日深,不僅出身社會下層、於民間疾苦多有瞭解的幕友師爺們開始同情百姓的訴訟,注意區別訟師與訟棍的不同職能了,就是飽讀儒家經典的士人也於其居官任職的司法實踐中,公然揭示了反對「息訟」的大旗,崔述只不過是其中的典型罷了。

崔述的學生陳履和在總結老師的事蹟時說:「先生生平孝友廉介,讀書涉世,欲卓然有所樹立,為名儒以顯父母。」〔註45〕崔述「反息訟」思想的提出,固然與其生活的時代及其兩任知縣時對民間疾苦甚為同情的態度相關,〔註46〕但更與崔氏平生治學的叛逆精神緊密相連。胡適曾譽崔述為「新史學

〔註40〕 參見張岱年、方克立主編:《中國文化概論》,北京師範大學出版社 2004 年版,第 390 頁。

〔註41〕 張岱年:《中國哲學大綱》,中國社會科學出版社 1982 年版,第 112 頁。

〔註42〕 社會分化是西方結構功能主義學派中一個主要的概念,意謂:一個或一類在社會中具有單一和相對確立的單位子系統,分裂成一些(通常是兩個),就那個更大的系統而言,在結構與功能意義上互不相同的單位或系統。(以)S.N. 艾森斯塔得:《帝國的政治體系》,閻步克譯,貴州人民出版社 1992 年版,第 3 頁。

〔註43〕 二程說:「天地之間皆有對,有陰則有陽,有善則有惡。」朱熹則說:「間天下之理,無獨必有對,有動必有靜,有陰必有陽,以至屈伸消長盛衰之類,莫不皆然」。參見張岱年:《中國哲學大綱》,中國社會科學出版社 1992 年版,第 122~125 頁。

〔註44〕 (宋)詹大和,(清)顧棟高,(清)蔡上翔:《王安石年譜三種》,裴汝誠點校,中華書局 1994 年版,第 181 頁。

〔註45〕 顧頡剛編訂:《崔東壁遺書》,上海古籍出版社 1983 年版,第 940 頁。

〔註46〕 陳履和在《崔東壁先生行略》一文中記有崔述於嘉慶元年任羅源知縣時,處理訴訟糾紛,關心民瘼的事蹟,一時傳為佳話。顧頡剛編訂:《崔東壁遺書》,上海古籍出版社 1983 年版,第 940~941 頁。

的老先鋒」，〔註47〕概謂崔氏有其不同於他人之新精神。崔氏生活的時代，正是清代學術中乾嘉學派的昌盛時期，也即是漢學統一全國的時代。崔述治學，以經證史，以疑求真，自有不合於清代學術主導之精神處。故胡適說：「當崔述生時，他自己也知道他的著述在那個漢學統一全國的時代是不合時宜的。」〔註48〕然而，崔述為學「不在於為人」，惟在於學有所見。他慨然有陳說：「世之論者皆謂經濟所以顯名於當時，著述所以傳名於後世。余之意竊以為不然。人惟胸有所見，茹之而不能茹，故不得已假紙筆以抒之；猶蠶食葉，既老，絲在腹中，欲不吐之而不能耳。名不名，非所計也。」〔註49〕這既是崔氏為學誌向的絕好自白，也是理解崔述「反息訟」思想不可缺少的一面。

　　當然，我們也不得不在最後指出，崔述出生的乾隆五年——即公元1740年，雖然正值清朝的繁榮時期，史稱「康乾盛世」。但是在世界的另一方，影響人類歷史進程的資產階級革命已經進行了整整一個世紀。在這個世紀裏，西方的世界發生了天翻地覆的變化，不僅科學技術的發展日新月異，就是思想的歷史進程也不可與往昔同日而語。僅就法學而言，崔述出生前的上半個世紀，洛克的《政府論》發表，〔註50〕在崔述8歲的1748年，西方法學的另一名著孟德斯鳩的《論法的精神》在日內瓦出版，〔註51〕14年之後，盧梭的《社會契約論》問世，〔註52〕這三部著作是資產階級革命時期西方法學中最偉大的作品，其中所體現的原則和思想時至今日也不可輕忽。對此，不僅當時的清廷還一無所知，就是一生好求其新的崔述也於此無緣。就崔述的「反息訟」思想而言，他立論的依據及其推理過程所使用的資料還只能是儒家的思想和典籍，如《易》《大學》等，他雖然對孔子的「無訟」思想在原有的材料上進行了新的闡釋，這種闡釋不僅蘊含著新意，而且還深深地寄託著崔述

〔註47〕顧頡剛編訂：《崔東壁遺書》，上海古籍出版社1983年版，第700頁、第701頁、第953頁。

〔註48〕顧頡剛編訂：《崔東壁遺書》，上海古籍出版社1983年版，第700頁、第701頁、第953頁。

〔註49〕顧頡剛編訂：《崔東壁遺書》，上海古籍出版社1983年版，第700頁、第701頁、第953頁。

〔註50〕洛克的《政府論》分上下兩篇，發表於1689～1690年，剛好離崔述出生的1740年，整整半個世紀。

〔註51〕（法）孟德斯鳩：《論法的精神》，張雁深譯，商務印書館1963年版，第35頁。

〔註52〕（法）盧梭：《論人類不平等的起源和基礎》，《出版說明》，李常山譯，商務印書館1962年版。

對現實生活中民間疾苦的同情，甚或他在儒家「仁政」思想的理念下及傳統的理論框架內最大限度地批評了「息訟」的弊端，提出了「訟」為孤弱之人伸冤之具的觀點，但他畢竟不能超越時代的侷限和他闡釋問題所依據的「文本」應有的合理界限，更不可能從個人權利出發，明確提出「訴訟」乃當事人權利之保證的見解。他曾說：「所爭者非一人之得失，則不當讓」，言外之意是，若所爭是個人得失就可以讓了。其實，這恰恰是和現代的法學理念所不能兼容的，現在的民事訴訟，就是要確定當事人之間（大多數情況下為個人）權利的得失，是絕不可相讓的。對西方法學的不瞭解，限制了崔述的眼界，也使他的分析，無法達到應有的理論深度。這不是崔氏個人的問題，而是時代使然。然而，我們還是要說，崔述畢竟是以思想史家的眼光，對傳統的文本進行了新的解說，打破了歷史敘事中「息訟」占主導話語的單一局面，為我們認識中國法律傳統的多層面性及厚重性開闢了一個新的視野，這正是崔述思想的意義所在，也正如法國思想家帕斯卡爾（B. Pascal）所言：「思想形成人的偉大」，「人的全部尊嚴就在於思想」。〔註53〕

─────────────

〔註53〕 （法）帕斯卡爾：《思想錄》，何兆武譯，商務印書館 1985 年版，第 157、164 頁。

人文精神與中國傳統法律的歷史借鑒〔註1〕

　　「人文精神」，學界又稱為「人文思想」、「人文傳統」、「人文主義」，是一個內涵豐富而規定性又並不確定的概念。學界通常認為，自周代以降，中國便確立了與天道自然相貫通的人文傳統，形成一種「遠神近人，以人為本」〔註2〕的文化取向，並深刻影響著中國的法律傳統。著名學者、新儒家代表牟宗三先生說：「中國文化之開端，哲學觀念之呈現，著眼點在生命，故中國文化所關心的是『生命』，而西方文化的重點，其所關心的是『自然』。」〔註3〕

　　中國的人文精神與西方不同，在與中國傳統法律〔註4〕的聯繫上有著其固有的特點和思維方式，具體而言有三個層面：其一，在司法的價值層面關注人的生命及價值尊嚴；其二，在法律的運作方面，強調執法主體及社會中個人的道德自律，主張法貴嚴明，表現出一種強烈的實踐理性精神；其三，在對法的功能的思考上，不單純考慮法律條文的具體社會功能，而是以「天人合一」的哲學觀為參照，主張「禮樂政刑」相互為用，追求法天則地、物洽民豐、教化大興之和諧社會的建立。〔註5〕對此三點，本文略加研討，以求為

〔註1〕本文原載於《河南省政法管理幹部學院學報》2000年第2期。
〔註2〕《管子‧霸言》：「夫霸王之所始也，以人為本，本理則國固。」
〔註3〕牟宗三：《中西哲學會通十四講》，上海古籍出版社1997年版，第11頁。
〔註4〕中國傳統法律在這裡指的是中國古代以儒家思想為主導，以禮法結合為表現形式。追求仁政，以尚人倫、共教化、美風俗為主導，兼容其他價值功能的法律制度與法律精神，又稱中國傳統法文化。
〔註5〕中國古代的人文精神與西方有所不同。學界通常認為：西方重個體的價值，強調個人的自由意志。中國重人格的社會價值，視個人為群體中的一分子，個人作為家庭、社會關係之網中的一個角色，其價位只有在與他少、的關係中才能顯現。參見馮天瑜：《略論中西人文精神》，載《中國社會科學》1997年第1期。

現代的法制建設提供歷史的資源。

一、人文精神與慎重刑獄

「以人為本，關注生命」的人文精神在中國文化中不僅源遠流長，形成了中國人的「遠神近人」、務實厚重的價值取向，而且它還作為中國古代統治者治理社會、實現秩序期待、建立理想盛世的內在價值源泉，是整個中國古代社會君子人格的共同追求，具有普適性的共能，也就必然和司法制度密切相關。這是因為人生命的意義和生存的價值不論在精神層面多麼重要，但它必須首先體現在現實生活中，而司法制度作為統治者控制社會的主要防線和解決糾紛的主要機制，直接關涉到人的自由、財產和生命安全。因此，它必須首先回答：人在司法中處於什麼樣的位置？應不應該重視人的尊嚴及生存的價值，該怎樣從制度上保障人的生命及價值尊嚴的實現？就這些問題而言，中國古代法文化固然不可能像現代社會一樣，建立一套人權保障的現代司法機制，但從根本上說，中國古代司法中體現的對人的生命的重視並不必然與現代的法制精神相悖。概言之，中國古代的人文精神反映在司法活動中就是：人命關天，慎重用刑。對它的理解，可以分三個方面進一步論述之。

第一，司法指導思想上「明德慎罰」的確立。所謂「明德」就是發揚光大德政，「慎罰」者，謹慎適用刑罰，不得濫殺無辜之謂也。「明德慎罰」一語出自古籍《尚書・康誥》，全句為：「惟乃丕顯考文王，克明德慎罰。」這是西周著名政治家周公代表成王告誡其侄康叔的話，意為「你的偉大英明的父親文王，能崇尚德教，慎用刑罰」，實際上是要康叔到其封地後崇尚德政，慎施刑罰，效法文王的所作所為。

「明德慎罰」思想的確立是中國古代人文精神在司法活動中的典型反映形式，其意義無論怎樣評價都無法窮盡其深刻的內涵。就「德」這個字而言，它是中國文化中含義最為豐富而又極具彈性、最能適應時代發展需要的一個詞彙，也是人文精神的核心。就其對人的價值及對人的生命重視而言，它在中國歷史上對司法實踐的影響是極其深遠的。首先，它是對神權的否定。神權思想是人類解放運動的最大精神羈絆，中國法文化與西方最大的不同，就在於對法的思考較早的把視角由天上拉回到了人間。早在商末周初，人們對神就不再盲目崇拜，西周的統治者們在神與人之間的選擇，與其說是敬天，不如說是保民。春秋以後，人們普遍思考的是「人事」，而非「天道」，思想家

更為關注的是人的價值，而非鬼神。學生子路問敬事鬼神的方法，孔子答道：「未能事人，焉能事鬼。」〔註6〕孔子又對學生樊遲說：「務民之義，敬鬼神而遠之。」〔註7〕神的權威的較早失落，為中國古代司法，「以人為本，慎重用刑」價值觀的確立奠定了基礎，營造了良好的氣氛與環境。其次，暴君酷吏在中國古代司法中受到普遍的否定。中國自秦建立統一的中央集權制國家後，司法上一直存在著刑訊制度，具有殘暴的一面，但不可否認的是，即便是在秦律中，刑訊的濫施也是為統治者所不願意提倡的，不拷訊而能審清案情者，是為良吏。漢興以後，總結秦亡之失，「德主刑輔」思想進一步確立。自此，中國文化中，暴君酷吏是知識精英和老百姓所共同否定的對象。司馬遷寫《史記》，首列「酷吏」列傳，專門搜集漢代酷吏暴虐執法之事例，以彰顯中國文化珍惜生命、關注弱者之精神。在中國歷史上，由於受儒家「民本」思想及「暴君放伐」論的影響，殘暴之君與嚴酷之吏，無論其政績如何，一向為人們所不齒。為君為臣，一旦染上「暴君」、「酷吏」之惡名，必將被釘在歷史的恥辱柱上。前者，商紂王、秦始皇是也，後者，張湯之流也。

第二，恤刑慎獄制度的建立。中國古代，刑訊與刑罰的嚴酷是不可否認的歷史事實，也是封建制度的普遍特徵。但傳統文化中的人文精神，從三個層面緩和了專制的殘暴性，一是思想源頭方面較早與神權思想的分離；二是司法實踐層面執法主體的精英們——即士大夫群體從主流意識上對酷吏嚴刑的價值否定；三是民間大眾對濫殺無辜、冤枉良善的普遍痛恨。如果說「草菅人命」是一句老百姓對中國歷史上某個黑暗時期，或某個貪官污吏行為價值的最大否定的話，那麼，「人命關天」這句婦孺皆知的俗語則是人們渴望保護自身的最大護身符。

中國文化對神權思想的否定及其暴君酷吏的批判，使中國歷史上有作為的君主及其司法官員們格外重視刑獄的清明及人的生命與價值尊嚴。宋太宗指出：「朕以庶政之中，獄訟為切。欽恤之意，何嘗暫忘。」〔註8〕宋之士大夫桂萬榮說：「凡典獄之官，實生民司命，天心向背，國祚修短繫焉，比他職掌尤當慎重。」〔註9〕

〔註6〕《論語·先進》。
〔註7〕《論語·雍也》。
〔註8〕（宋）佚名：《宋大詔令集》卷第二百，《遣使分路按獄即決詔》，司義祖編，中華書局1962年版，第741頁。
〔註9〕（宋）桂萬榮：《棠陰比事》，棠陰比事序，鳳凰出版社2021年版，第3頁。

統治者思想上對刑獄的重視及對人的生命價值的關注，必須反映到制度上，否則，儒家「聖王仁及囹圄」的理想就不能轉化為物質性力量，成為開明王朝所追求的現實。就此而言，中國古代建立了一整套恤獄慎刑的制度，如法官責任制、迴避制、錄囚〔註10〕、錄問〔註11〕、翻異別勘制〔註12〕、死刑覆核制、憫囚制度等，現僅就監獄管理中的憫囚制度與死刑覆核制度略加論述，因為此二者最能體現中國傳統法文化重視人的生命與價值尊嚴的人文精神。

對囚犯如何管理？古今因時代的差異而有著不同的法律制度。但中國古代決非像人們通常理解的那樣，從不把犯人當人看。實際上中國古代社會，尤其是封建社會的盛明時期，統治者基於「仁者愛人」儒家思想，為了防止酷吏刁卒隨意凌虐囚犯，遂在法律上建立與發展了一套保障獄囚基本生活待遇的制度，這就是憫囚制度。它的主要內容是：其一，清潔牢房，洗滌獄具。樓鑰《攻媿集》卷六九所載宋代法律之規定：「囚人枷械、囹圄戶庭，吏每五日一檢視，灑掃蕩洗，務在清潔。」〔註13〕其二，保障囚犯的衣食供給，古代社會，囚犯的衣食被褥，一般由犯人自家供送。對於離家遙遠，或貧困無人供給者，則由官府保障提供。《宋刑統》卷二九載：「囚去家懸遠絕餉者，官給衣糧」，「無家人供備吃食者，每日逐人破官米二升，不得信任獄子節級減削罪人口食。」〔註14〕《宋會要輯稿·刑法》六之六六載南宋高宗紹興十二年（1142）九月詔：「禁囚貧乏無家供送飲食，依法官給」，並規定了鹽菜的津貼標準，臨安（今杭州）為20文，外路為15文。〔註15〕其三，病囚給衣藥。

〔註10〕錄囚，又稱慮囚。指皇帝或各級官吏在儒家仁政思想指導下，定期或不定期巡視監獄平反冤案，疏理滯獄、實行寬赦的制度。此制始於漢，盛於唐宋。

〔註11〕錄問：宋代法律規定，凡徒刑以上案件，在初步審理後，尚未判決前，由依法不合迴避、未參加過原案審理的官員重新提審案犯、核實供詞的制度。錄問起於五代，宋時方為制度。參見王雲海主編：《宋代司法制度》，河南大學出版社1992年版，第289頁。

〔註12〕即翻異別推，宋代復審制度。當犯人臨刑稱冤或家屬代為申冤時改由另一個司法机關重審，或監司另派官員復審的制度。

〔註13〕（宋）佚名：《宋大詔令集》卷第二百，《枷械囹圄五日一檢視洒掃蕩洗小罪即時決遣詔》，司義祖編，中華書局1962年版，第740頁。

〔註14〕（宋）竇儀等：《宋刑統》卷二九，吳翊如點校，中華書局1984年版，第471～472頁。

〔註15〕（清）徐松：《宋會要輯稿》刑法六，第14冊，劉琳等校點，上海古籍出版社2014年版，第8566頁。

晉朝《獄官令》中說：獄中應「厚其草蓐，家人餉饋，獄卒為溫暖傳致，去家遠無餉饋者，悉給廩，獄卒作食，寒者與衣，疾者給醫藥。」〔註16〕唐太宗貞觀年間，憫囚制度更趨完備，法律規定：「諸獄之長官，五日一慮囚。夏置漿飲，月一沐之，疾病給醫藥，重者釋械，其家一人入侍。」〔註17〕

死刑是剝奪人的生命的刑罰，向為古代的統治者所不敢輕忽。宋代大法醫學家宋慈曾說：「獄事莫重於大辟，大辟莫重於初情，初情莫重於檢驗。」〔註18〕大辟，既死刑。死刑的決定權掌握在哪一級司法機關手裏，程序嚴格與否，反映了一個時代的法律價值取向及對生命的重視程度。中國在訴訟程序上建立了一套完備的死刑覆核制度，充分體現了古代有作為的君主們對人的生命價值的重視。死刑的決定權，秦漢時除二千石以上的高官外，一般由郡守決定，不奏請皇帝。三國兩晉南北朝後，死刑的覆核制度逐步確立。原則上，死刑的決定權由皇帝親自掌握，而覆核的方式則多種多樣。唐太宗時期，法律規定，各州的死刑案件三覆奏，京師的案件五覆奏。〔註19〕覆奏就是死刑執行前向皇帝申報，以便讓皇帝慎重思考，決定執行與否。

中國歷史上對生命的重視決非法律上的條文，而是活生生的社會現實，這裡僅舉兩例略加說明。史載，東漢明帝時，曾發生過兩兄弟合夥殺人案。明帝斷定，罪在兄長，兄處死，弟罪減一等。中常侍孫章在宣讀明帝詔令時，卻誤讀為兩人俱判死罪。尚書彈劾孫犯「矯詔罪」，按律應處腰斬。明帝恐用刑不當，便向熟悉律令的郭躬詢問，郭認為：「法令有故、誤，（孫）章傳命之謬，於事為誤，誤者其文則輕」，應處罰金。因孫章與囚犯（指兩兄弟）是同縣，明帝懷疑孫章挾私報復，故意讀錯詔令。郭躬解釋說：「『君子不逆詐』。君王法天，刑不可委曲生意。」〔註20〕意思是說：君子不可以推測別人有詐，君王效法上天，對法律不可曲解附會。另據鄭克《折獄龜鑑》卷四《馬宗元訴郡》條

〔註16〕 程樹德：《九朝律考》卷三，《晉律考》，中華書局 2006 年版，第 303 頁。

〔註17〕 （元）馬端臨：《文獻通考》，卷第一百六十六，中華書局 2011 年版，第 4958 頁。

〔註18〕 參見（宋）宋慈：《洗冤集錄序》，載高隨捷、祝林森譯注：《洗冤集錄譯注》，上海古籍出版社 2016 年版，第 1 頁。

〔註19〕 《唐律疏議·斷獄》「死囚復奏待報」條及疏議。另可參見陳光中、沈國峰：《中國古代司法制度》，群眾出版社 1984 年版，第 158～164 頁。

〔註20〕 （宋）鄭克：《折獄龜鑑譯注》，劉俊文譯注，上海古籍出版社 1988 年版，第 182 頁。此段材料的引用及其寫作受益於馬小紅教授。參見夏勇編：《公法》第一卷，法律出版社 1999 年版，第 346 頁。

載：宋代有一位叫馬麟的人毆傷一人，被官府拘押。依據宋代法律，傷者若在規定的時間內死亡，應依毆殺罪處罪犯死刑。若超過時限則以毆傷罪論處。馬麟毆傷的人在限外十餘分鐘時死亡，官府卻以毆殺罪處馬麟死刑。馬麟之子馬宗元據律申訴，認為傷者死於時限之外，父親所犯應為毆傷罪，而非毆殺罪，不應處死。郡府同意了申訴意見，依律改變了原判。〔註21〕此類事例在《折獄龜鑑》一書中俯拾皆是，由此可見中國法文化對人之生命的重視。

二、人文精神與法貴嚴明

「遠神近人，以人為本」的人文價值理念表現在立法、司法、執法的實踐上，使中國的法律傳統呈現出一種強烈的實踐理性精神。所謂實踐理性，首先指的是一種理性精神或理性態度。著名的美國漢學家費正清教授說：「中國人不把法律看作是社會生活中來自外界的、絕對的東西。不承認有什麼通過神的啟示而給予人類較高的法律，摩西的金牌律是神在山頂上授與他的。但孔子卻只從日常生活中推究事理，而不求助於任何神靈，他並不宣稱他的禮法獲得過什麼超自然的認可。」〔註22〕

自春秋戰國以來，中國古代的思想家對法與禮的解釋基本上是遵循著一條理智求實的思維路線。他們在對法的一系列問題上，不是用某種神秘的狂熱，而是用冷靜、現實的理智態度來解說；他們不從本體論的角度探討法與權力之間的關係，爭論那些難以解決的法哲學命題，而是從穩定社會秩序，和諧天理人倫的實用角度去論述法的作用，去闡述立法的理論，變法的根據；他們不在彼岸的世界中探索法的價值，也不把人格的完善，事業的追求完全寄託在法的權威之下，而是注重在現實生活中通過修身踐言去實現法的精神，通過修律注疏的活動來推動成文法的發展，發展司法的技術。這種理論具有高度重視社會現實及人生的特點。具體說來，有以下幾個方面：

（一）立法重實際

我國古代法學自春秋戰國由宗教神學走向世俗人倫以來，對法的思考有

〔註21〕（宋）鄭克：《折獄龜鑑譯注》，卷四，《馬宗元訴郡條》，劉俊文譯注，上海古籍出版社1988年版，第204頁。原文是：「馬宗元待制少年時。父麟毆人，被繫守辜。而傷者死，將抵法。宗元推所毆時，在限外四刻，因訴於郡，得原父罪。由是知名。」

〔註22〕（美）費正清：《美國與中國》，張理京譯，世界知識出版社2001年版，第109頁。

著一個極為鮮明的特徵，那就是高度重視從自然、社會、人倫及民心向背的綜合聯繫中去考慮法令的可行性，並以此為據確定出立法的原則。進言之，內容有三：

第一，法合四時，令順民心。

管子稱：「刑德者，四時之合也」。〔註 23〕班固說：「聖人既躬明哲之性，必通天地之心，制禮作教，立法設刑，動緣民情，而則天象地。」〔註 24〕之所以如此，當然是為統治者立法的神聖性尋找理論根據，但即便是從鞏固統治階級政權的立場出發，要使立法有利於社會的進步，也必須考慮民心的向背。早在西周時期，統治者就宣稱，「天視自我民視，天聽自我民聽」，「民之所欲，天必從之。」〔註 25〕又說：「政之所興，在順民心；政之所廢，在逆民心。」〔註 26〕這裡的心是指什麼呢？法家認為，民心即民情，說穿了就是趨利避害的本性。儒家則認為，人心就是人的倫理性。人作為理性的動物，為萬物之靈。知禮達情，孝敬父母；喜聖君之仁德，厭暴君之惡政，從歷史唯物主義的觀點看，民心、民情不可超越時代和階級的侷限而有一個抽象的標準。實際上，我國古代的思想家從未在此問題上取得過統一的意見。不可否認的是，民心的標準儘管不同，但並沒有因此而影響統治者及思想家對民心向背的重視，法家主張，立法順從民心應體現在提高人們的生活水平上。管子說：「民不足，令乃辱；民苦殃，令不行。」〔註 27〕「凡治國之道，必先富民，民富則易治也，民貧則難治也。」〔註 28〕儒家認為，立法應順從民心的標誌在於：輕搖薄賦，寬法裕民。

當然必須明確提出的是：「法合四時，令順民心」的原則，從本質上看是古代思想家「法自然，循天道，順人情」觀念的反映，與我們現在講的，立法尊重事物發展的客觀規律以及保障勞動人民群眾的根本利益為主旨的法學理論有著本質的區別，更何況則天順時的法自然理論，在我國古代的歷史長河裏揚起的多是「秋冬行刑」「天遣神告」的悠長回聲，它的落後性與時代侷限性是十分明顯的。儘管如此，我們仍然不應該忘記，思想家的這一主張，一

〔註 23〕《管子·四時》。
〔註 24〕（漢）班固撰，（唐）顏師古注，《漢書》卷二十三，中華書局 1962 年版，第 1089 頁。
〔註 25〕《尚書·泰誓》。
〔註 26〕《管子·牧民》。
〔註 27〕《管子·牧民》。
〔註 28〕《管子·任法》。

旦被開明的統治者所採納，它就會帶來經濟的繁榮與文化的興盛，因為從總體上看，這一主張是有利於社會的發展的。

第二，法貴簡明。

早在春秋戰國時期，思想家在為統治者出謀擘畫時就指出，法欲得到切實執行，必須簡明，商鞅說：「聖人為法，必使之明白易知。」〔註29〕為何要簡明呢？一是要讓老百姓知道什麼是該做的，什麼是禁止的，即「使萬民知所避就」。二是為了「依法治國」的需要。韓非說：「明主之表易見，故約立；其教易知，故言用；其法易為，故令行。三者立而上無私心，則下得循法而治。」〔註30〕晉時，著名的律學家杜預說：「法約而例直，聽省而禁簡。禁簡難犯，易見則人知所避，難犯則幾於刑措。」〔註31〕唐太宗李世民說：「國家法令，惟須簡約，不可一罪做數種條格。」〔註32〕這是從實際操作的角度來闡明的實踐理性精神。

第三，法既貴穩當又要靈活。

當代著名的法學家羅斯科·龐德說：「法律必須穩定，但又不能靜止不變。因此，所有法律思想，都力圖使有關對穩定性的需要和對變化的需要方面這種相互衝突的要求協調起來。一般安全中的社會利益促使人們為了人類行為的絕對秩序尋求某種確定的基礎，從而使某種堅實而穩定的社會秩序得以保障。但是社會生活環境的不斷變化，則要求法律根據其他社會利益的壓力和危及安全的新形式不斷作出新的調整。這樣，法律秩序必須穩定而同時又必須靈活。人們必須根據法律所應調整的實際生活的變化，不斷對法律檢查和修改。如果，我們探尋原理，那麼我們既要探索穩定性原理，又必須探索變化原理。」〔註33〕

龐德所提示的法律運動規律也為我國古代的思想家所認識。只不過古人的出發點是為了實行封建專治條件下的「法治」及其富國強兵的理論藍圖而已。慎到說：「治國無法則亂，守法不變則衰。」〔註34〕韓非說：「法莫如一

〔註29〕《商君書·定分》。

〔註30〕《韓非子·用人》。

〔註31〕（唐）房玄齡等：《晉書》，卷三十四，中華書局1974年版，第1026頁。

〔註32〕（唐）吳兢：《貞觀政要集校》，卷第八，赦令，中華書局2009年版，第450頁。

〔註33〕龐德：《法律史解釋》，華夏出版社1989年版，第1頁。

〔註34〕《慎子·逸文》。

而固。」這裡的「一」是指法令的內容要統一，不能新舊相反，前後相悖。其「固」是說法律作為治國之本，必須保持相對穩定，決不可朝令夕改。「法禁數易」是亡國之道。韓非說：「凡法令更則利害易，利害易則民務變……治大國而數變法則民苦之。」〔註35〕

法家從法的普遍性、客觀性及其所蘊含的物質利益關係方面，探討了法與政權的鞏固、秩序的穩定之間的內在聯繫，既是對我國古代法學理論的重要貢獻，也對其後的封建立法產生了積極的影響。唐太宗李世民就反覆強調法律的相對穩定性並把它作為立法原則規定在唐律之中。他說：「法令不可數變，數變則煩，官長不能盡記，又前後差違，吏得以為奸。」〔註36〕他還說：「數變法者，實不益理道。宜令審細，毋使互文。」〔註37〕

但問題到此並未結束，無論是古代，還是現代，不管一個時代的法典如何詳備，它都不可能把當時所存在的社會關係概括無遺，更不能對其後新出現的社會關係加以系統規定。也就是說法制實行過程中所留下的空隙及其社會關係的變化，要求法在相對穩定的前提下，須保持一定的靈活性，這是法律運動的一般規律。在法文化的歷史長河裏，思想家能否認識這一規律並揭示其內在的聯繫，反映著一個時代法學理論認識水平的高低。

我國遠在春秋戰國之際，思想家就已認識到了這一問題，並對其變化的規律作了深刻的闡述，提出了「法與時轉則治，治與世宜則有功」的著名論斷。〔註38〕管子認為，應在保持相對穩定的同時，必須「隨時而變，因俗而動」。〔註39〕其後，南宋時期的陳亮、葉適，還曾對北宋法制出現的弊端及其社會形勢提出了「人各有家法，未易輕動惟在變而通之耳」〔註40〕的法制改革思想。

縱觀中國古代的典籍，法既貴穩定又須靈活的論斷不絕如縷，它從一個側面反映了我國古代法文化重實際尚人倫的實踐理性精神，就是在今天也仍有值得借鑒的一面。

〔註35〕 《韓非子‧解老》。
〔註36〕 （宋）司馬光：《資治通鑒》卷第一百九十四，中華書局 1956 年版，第 6124 頁
〔註37〕 （唐）吳兢：《貞觀政要集校》，卷第八，赦令，中華書局 2009 年版，第 450 頁。
〔註38〕 《韓非子‧心度》。
〔註39〕 《管子‧正世》。
〔註40〕 （宋）陳亮：《陳亮集》，卷一，《上孝宗皇帝第三書》，中華書局 1987 年版，第 14 頁。

（二）執法貴嚴明

用歷史唯物主義與辯證唯物主義的觀點看待中國傳統法文化，我們就會發現，儒法二家的法律思想與現代的法制觀念自然有著本質的區別，但又在某些方面有著相互聯繫的特徵。至少在以下兩點上，傳統法文化與現代法制建設是相契合的，即都強調守法的重要與執法的嚴明。

第一，「法貴遵守，天下共之」。

人有可能會問，法家不是鼓吹「生法者，君也。守法者，臣也。法於法者，民也」〔註41〕的等級觀念嗎？怎麼會有「法律一體遵守」的思想？儒家不是鼓吹封建宗法等級與血緣人倫等級的典型代表嗎？怎麼會贊成「法貴嚴明」的精神？其實，這個問題並不難解決，儒法二家就維護封建君主專制制度這一點而言當然是共同的，他們的思想深處不可能有現代民主政治基礎之上的法制意識，但他們畢竟是中國古代思想家中最富影響的卓越代表，法家站在維護地主階段整體利益的立場上，在尊君的同時，向來主張「法貴公平」、「守法一體」、「執法嚴明」；儒家則從統治階級的長遠利益著眼，素來重視聖君賢人率先垂範之作用，強調君臣守法的重要性。秦漢以降，儒法合流，兩家思想火花的相互交織構成了中國古代法文化的精華。

中國的思想家認為：法制能否實行與統治者所持的態度密切相關。封建社會，儘管要至高無上的皇帝或國王守法從根本上說是不可能的。但要求統治者與天下一道守法，仍是我國古代思想家持之以恆的價值觀念，管子說：「君臣上下貴賤皆從法，此謂大治。」〔註42〕商鞅說：「法之不行，自上犯之。」〔註43〕漢文帝時，當廷尉張釋之處理犯蹕一案時，文帝以處罰太輕為由要張改判。張回答說：「法者天子所與天下公共也，今法如此而更重之，是法不信於民也。」〔註44〕唐高祖武德初，擢監察御史。民犯法不及死，高祖欲殺之，素立諫曰：「三尺法，天下所共，有一動搖，則人無以措手足。方大業經始，奈何輦轂下先棄刑書乎？」帝嘉納之。〔註45〕唐太宗貞觀元年，「鄰令裴仁軌

〔註41〕《管子·任法》。
〔註42〕《管子·任法》。
〔註43〕（漢）司馬遷：《史記》卷六十八，《商君列傳》第八，中華書局1982年版，第2231頁。
〔註44〕（漢）司馬遷：《史記》卷一百〇二，張釋之傳，中華書局1982年版，第2754～2755頁。
〔註45〕（宋）歐陽修等：《新唐書》，卷一百九十九，中華書局1975年版，第5619頁。

私役門夫，上怒，欲斬之。殿中侍御史長安李乾祐諫曰：『法者，陛下所與天下共也，非陛下所獨有也。今仁軌坐輕罪而抵極刑，臣恐人無所措手足。』上悅，免仁軌死，以乾祐為侍御史……上以兵部郎中戴冑忠清公直，擢為大理少卿。上以選人多詐冒資蔭，敕令自首，不首者死。未幾，有詐冒事覺者，上欲殺之。冑奏：『據法應流。』上怒曰：『卿欲守法而使朕失信乎？』對曰：『敕者出於一時之喜怒，法者國家所以布大信於天下也。陛下忿選人之多詐，故欲殺之，而既知其不可，復斷之以法，此乃忍小忿而存大信也。』上曰：『卿能執法，朕復何憂！』」〔註46〕金世宗大定二十五年，後族有人犯法，尚書省按「八議」上奏，以期減免。世宗說：「法者，公天下持平之器。若親者犯而從減，是使之恃此而橫恣也。」〔註47〕最終依律論斷。這是皇帝自覺帶頭守法的典型事例。

當然，在中國二千多年的封建社會裏，從來就沒有實行過真正的「法治」。皇帝濫施淫威，恣意殺人的事例俯拾皆是。如果說，從廣義上講，法律制度也是法文化一部分的話，那麼中國傳統法文化的最大失誤在於：沒有從法律制度上對皇權加以規定和限制。這是時代及社會結構留下的印記和缺憾，但我們不能因此而否定中國古代思想家所做的積極貢獻。

第二，執法嚴明，信如四時。

我國古代，思想家賦於法的內涵是賞與罰，執法嚴明的要求主要表現在「信賞必罰」與「法不阿貴」上。韓非認為，賞罰既是法的主要功用，也是帝王手中的二柄，同時又是貫徹法令的關鍵。所謂：「寄治亂於法術，託是非於賞罰。」〔註48〕賞罰的原則有三，一是信賞必罰，二是賞罰得當，三是法不阿貴。韓非子的論述最為詳備，他說：「賞罰不信，則禁令不行。」〔註49〕「賞莫如厚而信，使民利之；罰莫如重而必，使民畏之。」「賞不加乎無功，罰不加乎無罪。」〔註50〕「誠有功，則雖疏賤必賞；誠有過，則雖近愛必誅。」〔註51〕「不避親貴，不就卑賤」，「法之所加，智者弗能辭，勇者弗敢爭。刑

〔註46〕 （宋）司馬光：《資治通鑒》卷第一百九十二，《唐紀》八，《貞觀元年》，中華書局 1956 年版，第 6031 頁。

〔註47〕 （元）脫脫等：《金史》卷四十五，中華書局 1975 年版，第 1020 頁。

〔註48〕 《韓非子・大體》。

〔註49〕 《韓非子・外儲說右下》。

〔註50〕 《韓非子・五蠹》。

〔註51〕 《韓非子・主道》。

過不避大臣，賞善不遺匹夫。」〔註52〕

　　這裡的「信」，講的是說話要算數，不失信於民。「必」是指處罰要嚴明。這種思想發展到後來，其語言之明白，態度之堅決，可謂是鏗鏘有力、擲地有聲。晉之劉頌說：「法規即定則行之，行之信如四時，執之堅如金石。」〔註53〕「已令四海，不可以不信以為教；方求天下之不慢，不可繩以不信之法。」〔註54〕唐之白居易說：「失人猶可，壞法實難。」〔註55〕李元紘稱：「南山可移，此判無動。」〔註56〕我國歷史上，有作為的封建君主無不重視執法的嚴明，甚至在監察官員的選拔上，還主張以清廉為本，介直為先。元人說：「御史臺，天子耳目之寄，自非秉正清方直亮之節，寔宜當其選。」「清廉」之操守，「介直」之品格實為司法官員履行職責、嚴明執法之必備。正是因為思想家的倡導與統治階級的重視，才在我國的歷史長河中湧現了一批「剛正疾惡鬥權貴，不惜身死諫帝王」的護法神形象。

（三）司法尚求實

　　這裡的「求實」，主要是指我國古代思想家在司法中所倡導的幾條原則：第一，主張「有尺寸，而無意度。」第二，「重參驗，尚證據。」第三，「不嚴訊，不旁求，必本所犯之事以為主。」下面分而述之如次。

　　（1）「有尺寸，而無意度。」為保證法的公正性，客觀性，法家堅決反對在司法中以個人之喜怒判定是非。主張「有尺寸而無意度。」韓非說：「釋法術而心治，堯不能正一國，去規矩而妄意度，奚仲不能成一輪。」〔註57〕「故明主使法擇人，不自舉也，使法量功（依法衡量人臣的功罪），不自度也。」不自舉，不自度，就是說不摻和個人恩怨和喜怒，而一以法律為準繩。所謂「陳義設法，斷事以理，慮氣平心，乃去怒喜。」〔註58〕這種觀點隱含著一些樸素的唯物主義因素，體現著古代思想家「形名相符」的求是精神。反映在法律上，要求罰與罪相稱，賞與功相當，所謂「發矢中的，賞罰當

〔註52〕《韓非子·有度》。
〔註53〕（唐）房玄齡等：《晉書》卷三十，中華書局1974年版，第936頁。
〔註54〕（唐）房玄齡等：《晉書》卷三十，中華書局1974年版，第937頁。
〔註55〕（唐）白居易：《白居易文集校注》卷二九，謝思煒校注，中華書局2011年版，第1631頁。
〔註56〕（宋）司馬光：《資治通鑑》卷第二百八，中華書局1956年版，第6607頁。
〔註57〕《韓非子·用人》。
〔註58〕《管子·版法解》。

符」。〔註59〕「明主賞不加於無功，罰不加於無罪。」〔註60〕其中心是說司法必以事實為根據，以法律為尺度，而不能憑主觀猜測來定是非。韓非說：「循名實而定是非，因參驗而審言詞。」「無參驗而必之者，愚也；弗能必而據之者，誣也。」參是用幾件事物作比較，以防其偏而不全。驗是用實際效果作證明，以防其虛而不實。這本是檢驗一般知識真偽的方法。法家把它們應用於司法實踐意在追求司法的實事求是精神。

（2）司法尚求實。在我國封建社會的司法中，思想家向來主張「因情而求法」，反對「移情而就法」，意思是說，斷案聽訟應據事實與情理，依法而斷，而不是依主觀喜怒改變案情去附會法律。也就是說，我國古代思想家司法上的追求有一個鮮明的特徵，即司法尚求實，重證據，慎刑獄。《貞觀政要·公平》載：「凡理獄之情，必本所犯之事以為主，不嚴訊，不旁求，不貴多端，以見明，故律正其舉劾之法，參伍其辭，所以求實也。」〔註61〕明人丘濬說：「先儒謂古者因情而求法，故有不可入之刑，後世移情而合法，故無不可加之罪。所謂因情以求法者，必備兩造之辭，必合眾人之聽，必覈其實，必審其疑。」〔註62〕對於刑事案件，丘濬主張覈其贓物，究其黨羽，查證據，審言詞，不可以盛怒臨之。他說：「盜賊之名，天下之至惡者也。一旦用以加諸其人，非真有實情顯跡者，不可也。欲知其實情顯跡，必窮其黨與，索其贓仗焉。」「欲加人以惡名而致之於死地，烏可以輕易乎哉？是故不可以盛怒臨之，俾之得以輸其情也，不可以嚴刑加之，俾之得以久其生也。」〔註63〕聽斷民事案件，他主張按其圖本，稽其圖冊，以息其訟。他說：「民之訟，爭是非者也。地之訟，爭疆界者也。是非必有證佐之人，疆界必有圖本之舊，以此正之，則訟平而民心服矣」，「官府稽其圖冊，民眾執其憑由，地訟庶其息乎。」〔註64〕

與西歐中世紀相比，我國封建社會司法向來不取法定證據主義，而是以

〔註59〕《韓非子·用人》。
〔註60〕《韓非子·難一》。
〔註61〕（唐）吳兢：《貞觀政要集校》卷五，誠信，中華書局 2009 年版，第 296 頁。
〔註62〕（明）丘濬：《大學衍義補》卷一〇六，詳聽斷之法，上海書店出版社 2012 年版，第 907～908 頁。
〔註63〕（明）丘濬：《大學衍義補》卷一〇八，謹詳讞之議，上海書店出版社 2012 年版，第 932 頁。
〔註64〕（明）丘濬：《大學衍義補》卷一〇六，詳聽斷之法，上海書店出版社 2012 年版，第 905 頁。

口供為主，參以物證、書證、人證等，在反覆參驗的基礎上而以法判定其是非。如果這也是什麼主義的話，那也只能說是重證據尚求實的實踐理性主義。

需要說明的是，中國古代法文化中的司法尚求實精神還包含著儒家重人倫、尚禮義的價值觀念，其在實踐中所起的作用，多是弘揚儒家仁義禮智信的道德觀念。對此學術界論述頗詳，恕不贅述。〔註65〕

三、人文精神與綜合為治

在如何管理社會、規範人們的行為、實現社會秩序的預期上，中國的人文精神反映在對法的思考上，與西方存在著較大的差異。西方在 10～12 世紀，伴隨著羅馬法學的復興，逐漸認識到：世俗社會必須依法治為基礎，而中國人則不同，中國傳統法律的價值取向與中國哲學有著密切的關聯，而中國哲學是傳統人文精神的內核，它對人生及社會的思考是整體性的，反映在法律的功能上，不是單純主張法律是治理社會的基礎，而是倡導「禮樂政刑」交相使用，我國古人向來認為，決定世界安寧和人類幸福的是和諧。而要建立一個和諧的社會，單靠法律是不夠的。儘管中國古人也有「法者，民之父母」，「君王之命」的格言，但從總體上說，以儒家思想為主體而建構起來的中國法文化，從來不把理想社會的建立寄託在單純的法律之上。埃爾曼教授說：「按照儒家思想，普遍的和諧與穩定的理想狀態並不通過法律或權利與義務之間的平衡而獲得。」〔註66〕《淮南子·泰族訓》稱：「法能殺不孝者，而不能使人為孔、曾之行；法能刑竊盜者，而不能使人為伯夷之廉。孔子弟子七十，賢徒三千，皆人孝出梯，言為文章，行為儀表，教之所成也。墨子服役者八十人，皆可使赴火蹈刃，死不還（旋）踵，化之所致也。」「民無廉恥，不可治也。非修禮義，廉恥不立。民不知禮義，法弗能正也。無法不可以為治也，不知禮義，不可以行法。」故中國古人向來主張治理國家，必須「禮樂政刑」互為使用。

《禮記·樂記》稱：「禮以道其志，樂以和其聲，政以一其行，刑一防其奸。禮、樂、政、刑、其極一也。禮節民心，樂和民聲，政以行之，刑以防之，禮、樂、政、刑四達而不悖，則王道備矣。」《隋書》稱：「夫為國之體有四

〔註65〕賀衛方：《中國古代司法判決的風格與精神》，載《中國社會科學》1990 年第6 期。

〔註66〕（美）H.W.埃爾曼：《比較法律文化》，賀衛方、高鴻鈞譯，清華大學出版社2002 年版，第 87 期。

焉。一曰仁義,二曰禮制,三曰法令,四曰刑罰。」〔註67〕後來的白居易、
朱熹、丘濬等人也有類似的論述。白居易說:「夫刑者可以禁人之惡,不能防
人之情。禮者可以防人之情,不能率人之性。道者可以率人之性,又不能禁
人之惡。」〔註68〕只有「刑、禮、道」循環表裏,迭相為用,才能使王者之
化成。這裏雖以「道」代替了「政」與「樂」,但其主張中蘊含的整體思維模
式與前人並無二致。朱熹說:「愚謂政者,為治之具。刑者,輔治之法。德禮
則所以出治之本,而德又禮之本也。此其相為終始,雖不可以偏廢,然政刑
能使民遠罪而已。德禮之效,則有以使民日遷善而不自知,故治民者不可徒
恃其末,又當深探其本也。」〔註69〕明丘濬說:「禮樂者,政刑之本;刑政者,
禮樂之輔。」〔註70〕「德禮政刑四者,王道之治具也。」「人君以此四者以為
治於天下,不徒有出治之本,而又有為治之具;不徒有為治理之具,而又有
為治之法。本末兼該,始終相成,此所以為王者之道,行之天下萬世而無弊
也與。」〔註71〕

　　在中國思想家看來,禮用來引導人們過一種有秩序有理性的生活,是啟
發人們向善的積極性規範。樂用來和諧人們的心聲,調節人們的情感,使其
鬱悶得以暢通,歡樂得以高揚。政刑作為法令,它是人們行為的模式。禮、
樂、政、刑各司其職,有禁人為非、懲奸止暴的刑,有啟人向善、具備心理改
造機能的禮與樂。他們的密切配合與互為終始,組成了一個運動的系統的整
體。它使自然、社會、人生得以和諧,使法律的效應得以充分發揮。

　　考察中國的歷史,我們就會知道,凡是禮樂政刑運用較好的朝代,其政
治、經濟、文化就會興旺發達,如文景之治、貞觀之治,康乾盛世等,反之,
則會吏風敗壞,人心渙散,國運式微,如各個王朝的後期。

　　禮樂政刑相互為用的思維方式反映了中國古代從宏觀的角度思考法的特
點,體現了我國古代思想家整體、系統的法律價值觀。就這一思維方式與價
值觀產生的理論基礎而言,其落後性與時代的侷限性是不言而喻的。第一,

〔註67〕（唐）魏徵等:《隋書》,卷七十四,中華書局1973年版,第1691頁。
〔註68〕（唐）白居易:《白居易文集校注》卷二七,謝思煒校注,中華書局2011年
　　　　版,第1533頁。
〔註69〕（宋）朱熹:《四書章句集注》,《論語集注》卷一,中華書局1983年版,第
　　　　54頁。
〔註70〕（明）丘濬:《大學衍義補》,上海書店出版社2012年版,第7頁。
〔註71〕（明）丘濬:《大學衍義補》,上海書店出版社2012年版,第1384頁。

從「天人合一」的宇宙觀去闡述法，原已含有「本體論」的價值因素，無奈，在其後的歷史進程中，董仲舒、朱熹等人以陰陽五行學說及所謂的「天理」簡單地比附人類社會，在對天地之性及自然規律論述的同時，已悄悄地把理論的焦點移到「三綱無常」的封建倫理道德之中，與此相適應，禮樂政刑綜合運用的基點已落在「德禮為本」、「政刑為用」的道德說教之上，人倫道德淹沒了法的精神，法在自然血親的道德情感中失去了理性的光芒。第二，系統的考察導致了整體性對個體性的淹沒。整體系統的思維方式，使中國古人對德禮的思考重於對法的探索，法雖重要，但畢竟是助治之具，與德禮相比，只能處於從屬地位，這就使得法學理論在整體性的發展中處於一個先天不足的地位，窒息了其發展的內部活力。

儘管如此，這種思維方式及體現的法律價值觀仍對我國的現代法制建設有著重要的借鑒意義。它可以直接為我國法制建設中的「綜合治理工程」提供歷史的資源，雖然古代的「禮樂政刑互為終始」說與現代法制建設的「綜合治理」有著本質的差別，但從思維方式上看，二者都強調以整體的觀點發揮法在治國和維持社會秩序中的重要作用。在司法上，中國古人既重視刑的懲罰，也重視寓教於刑；既重視司法官員在審理活動中大興教化，施以人倫，也同時主張依靠家庭、家族、社會中的積極力量，勸人悔過自新、導人向善，以發揮法律的效能。這種觀點所包含的積極因素在於：整體功能的系統發揮大於各個部分功能之和，整體不等於各個部分的簡單相加。考察中國的歷史，傳統法文化中所蘊含的整體價值及其封建法制的綜合運用在實際生活中的作用，其歷史的進步作用是有史可證的。

綜上，在中國，實現法制的現代化，離不開對本民族歷史文化的研討和借鑒，恰如著名的比較法學家勒內·達維德所言：「在法的問題上並無真理可言，每個國家依照各自的傳統自定制度與規範是適當的。但傳統並非老一套的同義語，很多改進可以在別人已有的經驗中吸取源泉。」〔註72〕

〔註72〕（法）勒內·達維德：《當代主要法律體系》，漆竹生譯，上海譯文出版社1984年版，第2頁。

從人生智慧的角度重新認識
中國法文化的價值〔註1〕

　　法及法學是人類文明社會中一個古老的課題，對它的認識與理解，不同時代的人出於不同的角度，有著不同的話語。從文化的角度比較中西法律價值之異，是近代以來中國仁人志士在追求「民富國強」的人生理想中所不能越過的「米諾斯」之宮，當代的中青年學者，包括此次參加筆談會的諸君都曾發表過富有洞見的妙文。但由此而引起的困惑並沒有消失。譬如說，以儒家人倫道德為核心的中國古代法文化，到底在現代的社會生活中有無意義？若回答是肯定的，其價值標準是什麼？1992 年，張中秋教授的《中西法律文化比較研究》初版不久，我便在為此書所寫的書評中提出過這些問題。〔註2〕可惜的是，《中西法律文化比較研究》於 1999 年 5 月再版時，中秋的文字雖然更加樸實、厚重，但讀後還是讓人難以釋懷。

　　竊心以為，學界對中西法律文化的比較研究，時下都在遵循著一個思維定式，即：中國古代的法文化與西方相比，沒有錘鍊出馬克斯·韋伯所說的「工具理性」，故在一個「倡權利、逐財富」的現代工商社會，很難為現代的法治建設提供思想資源。其實，這種認識是錯誤的。

法，不僅要解決人類社會的現實問題，而且還與中國的人生智慧密切相關

　　在現今的學界，人們對法、法治、法學諸範疇賦予了許多美好的價值內涵，因為人們試圖用法的規則，去構建一個社會的基本制度框架，並在此框架中明

〔註 1〕本文原載於《江海學刊》2002 年第 3 期。
〔註 2〕參見陳景良：《比較·分析·見識——評張中秋〈中西法律文化比較研究〉》，載《中國法學》1992 年第 3 期。

確彼此（包括人與人、人與社會、人與國家等）之間權利、義務關係的預期。這也就是說，法作為一種社會現象，無論其內涵因時代不同有著多麼大的差異，但有一點是相同的，那就是它必為解決人類的生活問題而設立，也將隨著人類生活問題的深化而豐富。問題在於何謂生活，何謂生活的意義，法與此類問題之間該是怎樣的聯繫。我的回答是，法不僅要解決人類生活的現實問題，而且還與人類生活的意義相關。對前者，人們一般有著比較清晰的認識，對後者，尤其是對中國古人於此問題上的理解，多為當今學者所疏忽。

那麼，法是怎樣與人類生活發生聯繫的呢？我們先說生活。人的生活有不同的層面，按照西方學者 A·H·馬斯洛的說法，有五個層面：（1）生理的需要；（2）安全的需要；（3）愛情、感情和歸屬的需要；（4）自尊的需要；（5）自我實現的需要。〔註3〕美國哲學家詹姆士則說：「有一個物質的我，一個社會的我，一個精神的我」。〔註4〕簡言之，人類的生活可分為兩個大的方面，一是物質生活，即衣、食、住、行等，二是精神生活。法，作為規則調整的是人的行為，並通過對人之行為的調整去規制社會中人與人之間權利、義務關係的基本框架。因此，法雖然不能直接滿足人類生活衣、食、住、行的需要，但卻能以其規範的表現形式去處理人在生活需要中發生的糾紛，從而與人的利益及生活發生密切的關係，這是容易理解的。那麼，法又是怎樣與人類的精神生活發生聯繫的呢？法的要素有三，一是概念，二是規則，三是原則。規則也就是我們常說的規範，它作為行為模式確實只對人的外部行為進行調整，但是法的大廈不僅僅是由規則構成，它還需要有法律條文背後所隱藏著的價值預設作為支撐。生活於一定時代的人們，不僅用法律來解決現實生活中的問題，而且還要通過一定的價值觀念，賦予法以不同的規範類型，甚至會追問現實的法之上還有沒有更高的東西？為什麼說法律神聖？為什麼說法律正當？要解決此類問題，就不能單靠現實的法律條文，必然要回到人的生活意義中去，而對生活意義的詮釋是不能僅僅靠客觀知識（而現實的法往往是客觀知識的一部分）來求證的，因為它與人生的智慧相關。中國古人對法的認識，無論是廣義的法，還是狹義的法，若不從人生意義——即人生

〔註3〕張華夏：《主觀價值和客觀價值的概念及其在經濟學中的應用》，載《中國社會科學》2001 年第 6 期。

〔註4〕張華夏：《主觀價值和客觀價值的概念及其在經濟學中的應用》，載《中國社會科學》2001 年第 6 期。

智慧的角度去觀察，都無法把握中國法律文化價值的真正內涵。這就是我要
說的第二個問題。

人生意義：中國人觀察「法」的獨特視角

論者以為，與西方相比，中國古代以道德立國，不重視法的作用；即便
是有法，也是刑，僅指懲罰，與個體權利無涉。應該說，這種判斷固然不能算
錯，但讀了此類大作之後，總讓人覺得這種「價值判斷」的後面，多多少少蘊
含著現代人的一種傲慢，在現代人的視角裏，多了一份西方法學的價值標準，
卻少了一份中國古人的歷史語境。

其實，說中國古代重視法，或不重視法，都能在古籍裏找到截然不同的
答案。中國古代的法，無論是從狹義，或者是從廣義，真的都沒有從個體權
利的角度去設置法的價值。但人們也無法否認一個現實：即在中國古代，現
代法理念中權利所體現的利益以及由此所引起的訴訟紛爭，也常常在中國人
的生活中發生，〔註5〕人的財產及身體健康、生命受到了損害，也同樣需要法
律的保護和救濟。唐、宋律制定在《拿破崙民法典》（1804）的上千年或數百
年前，那時，人們對日常生活中發生的對他人的侵犯行為，到底是民事抑或
刑事，還分辨得不那麼清楚，譬如這一拳打下去，到底是民事侵權，還是構
成刑事犯罪，現代有了較為詳細的理論去劃分二者的界限，可在那時，尚無
明確區分。但生活中出現打架鬥毆，傷害了別人的事，引起了糾紛，你能不
管？故那時的法律雖然沒有出現「侵權行為」的概念，但卻有著這樣的用詞：
「律開聽殺之文，本防侵犯之輩」（《唐律疏議》，第346頁），「假如被人侵損，
備償……」（第479頁），「諸棄毀、亡失及誤毀官私器物者，各備償」（第519
頁）等等。這裡的「備償」，即賠償。唐、宋的法律成就及其由此所帶來的經
濟繁榮和文化進步，受到了包括外國學者在內的人們的高度讚揚，以至於日
本學者阪本太郎稱頌那個時代為「文化立國，法制社會」〔註6〕。說到這裡，
並非是說，一談中國歷史必講漢唐盛世，必講「中國文化造極於趙宋之世」
（陳寅恪語），而只是告訴人們，中國人認識法有著自己的視覺及獨到的人生

〔註5〕　參見陳景良：《訟師與律師──中西司法傳統的差異及其意義》，載《中國法
　　　　學》2001年第3期；《訟學、訟師與士大夫──宋代司法傳統的闡釋》，載《河
　　　　南省政法管理幹部學院學報》2002年第2期。

〔註6〕　（日）阪本太郎：《日本史概論》，第三章第一節「文化立國的概念」，商務印
　　　　書館1992年版。此條史料受惠於張中秋君，特此致謝！

智慧，且在歷史上有著輝煌的成績。那麼，中國古人是怎樣從人生意義的角度去認識「法」這一社會現象的呢？可分二個層次加以回答：第一，何謂人生意義；第二，從人生意義出發，中國古人從哪個角度重視法，又為什麼說法律是次要的，中國的法律文化反映了人生的哪些智慧。

所謂人生意義，就是人之行為的當然及所以然之理。中國人對人生意義的理解與中國哲學有著密切的關係。中國哲學有著三大內容，這就是宇宙論、人生論、認識論（知識論）。在中國文化中，知識論不發達，宇宙論是為社會現實及人生服務的，故人生論佔據中心地位，也就是說，在中國人看來，人生天地之間，當效法宇宙之則，生生不息，剛健有為，厚德載物，落實在人生上就是堂堂正正地做人。即便是束髮啟蒙，剛剛學習知識，但立足點也在如何做人上，所謂「君子之學以美其身」。在中國人看來，人生的意義在於懂得做人的道理，人生在社會現實中，難免坎坷多有，風雨相伴，古訓謂：「事不隨意常八九，可與人說無一二」。在人的一生中，最難的不是生活的拮据，不是不能出人頭地，而是做人。「做人難」，是中國人認識人生的一個深刻道理。它難就難在中國人的人生境界，是一個以道德自覺為主導，博施於眾又能濟民的君子理想人格。孔子所謂「志於道，據於德，依於仁，游於藝。」（《論語·陽貨》）在孔孟看來，人的物質生活及生存的欲望當然是不可否認的，但人若僅僅停留在這個層面，便與禽獸無異。因此，本能的欲望及對富貴的追求不是人生活的意義所在，人生的意義在於超越富貴、名利及自身的本能，對此孔孟有人禽之辨、義利之辨、王霸之辨、天人之辨、夷夏之辨的「五辨」之說，其主旨在於闡述人之所為人的道理。〔註7〕

質言之，中國的主流文化認為：其一，人生天地間，宇宙、人心、人生與社會本為一體，不可區分，宇宙之本根，乃人性之本原，在人為性，在物為理，在事為義；其二，人有善端，且這個內在的善與宇宙同根，與天地同流。孟子所謂人只要能發揚內在的善德，便是懂得了人的本性，懂得了人的本性就是懂得了天地之道理。故孟子謂：「盡其心者，知其性；知其性者，則知天矣」（《孟子·盡心上》）；其三，人生的意義在於從個體的道德自覺出發，做一個懂仁義，有智慧，且又誠實的人；其四，人生之理（即當然及所以然之理）與天地同道，故人應志於道，實現人生意義的追求。但現實社會物慾橫流，光怪陸離，人之當然之理很容易為人之欲望所吞沒，只有誠心誠意，持之以恆，才能堅持真理，

〔註7〕西哲弗洛伊德有「本我—自我—超我」之學說。

實現人生之理想,《尚書・大禹謨》所謂:「人心惟危,道心惟微,惟精惟一,允執厥中。」其五,中國人的最高理想,就其個體來說,在於誠心、正意(即追求真理——所謂道統)、格物致知(學習知識,所謂學統)、修身齊家治國平天下(所謂學以致用,即政統)。就其社會而言,在於從其個體的高度道德自覺出發,實現天地人生和諧,建立一個人倫大洽、物阜民豐的理想社會。

從這一人生意義的獨特視角出發,中國人站在實用的立場上:第一,就法的狹義而言,重視刑法的懲戒功能;第二,就法的廣義而言(即傳統上的禮樂政刑,嚴復稱作「禮、理、制、法」),中國人重視四者的交互使用,所謂「四者達而王者備矣」(《禮記・樂記》)。但在四者的順序上,禮的引導作用是其第一要義;第三,中國人無論是春秋戰國之際,還是漢代儒法合流之後,都把法視為天下之公器,認為法的最大作用是去私,所謂「法之用莫大於使私不行」(《慎子・佚文》);第四,從國家及家庭的利益出發,重視法在國家及社會生活中的作用,可又不迷信法律,表現出一種中國人特有的平實與通達,李澤厚稱之為「實踐理性」;第五,司法上,尤其是民事案件的處理上,在堅持公平的基礎上,注意「天理、國法、人情」的融合,體現出很高的藝術水平與獨有的司法理念,如「吃百姓之飯,穿百姓之衣,莫說百姓可欺,自己也是百姓;得一官不寵,失一官不驚,莫說一官無用,百姓全靠一官」等。可法為什麼又是次要的呢?中國人的生活裏為什麼又沒有西方意義上的「法律至上」的觀念呢?根本的原因在於中國人的人生意義與西方有著差異。在西方,古希臘的柏拉圖是智者之哲人,中世紀的基督教則強調理性啟示下的人的自由意志;在中國,孔子則是一「德性之仁君」。前者愛智求知,充滿激情,反映在法律上,重視個體的自由與權利;後者厚道、樸實乃仁者之氣象,反映在現實生活中則表現為:第一,不把法看作是彼岸世界的神聖理性,沒有對法無比崇拜的「狄俄浦斯」之情結;第二,就狹義的法而言,刑作為懲罰的手段,其功用在於修補和諧秩序下出現的漏洞,因此是次要的;第三,個人價值之實現,不靠法所體現的權利作保障,而以仁道背後所體現的「相給相與」精神為依歸;第四,良法之求不在於神聖的價值預設,而在日常人倫之中。

從人生智慧出發,應該說中國的法文化與現代法理學最為接近,因為現代法理學的核心任務在於:剝去法律神聖的超驗價值預設之後,現實法的合理與正當只能從現實的社會結構中去尋求,而不能訴諸於上帝,這不恰恰與中國古人的人生智慧暗中契合嗎?

法的價值評判離不開人生智慧

自近代以來，人們對中國法律文化的評價都在遵循著一個標準，即能否適應現代工商社會對物質財富的追逐。以此觀察中國古代的法，很少從個體權利的角度去設置法的規範和法的價值，以私法為基礎的民商法律體系很難在中華文化的土壤中植根，因此中國古代的法從根本上來說與現代法治精神相衝突。也正如此，中國法律史多為部門法學者乃至法理學者所輕忽，統一的司法考試於基礎理論課中把中國法律史剔除，有的學者在有關法官考試的學術研討會上竟然說法律史無用，知道西賽羅與不知道沒有什麼不同。在不少人的心目中，現代法學無非是有關保護「經濟人理性」的客觀知識體系，他們關注的是法的技術、條文以及在現實生活中的作用，很少去思考法律背後的人生智慧。殊不知，技術的法律條文若離開人生智慧，它必將變為無根的苗、籃中的魚，再也沒有了鮮活的生命力。

在西方哲學家羅素的眼裏，知識可分為三類：一是有關自然的客觀知識，這種知識大都可以通過實證的檢驗來確定其真偽；二是有關信仰的知識，即神學，無法求證，只能靠啟示和虔誠；三是介於神學與自然科學之間的知識，即哲學、歷史學等等。羅素不是法學家，故他的視野裏沒有或很少有法學的知識。其實法學也是介於自然科學與神學之間的知識體系，它與哲學、歷史學相比，以其公正或正義的獨有價值關注著人類的財產利益和生活意義。故法學與法，決非僅僅是保護人類物質利益的技術條款，而且它還與人生的智慧相關。人生意義固然離不開物質財富的支撐，我們不能要求芸芸眾生生活在意義的道德真空中，這正是中國人學習西方的理由之所在。同時，我們也必須看到，法的價值不能僅僅以獲取物質財富的多寡為唯一標準，它還有另一種標準，這就是人生的智慧。人生活的意義既以一定的物質財富為基礎，但物質財富的增長並不必然與人生智慧成正比例關係，現代社會通過高科技獲得的生產力及創造的物質財富，可能是前工業人類生活所創造物質財富總和的數百萬倍，但現代科技帶來的非理性可在瞬間毀滅整個人類社會。與此相適應的現代法治的工具理性並不能解決人類生活的全部問題，現代的中國人也並沒有因為掌握了西方法學的價值理念就變得更加智慧和聰明，相反中國的法文化倒是在此顯得更有意義，因為中國的法不僅要解決人的生活問題，而且它還更加關注人生的意義！

法與人：中西法文化人格差異的解讀 [註1]

　　何謂法，何謂人，法與人的關係怎樣，人在法中處於怎樣的地位，人生的意義如何？問題怎樣解決，用什麼方式與機制解決，對這些問題的不同回答，形成了中西法文化之間的重大人格差異。

　　學界以往對中西法文化的研討，已取得了豐碩的成果 [註2]。但他們關注的視角多集中在中西法文化的價值差異上，而於差異為什麼形成的原因卻很少從人的關係及人生意義的角度加以研討。本文認為：中西法文化價值差異形成的根本原因在於二者對人的思考有著不同的視角。文化說到底是人的自我優化，法文化其實是人怎樣認識法，法又怎樣規定人在社會中之地位的價值形態。其中，怎樣從法的角度解讀人與人、人與上帝、人與國家、人與社會之間的關係是法文化的核心問題。

　　本文的理論預設是：中西文化關於人是什麼，人與人的關係怎樣，法如何規定人在社會中的地位等，是決定中西法文化人格價值差異的根本性原因，而於此問題的思考，反映著不同的民族智慧，二者雖有差異，但這種差異不能以優劣長短做簡單的評價。差異的比較於今日不在於一較長短，而重在溝通融合，重鑄現代社會公民的人格之魂。

〔註1〕本文原載於《河南省政法管理幹部學院學報》2003 年第 6 期。

〔註2〕梁治平：《法辨》，貴州人民出版社 1992 年版；梁治平：《法律的文化解釋》（增訂本），三聯書店 1998 年版；梁治平：《尋求自然秩序的和諧——中國傳統法律文化研究》，中國政法大學出版社 1997 年版；張中秋：《中西法律文化比較研究》，南京大學出版社 1999 年版；何勤華：《西方法學史》，中國政法大學出版社 1996 年版。

一、中西文化怎樣解讀「法」

　　法在中國古人的認識裏，有廣義狹義之分。廣義的法泛指社會中的一切政治制度及行為準則，近人嚴復曾說，西人所謂法者，中國法、制、理、禮是也。狹義的法，僅指「刑」，以懲罰邪惡為主旨。

　　論者以為，與西方相比，中國古代以道德立國，不重視法在國家社會生活中的作用。其實，這種說法若從文明的形態上來說固然不能算錯，但假若我們的認識僅僅停留在此一層面，那將是膚淺的，且不說無論是中國古代的典籍，或者是中國的歷史都曾有過「視法如命」的記載與實踐。即便果如論者所言，我們也需要進一步追問，中國古人是在哪個層面與角度卑視法律的，其道理何在？若不把問題追問到此種程度，人們就無從認識中國傳統文化的奧旨，更無法解釋中華文明曾有過的燦爛與輝煌！

　　筆者的回答是：從現實的角度出發，中國人十分重視法律在治理國家中的作用，否則自秦到清的法典傳統便成了無法解釋的怪舉；但中國人又認為：人之為人其根本在於尚仁義、知禮節，人與人之間的關係應建立在「相給相與」的道德自覺上，而不是界限分明的「權利」上。從此意義上說，中國人認為理想的人生與社會秩序只能以「仁愛」、禮讓為本，不能以「法治」為先，法作為刑只能是第二位的，是道德仁義的補充。

　　就實證意義上的「法」而言，中國古代對法是什麼，從何而來，作用如何的思考集中於春秋戰國時期的一個學術派別——法家，其中管子、商鞅、慎到、韓非諸子對法是什麼及其法在治理國家中的重大作用進行了頗為系統的探討，當然把這種思想付諸實踐的是秦朝。此後，法之重要性因其秦王朝實踐形態的暴虐而受到儒家仁政及禮義思想的制約，漢之後形成一種新的價值形態，但從未失去作用。我們先說法的價值及其在現實生活中的重要性。

　　春秋戰國之際，社會動盪，禮崩樂壞，貴族統治受到了商品經濟的衝擊及新興地主階級的猛烈挑戰，怎樣才能使國富民強，如何重建統治的權威、社會的秩序？社會生活應以什麼為基礎？面對諸如此類的問題，不同的思想家給出了不同的答案，法家主張以法律，儒家主張以道德。

　　就法家而言，法之重要可從以下三個方面求得：

1. 法是什麼？

　　在法家看來，法首先是度量人們行為的準則，為世間萬物之準繩，具有客觀性、公平性、普遍性、公開性。

先說法的客觀性與公平性。法家經常借用社會生活中的繩墨、尺寸、度量來比喻法的性質。《管子‧七法》篇說：「尺寸也，衡石也，斗斛也，角量也，謂之法。」《慎子‧佚文》說：「有權衡者，不可欺以輕重，有尺寸者，不可差以長短，有法度者，不可巧以詐偽。」以此來度量世間萬物與人的行為，法便是準則，《管子‧明法解》說：「法者，天下之程序，萬事之儀表。」《管子‧七臣七主》稱：「法律政令者，吏民規矩繩墨也。」

其次，這種客觀公平的規則必須向社會公開，統一適用於社會及社會的各個階層，且不能朝令夕改，這就是法的統一性、普遍性、穩定性與公開性。《韓非子‧難三》說：「法者，編著之圖籍、設之於官府而布之於百姓者也。」《韓非子‧解老》篇說「法莫如一而固」，這裡的「一」是指統一性，「固」則是說法的穩定性，在韓非的眼裏，法的統一性與穩定性是異常重要的。這種統一而又穩定的法適用起來，不因人之身份貴賤而有所不同，《史記‧太史公‧自序》引《論六家要旨》說：「法家不別親疏，不殊貴賤，一斷於法。」

法家認為，法為治國之本，乃民之生命所繫，《商君書‧定分》說：「法令者，民之命也，為治之本也。」《管子‧任法篇》說：「法者，天下之至道，聖君之實用也」，該文又說：「法者，民之父母也」。《管子‧明法》則說：「以法治國，則舉措而已」。

綜上，在法家看來，法作為一種具有客觀公平性的準則，與社會秩序的穩定、百姓生活的幸福密切相關，國家欲重建秩序，使國富民強，必須「以法為治」。其邏輯推論是：民之本性在於求利，求利若無秩序必亂，因此國家必然建立，國家建立的目的是為民興利除害，興利除害需要確定人與人、人與國家之間的行為界限，確定界限需要標準，標準必須統一適用，統一適用的標準最大的價值希求是客觀公正，客觀公正的標準就是法，故「法為治國之本，民之父母」。

2. 客觀公正的法從何而來？

自西周「明德慎罰」思想確立以來，中國人對法的思考，其關注的重點已由天上回到了人間。思想家不再從神意中尋求法的權威，而是認為法來自於社會，必須合民心，順民情，反過來，法作為準則又要規範社會生活與人們的行為。《慎子‧佚文》說：「法非從天下，非從地出，發於人間，合乎人心而已。」《淮南子‧泰族訓》則稱：「法者，非天墜，非地生，發於人間而反以自正。」

3. 法的作用是什麼？

法的作用如何，在法家看來，至少有以下五個方面：（1）懲惡揚善；（2）定分止爭；（3）一民使下；（4）約束君主；（5）立公去私。且看有關的論述，《管子‧七臣七主》說：「法者，所以興功懼暴也；律者，所以定分止爭也；令者，所以令人知事也。法律政令者，吏民規矩繩墨也。」漢代桓寬在《鹽鐵論》中說「法者，所以一民使下也。」這裡的「一民使下」就是用法律統一民眾的行為，使社會得到治理，正因為如此，學界以往認為，中國古代的法治理論，只知道用法律來治理百姓，不懂得用法律去約束君主，其實，這個看法是片面的。商鞅說：「法之不行，自上犯之」〔註3〕，意思是說，法之所以不能遵守，往往是君主帶頭破壞造成的，因此，君主及其官吏帶頭守法是非常重要的。《淮南子‧主術訓》則更加明確地稱：「法者，天下之度量而人主之準繩也」，「法籍禮義者，所以禁君使無擅斷也」。當然人們會說，在漢武帝採納董仲舒「罷黜百家，獨尊儒術」的政策後，中國古代漫長的封建專制歷史進程中，以法限制君權的理論，沒有成為歷史的實際，也沒有頒布過約束君主的成文法典，諸如英國1215年的《大憲章》之類的東西，在中國的封建社會更無萌芽的土壤，這到底是為什麼呢？〔註4〕

至於說法乃公意之體現，更是法家反覆論述的主旨。《慎子‧逸文》說：「法者，所以齊天下之動，至公大定之制也。故智者不得越法而肆意，士不得背法而有名，臣不得背法而有功。我喜可抑，我忿可窒，我法不可離也。骨肉可刑，親戚可滅，至法不可闕也。」該文又說：「法之功，莫大於使私不行，君之功莫大於使民不爭。今立法而行私，是私與法爭，其亂甚於無法。」

由上可知，中國古代至少在以下三個方面是十分重視法律的作用的：第一，君主權威的加強是重建社會秩序的基礎，而君主權威的確立只能依法律。乃如管子所言「令重則君尊，君尊則國安」〔註5〕，「法者，將立朝廷者也」〔註6〕，故治國當以法為本，「法任而國治矣」〔註7〕。第二，社會關係的調

〔註3〕（漢）司馬遷：《史記》卷六十八，《商君列傳》第八，中華書局1982年版，第2231頁。

〔註4〕這的確是個有意義的問題，本文因研究的主旨不同，在這裡只是提出問題，深入的研討還有待於學界諸君的關注。

〔註5〕《管子‧重令》。

〔註6〕《管子‧權脩》。

〔註7〕《商君書‧慎法》。

整，人與人之間行為界限的確立，皆離不開法律，慎子言稱「大君任法而弗躬，則事斷於法矣，法之所加，各以其分」〔註8〕，商鞅說：「故立法明分，中程者賞之，毀公者誅之。賞誅之法不失其議，故民不爭。」〔註9〕第三，秩序的穩定，人民的富強，國家的興盛皆須依法律為基礎。《管子‧任法》篇說「明君置法以自治，立儀以自正也。行法修制先民服也」，該篇又說：「貴賤上下皆從法，此謂大治。」商鞅則說：「夫利天下之民者，莫大於治；而治莫康於立君，立君之道，莫廣於勝法。」〔註10〕勝法就是重視法律、崇尚法律的意思。

再說法在西方文化中的價值蘊涵。這裡所說的西方，是指以古希臘、古希伯來、古羅馬文化為歷史源頭，融合拉丁、日爾曼、基督教三大文明因子，以歐洲為代表的文化圈。這裡筆者從宏觀的視角出發，把西方文化的歷史進程由古到今，分為三大階段，即古希臘與古羅馬時期，中世紀與近現代，再用馬克斯‧韋伯「理想型」的方法對這三大階段的法觀念進行概約化的分流，以凸現其不同於中國文化的特色。

其一，古希臘、古羅馬時期。古希臘先哲對法及法治的理念是西方文明法治理論的源頭，對此學界已有豐碩的成果問世〔註11〕，這裡不擬重複學界已有的論斷，只是根據己之所讀所悟，列出以下五點：（1）法是正義的化身；（2）法代表著公正，是對衝突著的利益的權衡；（3）法是邏格斯，是理性；（4）法律是對自由的拯救，不是對人的奴役；（5）法意味著信仰，有德性的人當為法而獻身〔註12〕。

這裡需要注意的是，古希臘人大談正義、法律、理性乃至它們與人類社

〔註8〕 《慎子‧君人》。
〔註9〕 《商君書‧權脩》。
〔註10〕 《商君書‧開塞》。
〔註11〕 何勤華：《西方法學史》，中國政法大學出版社1996年版；夏勇：《人權概念起源》，中國政法大學出版社2001年版；汪太賢：《西方法治的源與流》，法律出版社2001年版。
〔註12〕 上述論斷，本文因其立論主旨不在於此，故不擬一一展開。有興趣的讀者可參閱下列著作：A.（古希臘）柏拉圖：《理想國》，郭斌和、張竹明譯，商務印書館1986年版；B.（古希臘）亞里士多德：《政治學》，吳壽彭譯，商務印書館1965年版；C.（古希臘）荷馬：《伊利亞特》，羅念生、王煥生譯，人民文學出版社1958年版；D.《西方哲學原著選讀》（上卷），北京大學哲學系外國哲學史教研室編譯，商務印書館1981年版；E.（古希臘）柏拉圖：《游敘弗倫‧蘇格拉底的申辯‧克力同》，嚴群譯，商務印書館1983年版。

會之間的關係，但他們都是從普遍道德意義上來揭示理性與正義之內涵的，而未能將其與公民的世俗利益相聯繫，故希臘人的法觀念裏，並沒有個體權利的內容。英國法家梅因說：「概括的權利這個用語不是古典的，但法律學有這個觀念，應當完全歸功於羅馬法。」〔註13〕

務實的羅馬人在建立龐大的羅馬帝國時，他們同時也把希臘老師的理性與正義觀念落實到羅馬公民的世俗利益之中，並通過法的規範使人與人之間的關係表現為相互之間的法鎖——即權利義務關係。利益表現為公民的權利，權利要有法律加以規定，這是羅馬文化貢獻給人類文明的寶貴遺產，也是西方文化的核心理念。正是羅馬法規定了人的身份、地位、名譽、人格、權利、義務，規定了物權、債權與訴權等等。概括說來，古羅馬的法觀念有以下幾個重要特點：

（1）法是權利，是公民權利的保證。學界通常認為，在拉丁語中，表示「法」的詞不勝其多，最有代表性的卻是兩個字，即「ius」與「lex」。「ius」的含義有二：一為法，二為權利〔註14〕。

（2）法是善良與公正的藝術，它來自於正義。羅馬法學家烏爾比安在《法學階梯》中說：「對於打算學習羅馬法的人來說，必須首先瞭解『法』（ius）的稱謂從何而來？它來自正義，實際上，法是善良和公正的藝術。」

說法是善良公正的藝術，其暗含的意思是，法不僅僅是權力意志的體現，它還蘊含著當事人在締結合約中應有的誠實信用精神與意志自由，這一點尤為重要，它是羅馬法重私人權利的主旨所在，這是其後西方法文化視法為理性之對話的歷史源頭。

（3）法有兩個部分，「即公法與私法。公法涉及羅馬帝國的政體，私法則涉及個人利益」〔註15〕。

（4）私法包括三個部分，即自然法、萬民法和市民法〔註16〕。「自然法是自然界教給一切動物的法律。因為這種法律不是人類所特有，而是一切動

〔註13〕（英）梅因：《古代法》，沈景一譯，商務印書館1959年版，第102頁。

〔註14〕梁治平：《法律的文化解釋》，生活·讀書·新知三聯書店1998年版，第363～364頁。

〔註15〕（古羅馬）查士丁尼：《法學總論》，張企泰譯，商務印書館1989年版，第5～6頁。

〔註16〕（古羅馬）查士丁尼：《法學總論》，張企泰譯，商務印書館1989年版，第6頁。

物都具有的，不管是天空、地上和海裏的動物。由自然法產生了男與女的結合，我們把它叫做婚姻；從而有子女的繁殖及其教養。的確我們看到，除人而外，其他一切動物都被視為同樣知道這種法則。」〔註17〕

「市民法與萬民法有別，任何受治於法律和習慣的民族都部分適用自己特有的法律，部分則適用於全人類共同的法律。每一民族專為自身治理制定的法律，是這個國家所特有的，叫做市民法，即該國本身特有的法。至於出於自然理性而為全人類制定的法，則受到所有民族的同樣尊重，叫做萬民法，因為一切民族都適用它。」〔註18〕

（5）法律的基本原則是：為人誠實，不損害別人，給予每個人他應得的部分〔註19〕。羅馬法學家烏爾比安把這種法的精神，概括為權利的三個公式：第一，正直地生活；第二，不侵犯任何人；第三，把各人自己的東西歸給他自己〔註20〕。之後，思想家康德（Immanuel-Kant，1724～1804）站在啟蒙的立場上，從弘揚權利精神的角度對這三個公式重新進行了解讀。他別有風趣地說：

「我們要是以一般意義來理解烏爾比安的三個公式的話，那麼就可以大概地按他的樣子來作劃分，只是他自己也沒明確的考慮過這種分法，但允許加以發展。下面便是那三個公式：

（1）『正直地生活！』法律上的嚴正或榮譽，在於與別人的關係中維護自己作為一個人的價值。這項義務可以用下面的命題來表示『不能把你自己僅僅成為供別人使用的手段，對他們說來，你自己同樣是一個目的』。這項義務在第二個公式中將被解釋為一種責任，它產生於我們自身的人性的權利。

（2）『不侵犯任何人』這個公式可以轉換成這樣的含義，不侵犯任何人，為了遵守這項義務，必要時停止與別人的一切聯繫和避免一切社交。

（3）『把各人自己的東西歸給他自己』這句話也可以改變成另一種說法：『如果侵犯是不可避免的，就和別人一同加人一個社會，在那兒，每個人對

〔註17〕（古羅馬）查士丁尼：《法學總論》，張企泰譯，商務印書館1989年版，第6頁。

〔註18〕（古羅馬）查士丁尼：《法學總論》，張企泰譯，商務印書館1989年版，第6～7頁。

〔註19〕（古羅馬）查士丁尼：《法學總論》，張企泰譯，商務印書館1989年版，第5頁。

〔註20〕易繼明：《私法精神與制度選擇》，中國政法大學出版社2003年版，第86～87頁。

他自己所有的東西可以得到保障。』如果把這個公式簡化為『對每個人給以他自己的東西』，那麼，這種表達可能是荒唐的，因為我不能把任何人已經有的東西再『給』他。如果這句話有什麼明確的含義，它只能是這樣，『進入這樣一個狀態吧，在那兒，每人對他的東西能夠得到保證不受他人行為的侵犯』。」〔註21〕

總之，把法與權利聯繫起來並應用到社會生活的各個方面，是羅馬人的重要貢獻，拉丁語格言『錯誤不得產生權利』就是二者關係的另一種表達，這句話也可以這樣表達，凡權利的產生必須正當、合法。

其二，中世紀。美國學者羅伯特·E·勒納說：「『中世紀』一詞是歐洲人在 17 世紀新創的，它被用來表達一個漫長而深悶的時期，這個時期正處於成就輝煌的古典希臘、羅馬與他們當時所處的『現代社會』之間。」〔註22〕

一般說來，中世紀開始於 600 年，結束於 1500 年，在這長達近千年的歲月裏，法的觀念也在經受著變化，因此欲對其進行概約化的歸納分析是一件頗冒風險的事情。儘管如此，筆者這裡還是要對它進行一番梳理。中世紀是一個基督教信仰占統治地位的時代，神的意志支配著人們的心靈，佔據著社會生活的各個領域，法的觀念也與神的意志及理性密切相連。著名的經院哲學家托馬斯·阿奎那（1225～1274）把法分為四類：即永恆法、自然法、神法與人法。他認為：宇宙的整個社會就是由神的理性支配的。所以上帝對於創造物的合理領導，就像宇宙的君王那樣具有法律的性質，這種法律就是「永恆法」〔註23〕。

在阿奎那看來，雖然宇宙萬物受永恆法支配。然而人不是一般的動物，而是有理性的動物，是肉體和靈魂的統一，他以一種特殊方式受神意支配，即人可以通過理性控制自己的行動，且支配其他動物。人以理性參與永恆法，就是「自然法」，把自然法的篇規用於個別和具體的情況，即人與邏輯推理的力量把自然法的精神落實於社會生活中，並作出特殊的安排，就是「人法」〔註24〕，所謂「人法」也就是世俗國家的制定法。阿奎那不同於

〔註21〕（德）康德：《法的形而上學原理》，沈叔平譯，商務印書館1991年版，第48～49頁。

〔註22〕（美）羅伯特·E·勒納，斯坦迪什·米查姆，愛德華·麥克納爾·伯恩斯：《西方文明史》（上），王覺非等譯，中國青年出版社2003年版，第233頁。

〔註23〕托馬斯·阿奎那：《阿奎那政治著作選》，商務印書館1963年版，第106頁。

〔註24〕托馬斯·阿奎那：《阿奎那政治著作選》，商務印書館1963年版，第107頁。

奧古斯丁，他不把國家看作是人們罪孽的結果，因此人定法既有拘束力，又要受理性的節制，服從自然法〔註25〕，受上帝的支配。上帝代表著正義，非正義的法律根本不是法律，惡法非法也。法在實證的意義上說，是一種規則、尺度，是某項命令，具有拘束力，是權力意志的體現，世俗社會的人必須服從，否則秩序便不能建立；但法又不僅僅是意志與命令，它同時還是理性，意味著正義，簡單地說，「君主好惡，便是法律」，這便是對法的曲解，是不正確的，法必須受理性的節制，因為它的目的是促進人類共同體的幸福，而人類的幸福既要於世俗社會中尋求，又必須超越現實，信仰上帝，於神意中追尋完美〔註26〕。

阿奎那的法觀念既是現實的，又是神意的，既是實證的，又是超越的，他通過正義與理性的介入，在人法與超越法（即自然法、永恆法、神法）之間架起了一座金色的橋樑，並通過此橋樑溝通了人與神、現實與神聖的聯繫，他藉此告訴現實中的人們，既要通過法追求世俗社會的財富、快樂、權力與知識，又要通過對上帝的信仰超越現實，獲得人生之最深沉的幸福。

自奧古斯丁（公元354～430年）到托馬斯·阿奎那，基督教教父及中世紀經院哲學家們都用神性解釋法，把上帝的光環映照在實定法之上。這是問題的一個方面，也是中世紀法觀念的主導性力量，但中世紀又不是僵化的，在它似乎僵化的機體身後，孕育著一股新的力量，這就是在中世紀的中後期，隨著羅馬法學家的復興，城市的商人階級崛起，世俗國家在與教會的無數次爭鬥與利用中逐漸培育出了以下兩個法的觀念：其一，「國王依上帝和法律行事。」美國法學家羅斯科·龐德借用休斯勒先生的話說：「翻開中世紀日爾曼的法律典籍，其通篇馳騁的法律觀念是：法——『人們對上帝所創造的公正和原理的一種追求』。任何武斷與專制都是與法不可兼容的。賦予國王的意志以法律的效力的觀念起源於古羅馬，確切地說，源自於拜

〔註25〕托馬斯·阿奎那說：「每一項人法在它源自自然法時，是與自然法相一致的。如果它在某一方面背離了自然法，它就不再是法，毋寧是非法。」（英）韋恩·莫里森：《法理學》，武漢大學出版社2003年版，第72頁。

〔註26〕托馬斯·阿奎那說：「法是命令和禁止。……法是人們賴以導致某些行動和導致其他一些行動的準則與尺度。『法』這個名詞由『拘束』一詞而來，因為人們受法的拘束而不得不採取某些行徑。但人類行動的準則和尺度是理性，理性是人類行動的第一原理。」「嚴格說來，法律的首要和主要的目的是公共幸福的安排。」參見《阿奎那政治著作選》，第104～105頁。又可參見（英）韋恩·莫里森：《法理學》，武漢大學出版社2003年版，第70～71頁。

占庭。而日爾曼關於法的觀念被布萊克頓表述為『國王依上帝和法律行事』。」〔註27〕這句話的潛臺詞，於大不列顛的英倫島上則是另一種表述，即「王在法下」與「王在議會」〔註28〕。其二，世俗國家必須依法律為基礎。法國比較法學家勒內‧達維德說：「（在歐洲的 12 至 13 世紀）以仁慈為基礎的基督教社會的理想被拋棄了；不再想在人間建立上帝之國。人們不再把宗教與道德同世俗秩序與法混淆在一起，承認法有其固有的作用與獨立性……世俗社會應以法為基礎，法應該使世俗社會得以實現秩序與進步。這些思想在 12 與 13 世紀成為西歐的主要思想；並以此在西歐無爭議地占統治地位，直到今天。」〔註29〕

如果用簡明的語言加以概括，中世紀的法觀念有以下四點：

（1）正義是法的基礎，而上帝是正義的化身；（2）法是度量人們行為的準則與尺度，具有拘束力，但法不是簡單的權力意志，它必須受理性的支配與節制，法的目的是實現人類共同體的幸福；（3）上帝即法律，國王應以上帝與法律行事；（4）世俗社會應以法律為基礎，法是秩序與文明進步的保證。

其三，近代。近代與現代在西方的語境中本是同一個意思，這大概是因為現代化是從西方文明社會內部演進成長的結果。公元 17～19 世紀，在文藝復興宗教改革的基礎上，隨著工業革命及科學的興起，教會的權威日趨衰落，科學與法律的權威則日漸興起。在資產階級啟蒙思想家批判王權專制與教會權威的思想潮流中，以個人主義為基礎，以自由、權利、私有財產神聖不可侵犯為核心內容的法觀念應運而生，它以「自然法」與「社會契約論」為基石，建構了「法律至上」，政治權力需要制約，國家應以憲政為基礎，個人權利、自由無比神聖的法治理論框架。概括而言，有下列幾點：（1）法律至上；（2）私有財產神聖不可侵犯；（3）絕對的權力意味著絕對的腐敗，故權力制衡機制必不可省；（4）法律面前人人平等；（5）天賦人權；（6）國家應建立在民主、憲政的基礎上；（7）法律應在個人權利與公共權力之間築起一道堡壘，保證個體權利不受侵犯，並用權利制約權力；（8）司法獨立；（9）法律是權

〔註27〕（美）羅斯科‧龐德：《普通法的精神》，法律出版社 2001 年版，第 45 頁。
〔註28〕錢乘旦、陳曉律：《在傳統與變革之間——英國文化模式溯源》，浙江人民出版社 1991 年版，第 45～48 頁。
〔註29〕（法）勒內‧達維德：《當代主要法律體系》，上海譯文出版社 1984 年版，第 38～39 頁。

利、自由的保障；（10）正義不僅要通過司法實現，而且要及時地通過看得見的程序去實現〔註30〕。

西方近代法觀念的興起，為法治理論的建構提供了思想資源，也使法律掙脫了宗教的羈絆而走向了科學的道路，一批影響深遠的民法典也在此基礎上應運而生，著名者如 1804 年的《法國民法典》、1900 年生效的《德國民法典》等。以上簡要論述了中西文化對法觀念的基本解讀，現再就其差異作如下概括：

1. 西方重個體權利，把法視為權利的同義語；中國重權力，把法視為治國馭民之具。

2. 西方重自由，視法為自由的保障；中國重道德，視法為伸張道德之器皿。

3. 西方重私有財產，視法為維護個人私有財產的屏障；中國重家族，法律常把家庭利益置於個人之上。

當然，這裡因立論的主旨不同，而重點突出中西法觀念的差異，這並非說二者絕無共同之處。因本文感興趣的主旨在於探索二者存在差異的文化基礎，故相通之處不再一一申說〔註31〕。這裡要問的是，中西文化何以在法之觀念上形成如此大的差異？

〔註30〕 詳細的論述可參考下列著作：（1）（英）霍布斯：《論公民》，應星、馮克利譯，貴州人民出版社 2003 年版；（2）（英）詹姆士‧哈林頓：《大洋國》，何新譯，商務印書館 1963 年版；〔3〕（英）洛克：《政府論》（上、下冊），瞿菊農、葉啟芳譯，商務印書館 1963 年版；（4）（法）盧梭：《社會契約論》，何兆武譯，商務印書館 1980 年版；（5）（法）孟德斯鳩：《論法的精神》（上、下冊），張雁深譯，商務印書館 1963 年版；（6）（德）康德：《法的形而上學原理》，沈叔平譯、林榮遠校，商務印書館 1991 年版。

〔註31〕 莊子曾言，「以其異者視之，肝膽楚越也；以其同者視之，萬物皆一也。」（《莊子‧德充符》）中西法觀念有相同之處並非臆說，乃是歷史的真實，大要而言有三：（1）都追求法之正當性。法之所以為法，即法的合理性、正當性、權威性於法律本身很難求得，必於法條之上尋求形而上的原理，這個超越具體法的原理，西方稱為「自然法」，中國叫做「善法」、「仁政」或「王道」。（2）法並非簡單的權力意志；中西文化皆認為：法的精神應以人為本，但現實中的法由於受社會結構及文化諸因素的影響，善法往往是理想而非現實，法的應有精神往往會受到強權者的踐踏。強權踐踏法，中國稱「暴政」，西人曰「惡法」。（3）中西皆主張用某種法所體現的形式或程序制約權力行使過程中的專橫，法者不能反對強權，抑制霸道，法的權威便會在人們的心中誤解，法律就會墮落為權力的奴婢，故人們除在思想深處對權力保持警醒外，還須通過某種形式與程序遏制強權，西方叫「程序正義」，中國叫「法之禮義」。

二、如何理解人，是解讀中西法文化差異的奧旨

法的觀念是人賦予的，觀念的差異為何形成，其根本原因也應從中西文化對人的理解中尋找。人是什麼？人與人之間的關係如何，怎樣解讀人與人之間的關係，這三點是筆者試圖解答上述問題的基本思考。

先看人是什麼？這樣的提問，不是要求從生物學意義上回答何謂人，而是從社會與文化的角度回答人的屬性，即如何辨別人與動物的差異。因為從前者的角度認識人，中西並無差別，而從後一個角度，則中西文化對人的本質有著截然不同的回答。大概說來，人為萬物之靈，文化應以「以人為本」，重視人的生命價值是中西文化的共同認識，但這個人文思想中的人，究竟是什麼？中西文化於此卻有著不同的看法，由此埋下了中西法觀念差異的根本基因。從宏觀的角度而言，中國文化對人的認識，除了春秋戰國之季存在著激烈的爭論外，大體而言，自漢之後，儒法合流，中國文化對人之本性，人與動物的區別，人之所以為人，人如何做人，人生的意義如何等諸如此類問題的認識，儒家的仁學即人論佔據了統治地位。孔孟認為，人與野獸的區別：在於人能以敬重之心、孝敬父母，在於人能知禮尚義，重仁崇德〔註32〕。孔孟提出人異於禽獸者，荀子提出人之所以為人者，二者的人生觀念不同，但在人之所以為人的道理上，都又有著驚人的相似，即都強調道德對人生的價值。為了不使這種議論流於空疏，現對《禮記》一書的有關文字略加引用，以證上述之論據之有本。《冠義》說「凡人之所以為人者，禮義也」，《曲禮》則言：「鸚鵡能言，不離飛鳥；猩猩能言，不離禽獸。今人而無禮，雖能言，不亦禽獸之心乎？失惟禽獸無禮，故父子聚。是故聖人作，為禮以教人。使人以有禮，知自別於禽獸。」

中國文化重道德，這個道德是以家庭之「孝」為本，以「仁義禮智信」為核心內容的宗法倫理道德，其主旨強調人的道德自覺。由此出發，儒家強調

〔註32〕有關的論述「四書五經」中俯拾皆是，以至於在我們讀了先秦諸子集成及四書五經之後，對其後中國古籍的閱讀，有著「千孔一面」的感受，這是因為中國文化的核心是「仁義禮智信」。為了行文的簡明，正文中不一一引列。現於注中略引孔、孟、荀之各一語，以證其實。孔子稱：「今之孝者，是謂能養。至於犬馬，皆能有養。不敬，何以別乎？」（《為政》）；孟子說：「自暴者，不可與有言也；自棄者，不可與有為也。言非禮義，謂之自暴：吾身不能居仁由義，謂之自棄。」（《離婁上》）；《荀子·王制》：「水火有氣而無生，草木有生而無知，禽獸有知而無義；人有氣，有生，有知亦且有義，故最為天下貴也。」

人生的意義不在於財富的佔有，權力的攫取，而在於道德理想境界的實現。孔子稱人應「志於道，據於德，依於仁，游於藝」〔註33〕，這裡的道，就是追求人生理想。孟子則強調「良貴」、「良爵」對人生意義的重要，所謂「良貴」「良爵」就是指人的內在價值，換句話說，即人的品行及「仁義信」的道德意識，有了這個就有了浩然之氣，就有了人的尊嚴，它是不可剝奪的，內在的氣質，不像財富、功名、爵位是外在的，既可得也可失。從此意義上說，孔孟對人之尊嚴的強調大於生命，孟子所謂：「生，亦我所欲，所欲有甚於生者，故不為苟得也；死，亦我所惡，所惡有甚於死者，故患有所不避也。」〔註34〕這所欲有甚於生者，即人格的尊嚴；所惡有甚於死者，即人格的恥辱。偉哉，夫子，中國文化的堅貞與陽剛之氣於此傲然屹立！

中國文化的主流意識認為：人本善良，其為人立世的根本在於仁義道德。西方則不同，從古希臘、古希伯來、古羅馬至中世紀，再經文藝復興到近代，西方文化對人的本質屬性的認識，並非像中國一樣以一貫之，而略呈豐富多彩之姿。就古希臘而言，人是一個政治概念。亞里士多德說：「人生來便是政治的動物。」〔註35〕說人是一個政治動物，它的含義有二：其一是說，古希臘以民主城邦制蜚聲中外，說人是一個政治動物，是說人作為一個公民，他必須參加城邦生活，其價值與意義才能顯現。亞氏認為：「人自然是趨向於城邦生活的動物（人類在本性上，也正是一個政治動物）。」〔註36〕因此，在古希臘，人的第一個屬性是公民。其二，理性是人區別於動物的本質差異。希臘思想家認為：「世界上有許多偉大的奇蹟，而最偉大的則是人。」〔註37〕人是宇宙的中心，而理性則是人的中心。美國學者馬文·佩里說：「西方思想起源於首先根據人的理性本質來給人下定義的希臘人。」〔註38〕理性是西方文化的一個核心概念，在古希臘，理性的含義有四：首先，理性是指人的自覺

〔註33〕 《論語·述而》。

〔註34〕 《孟子·告子上》。

〔註35〕 （古希臘）亞里士多德：《政治學》，吳壽彭譯，商務印書館 1965 年版，第 7 頁。

〔註36〕 （古希臘）亞里士多德：《政治學》，吳壽彭譯，商務印書館 1965 年版，第 7 頁。

〔註37〕 （美）羅伯特·E·勒內等：《西方文明史》（上冊），王覺非等譯，中國青年出版社 2003 年版，第 101 頁。

〔註38〕 （美）馬文·佩里：《西方文明史》，上卷，胡萬里，王世民等譯，商務印書館 1993 年版，第 129 頁。

意識。古希臘對宇宙、人生社會的觀察，經歷了一個由神話到理性的轉變。人有理性意味著人生社會出現的問題只能從人類本身來解決，而不能訴諸神意，這是人自覺意識的覺醒，用普羅塔哥拉（Protagorus）的話說：「人是萬物的尺度，是存在的事物存在的尺度，是不存在的事物不存在的尺度。」〔註39〕這句話暗含的意義是，人具備反思自己行為的能力，有對自由的要求，具有個人的價值，是人，而不是神祇須對自己選擇的行為負責。其次，理性意味著科學，科學具有內在性。所謂內在性就是指的人對事物的理解認識只有通過邏輯的準確性去把握；再次，對話是人之理性展開的形式。希臘哲學家反對以羅列現象的方式去把握概念，主張通過「屬加種差」的邏輯方式去尋找事物的本質，而對話，則是運用邏輯思維方式把握事物本質不可或缺的工具。對人的定義就應如此認識：人是理性的動物，其中理性是種差，動物是類概念〔註40〕。最後，理性意味著德性。希臘人認為，人的幸福，即人生的意義在於實現德性的生活。在斯塔吉拉哲人眼裏，無盡地追求知識，不懈地探索真理就是人生的最大幸福，就是德性的實現〔註41〕。這裡尤為值得注意的是，希臘人所說的德性完全不同於孔孟所主張的道德倫理，前者所說的德性是理性對人生目的的涵攝，是知識、智慧、自由、個人價值的追求，故希臘人講的美德是：節制、勇敢、正義、理性；而中國人則把「仁、義、禮、智、信」視為美德；前者追求的是知識、科學、理性之美，後者希望的是以孝為核心的人倫之美，二者所求，貌合而神異。二者對人之本質的理解埋下了中西法文化價值不同的原始基因。

古希臘文化孕育了羅馬人，而羅馬人作為希臘人的學生又不完全等同於老師。人在羅馬文化中，完全成為一個法律概念，這是因為羅馬人把希臘哲學中所講的人的自然權利，完全落實到了社會現實中，道德的權利變成了世俗政治生活中人的各種權利訴求，當然這裡的人是分類的。據羅馬法學家周枏先生的研究，在羅馬法中，人作為一個法律上的權利、義務的主體，有一個發展過程，並非一切人都具有主體的資格。羅馬法上有三個關於人的概念，

〔註39〕（英）羅素：《西方的智慧》，溫錫增譯，商務印書館 1999 年版，第 47 頁。

〔註40〕（英）羅素：《西方的智慧》，溫錫增譯，商務印書館 1999 年版，第 70～71 頁。

〔註41〕有關的論述，參見（古希臘）亞里士多德：《尼各馬倫理學》，苗力田譯，苗力田譯序《思辨是最大的幸福》，中國社會科學出版社 1999 年版。

即霍漠（homo）、卡布特（caput）、泊爾梭那（persona）。

霍漠（homo）是指生物學意義上的人。無論是自由人和奴隸都首先是一個霍漠，問題在於，從法的角度看，即人的主體資格而言，奴隸雖是一個自然人，但他們都不具有法律上的人格地位，他們不是權利主體，而是權利的客體，是羅馬自由人的物，一種特殊的具有生命的物。卡布特（caput）本意指頭顱或書籍的一章。周枏先生說「羅馬古時，戶籍登記時每一家長在登記冊中佔有一章，家屬則名列其下，只有家長才具有權利能力，所以卡布特（caput）就被轉借為權利義務主體，表示法律上的人格。」〔註42〕波爾梭那（persona）本為演員於舞臺上所戴的面具，面具不同身份不同，因為它是各種角色的代指。後來，面具演化、引申為人的某種身份，且該身份在不同的關係中顯現出不同的面象，persona 也就成為羅馬人指涉權利、義務主體之各種身份的代名詞，如一個人〔註43〕可以具有家長、官吏、監護人等不同的身份。

這裡需要特別提出的是，古羅馬對人之屬性的認識，已不再遵循「人是什麼」的提問思路，因為這種思路側重於人的抽象性、本質性，而是以此為基礎，把人的屬性落實到現實的法律中，通過法律設定不同種類的人之主體資格，抽象的理性由法律而演變為人格，這是西方文化對人之屬性的一個重大突破。

羅馬人因其突破希臘哲學而向人類貢獻了法律的智慧，但其對人乃至人生社會的世俗利益的極端關注，帶來的卻是羅馬帝國生活中貴族階層的腐敗與人之生活意義的無望與沉淪，人生存在的意義不能離開物質財富，但物質財富的多寡並不能決定人之幸福的有無，即是說，單從現實功利的層面認識人的屬性，反而會使人的思考過於偏狹而最終走向萎縮。這樣一來，西方文化對人的思考必然走向超越世俗社會的彼岸世界，即基督教文明即將在羅馬帝國內部破繭而出，且將以不可阻擋之勢，風靡於歐洲。

西羅馬帝國滅亡後的歐洲是一個基督教盛行的時代，在這個時代裏，理性成為神意的婢女，人成為上帝的選民。中世紀對人的思考有以下幾點：其一，人性神學化。在中世紀，人作為上帝的創造物，不能獨立存在，也沒有獨立的價值，這當然不是說人就沒有尊嚴，人的尊嚴必須通過上帝的光環才能

〔註42〕周枏：《羅馬法原論》，商務印書館 1994 年版，第 97 頁。

〔註43〕這裡的人是指羅馬自由人，即羅馬公民。在古希臘、古羅馬奴隸都不被視作為人，而是物。

折射出來，上帝是中心，「神學是中世紀人們社會行為的最高原則」〔註44〕。其二，人生而有罪，只有通過教會信仰上帝，人才能得救。其三，宇宙是有機地，世界是兩分的。在有機的宇宙中，人只是上帝造物的一部分，宇宙、自然、人、上帝四者有機地聯繫在一起，人不能脫離它們而獨立存在〔註45〕。可基督教教義又告訴人們，世界是兩分的，即天國與塵世，人的最終幸福或者說深沉的幸福，只能在上帝之城實現〔註46〕。其四，在個人的內心生活中，沒有自主的意識。A·古列維奇在《中世紀文化範疇》一書中說「中世紀的個人的內心生活沒有『聯結』成為一個統一的自主體」〔註47〕。「修道院院長休格由於渴望光榮，把自我溶解到他的修道院中去。對於中世紀基督徒的個性來說，其特有的自我肯定的方法是自我貶低和自我否定。」〔註48〕

當然，我們這裡對「中世紀人」的解讀仍是抽象的，概約化的。實際的問題遠比此要複雜的多，因為中世紀有近千年的歷史，其間歐洲和它的人民

〔註44〕（蘇）A·古列維奇：《中世紀文化範疇》，龐學智、李玉潔譯，浙江人民出版社 1992 年版，第 9 頁。

〔註45〕在中世紀，有機的宇宙觀是認識人性的前提。據此，人被視為是一個小宇宙，與大宇宙結構相似，都是上帝所造之物，人作為小宇宙與大宇宙有著一種恰切的對應關係。「人們堅信，組成人體的成分與組成世界的成分是完全一樣的。人的肌肉是土，人的血液是水，人的氣息是空氣，人的體溫是火。人體的每一部分都相當於世界的某一部分，人的頭相當於天，胸相當於空氣，胃相當於海，足相當於地，骨頭相當於石頭，血脈相當於樹枝，頭髮相當於草，人的感情相當於動物。」參見（蘇）A·古列維奇：《中世紀文化範疇》，龐玉潔等譯，浙江人民出版社 1992 年版，第 59 頁。

〔註46〕就中世紀教父聖奧古斯丁而言，他把世界分為天國與塵世，即上帝之城與塵世之城。他認為塵世是罪惡的，幸福不能在世俗社會實現，只有信仰上帝，才能得到幸福；後來的經院哲學家聖托馬斯·阿奎那並不簡單否定塵世生活，也不否定肉體的欲望，而主張二者統一，但他認為深沉的幸福只能在天國尋求。有關的論述參見（英）韋恩·莫里森：《法理學》，前引，第 69 頁。A·古列維奇說：「基督教」的禁慾主義根本鄙棄這個世界。根據奧古斯丁的學說，真理不能在外部世界中尋求，只能在人的本身精神中去尋找。上帝最奇妙的作用不在於創造了世界，而在於為它贖罪，在於使生命成為永恆的存在。惟有基督，才把這個世界從塵世拯救出來。這樣轉變的結果，「宇宙」這個概念被剖分為兩個完全對立的概念：civitas Dei（上帝之城）和 civitas terrena（地上之城）。參見（蘇）A·古列維奇：《中世紀文化範疇》，龐玉潔等譯，浙江人民出版社 1992 年版，第 60 頁。

〔註47〕（蘇）A·古列維奇：《中世紀文化範疇》，龐玉潔等譯，浙江人民出版社 1992 年版，第 347 頁。

〔註48〕（蘇）A·古列維奇：《中世紀文化範疇》，龐玉潔等譯，浙江人民出版社 1992 年版，第 348 頁。

都發生著變化，沒有靜止不變的人的理論，另外常識告訴我們，沒有哪兩個人是完全一樣的。儘管如此，從類型學的角度探求某個時期人之本質的努力仍然是可能的、必須的。因為這樣的解讀使我們大體認識到：中世紀神學對人性的扭曲，固然使人的個體價值拜伏在上帝的腳下，但基督的仁慈與靈光卻安慰了塵世生活中紅男綠女的騷動之心，使人的內心趨向祥和和寧靜，這也許可以說，中世紀信仰對人性的關照，恰恰早從否定方面豐富了人的本質屬性。由古希臘、古羅馬對人的自我肯定，到基督教對個體價值世俗性的否認，再到文藝復興、資產階級革命重新肯定人的物質屬性，中世紀恰恰是一個不可或缺的階段。

西方文化經三百年「文藝復興」的洗禮後，挾科學、理性之光，乘工業革命之勢，掙脫教會與封建專制的束縛，在啟蒙思想家風起雲湧的人文主義思潮中呼嘯而來，它將對人的內涵注入前所未有的時代新內容。具體說來，西方近代對人的認識有這樣五點：其一，張揚人的自然欲望，反對神學對人的壓迫。彼得拉克說：「上帝的世界是經過七層鉛封的世界，非凡人智力所能理解……我不想變成上帝，我是凡人，只要凡人的幸福。」〔註49〕其二，反對禁慾，主張人應把快樂建立在物質財富之上。意大利人文主義者阿爾貝蒂認為，道德最終將體現在「物質」、「金錢」和「財產上」。他說：「不要藐視財富，而要防止貪婪。物質極大豐富之後，我們就生活得愉快和自由。」〔註50〕帕爾迷耶里說：「沒有錢花的人既不是自由的人，也不會風度翩翩。」〔註51〕因此，他主張有道德的人應當追求物質財富。到了17世紀、18世紀，資產階級啟蒙思想適應資本主義發展的需要，主張人的私有財產神聖不可侵犯。其三，人生而平等、自由，有追逐幸福的權利。意大利人文主義者反對以人的出身、門第來決定個人社會地位的封建等級制度，強調個人奮鬥，認為個人的社會地位應主要根據他的品德和才能來決定〔註52〕。資產階級啟蒙思想家以理性的眼光審視教會權威與封建王權、主張天賦人權，而人權的核心是自由、平等和私有財產權〔註53〕。其四，個人利益是社會利益的出發點。奧托·

〔註49〕（意）加林：《意大利人文主義》，李玉成譯，三聯書店1998年版，第4頁。
〔註50〕（意）加林：《意大利人文主義》，李玉成譯，三聯書店1998年版，第4頁。
〔註51〕（意）加林：《意大利人文主義》，李玉成譯，三聯書店1998年版，第4頁。
〔註52〕（意）加林：《意大利人文主義》，李玉成譯，三聯書店1998年版，第3頁。
〔註53〕有關的論述，參見洛克《政府論》、密爾《論自由》、亞當·斯密《國富論》等著作，這類著作坊間有多種版本流佈，本人的閱讀以商務印書館版為主。

吉爾克說，對於從霍布斯到康德的所有近代自然法理論來說，「先在的個人主權乃是團體權力最終的和惟一的來源」〔註54〕，共同體不過是每個個人的意志和權力的或緊或鬆的集合，所有這些思想家都認為「社會生活的所有形式都是個人的創造，只能認為是實現個人目的的手段」〔註55〕。總之，社會以個人為出發點，個人具有自尊的精神、自主的意識、自我的財產、隱私的權利、個人是社會的基石，這是西方文化於近代以來賦予人之本質屬性的時代新內涵。其五，人是目的，是最高的存在。讓-雅克·盧梭說：「人是最高貴的存在物，根本不能作為別人的工具。」〔註56〕這在康德的著作中得到了最為深刻而系統的論述，康德認為，理性的存在「叫做人，因為他們的本性表明：他們就是目的本身——不可被當作手段使用——從而限制了對他們的一切專橫待遇（並且是一個受尊重的對象）」。這項原則是「客觀原則」，不可更改，由此得出人之行為的如下實踐命令：「你要始終以這樣的行為方式對待人性：你把自身的人性和其他人的人性，在任何時候都同樣看作是目的，永遠不能只看作是手段。」〔註57〕說人是目的，它的深層含義是，人的尊嚴雖然離不開財產作基礎，但人的在，其尊嚴有著內在的道德律令作為支撐，它具有超越物質財富的獨立人格價值。人不能於滾滾紅塵中喪失自我。這分為對人與對己兩個方面，對人要尊重他人的人格，對己要尊重自己的人格，即自尊。說白了，別把自己不當人，也不要把別人不當人。

若把中西文化怎樣認識人再加以歸納的話，可以得出如下結論：（1）人在中國文化中是一個倫理的人、道德的人；西方文化則把人看作是理性的存在。（2）人的屬性在中國的歷史進程中始終掙脫不了儒家道德倫理的羈絆，人的價值、尊嚴與超越總是在若即若離的日常人倫生活中，人的物質屬性與精神屬性沒有內在的張力，總是形影相隨，統一於禮法結合的道德生活中，其發展形態呈單一性，沒有經過肯定、否定、再到否定之否定的辯證歷程，缺乏內在的活力；而西方文化對人的認識則呈現出多彩多姿的發展形態，人

〔註54〕（英）史蒂文·盧克斯：《個人主義》，閻克文譯，江蘇人民出版社2001年版，第68～69頁。

〔註55〕（英）史蒂文·盧克斯：《個人主義》，閻克文譯，江蘇人民出版社2001年版，第69頁。

〔註56〕（英）史蒂文·盧克斯：《個人主義》，閻克文譯，江蘇人民出版社2001年版，第46頁。

〔註57〕（英）史蒂文·盧克斯：《個人主義》，閻克文譯，江蘇人民出版社2001年版，第47頁。

的現實性在古希臘、古羅馬首先得到肯定，然後於中世紀受到神學的否定，此後於近代再度得到肯定。人的現實性於精神與肉慾的高度緊張中得到進一步的實現，近代西方文化中人的個性已非古代可比，他身態豐滿，傲然屹立！

再說中西文化怎樣解讀人與人與之間的關係，這是形成中西法文化價值差異的第二個原因。人類自離開原始大森林走向文明社會以來，就不再以單個原子式的個體身份孤獨地生活在社會中，當他與別人打交道時形成「人己關係」，當他置身於家庭生活中，他與家庭成員形成了父母子女、夫妻或兄弟姐妹關係，當他走出家庭在社會生活中以某種身份從事公務時，他便與國家及社會形成了社會關係，當他從自覺的意識出發，反思人與自然或宇宙的關係時，這便是天人關係。總之，人在文明社會中，就如同在一個有意義的網絡中，這個意義之網就是種種關係的交織，筆者把它簡稱為人與人之間的關係。關係雖多，但必有一基點，社會的文明秩序方能建立，如何看待此一基點，怎樣認識以此基點為紐帶的人與人之間的關係，是破解中西法文化內在奧妙的一把鑰匙。這個基點是什麼呢？在中國是倫理——以孝道為核心的親情倫理；在西方是理性，以法律為基幹的知識理性。若從結構功能主義的角度去看，中國文化的根本是「人倫中心與道德理想主義」的雙重結構模式，人與人之間關係的核心是倫理道德；西方則是「理性中心與法律至上」的價值形態，人與人之間關係的核心是法律理性。世界是物質的，人作為一肉體生活於現實之中，有著自然欲望的希求，世界又是精神的，人作為萬物之靈，有著自覺的反思意識，他又無時無刻不生活在意義的網絡之中。解讀人與人之間的關係之網，離開意義的訴求，則是根本不可能的，而意義的訴求就是說理。理者，萬事萬物所以然及應然之理由也，而人是其根本。故說萬事萬物之理，從文化上必歸結為人之理。人之理何在哉？在中國古人的眼裏，這個理就是倫常之理，道德之理。世間萬事萬物之理，人之所以為人之理，乃至朋友、社會、國家之理都以此為基點，離此則一切皆無意義。

倫的原意為輩分，輩分以血緣關係為紐帶，故倫常之理必以家庭為核心而逐漸展開，在家庭倫理中，父子關係為主軸，血緣係親情體現為「孝道」，孝是中國倫理的根本，也是對人之所以為人的基本要求。子曰：「君子務本，本立而道生；孝悌也者，其為仁之本與！」〔註58〕這裡的「為仁之本」就是「為人之本」，仁與人相通，在儒家看來，仁之理就是人之理，「仁者，人也」。

〔註58〕《論語‧學而》。

胡適先生說：「儒家的人生哲學認定個人不能單獨存在，一切行為都是人與人交互關係的行為。」〔註59〕這也就是說，儒家講理，就是講為人之理，人之理以「孝」為本，孝是倫常之德，個人之價值以孝為基礎，在與他人的關係中逐漸展開，故人與人之間的關係，就是以孝道親情為核心的倫常關係。這種關係在孔孟的語言裏，表現為大家所熟悉的五倫，即人與人之間的五種關係：父子、兄弟、夫婦、朋友、君臣。這五種關係的理想表達是：父子有親、兄弟有義、夫婦有別、朋友有信、君臣有禮。換句話說，父慈子孝，兄友弟恭、夫唱婦隨、朋友以誠、君臣有以禮是五對關係的理想狀態。

在中國人眼裏，倫常關係是人與人之間關係的核心，人生活的意義於此尋求，人所以為人的道理以此為本。本來，在國家生活日益複雜，政治文明愈趨成熟的唐宋之後，中國社會生活中經濟利益多種多樣，各種社會關係利益之間的衝突日趨頻繁，單以倫常的眼光看待社會中的各種關係，並不能很好地解處理其他社會關係的基本出發點，其他關係縱然不是倫理關係，如朋友關係、君臣關係、天人關係等，但這些關係可以擬親情化，擬人倫化，因此，朋友之間本非兄弟，但都可以兄弟相稱，稱兄道弟是中國人的一大習慣，「老大、老二」的稱呼決不限於家庭倫理中，它滲透社會生活的各個領域中，如社會、軍隊、同學、同鄉等，不一而足。君臣之間，也非血緣倫理關係，這在科舉考試制度確立之後的唐宋以下社會，絕大多數官員都不是憑血緣關係登上仕途的，按理說倫常不應再是國家社會生活中的核心，可當我們翻開史籍及封建法典時，倫理道德應佔據中心地位，知州、知縣為地方百姓之父母官，皇帝則是全國百姓的最高父母官。社會倫理化、政治倫理化、國家倫理化、法律倫理化、連宇宙自然也都倫理化，這就是中國古典對人之關係的精妙解讀，也是理解中國文化奧妙的肯綮所在〔註60〕。

當然，中國文化對人與人關係的解讀，除了以倫常為核心外，對人生意義的追求還要進一步訴諸孔孟之道的「五辨」——即人禽之辨、義利之辨、王霸之辨、天人之辨、夷夏之辨。辨者，別也，五辨即五別。明倫常之理意在

〔註59〕胡適：《中國哲學史大綱》，商務印書館1919年版，第116頁。
〔註60〕中國人的宇宙觀是大化不息、日月更新，但這種宇宙觀並非意在探求自然奧妙，而是觀天地而俯察人生，天地之理落實到人生社會，產生了「天人合一」的理論，「天人合一」非宇宙論，而是中國人「人生關係」論的一個視角。君子究天地之際，察人生之理，綜日月之明，合天地之德，最後還是要落實到「怎樣做人」上。

學習做人之理，學做人之理就不能不去處理現實生活中的各類問題，問題由社會現實而產生，而解決問題的思路既要立足於現實，又要超越於現實。因此，儒家之「五辨」，主旨在於辨別困擾人們現實問題的根由之所在，破解人與人之間關係的深層密碼，如人們在現實生活中，在人與人關係中如何看待功利與真理、財富與道義、肉體與性靈、天道與人道、野蠻與文明等諸如此類的問題，也就是「五辨」所要辨明的問題。

如果簡單一點看待這個問題，五辨之別的核心是解決中國人的義利觀。義利之辨是中國文化的深層問題，也是解讀中國人如何對待人與人之間關係的密碼所在。這是因為，義與利不可能在自身中索解，也不可能在單個人的世界裏發生，它涉及的是人與他人的關係。一般說來，在中國文化中，儒家並不簡單否定人的物質欲望，尤其是在孔子那裡，富貴並非是一貶義詞，「先富後教」、「以道求財」〔註61〕是孔子思想的一個重要內容。但由於孔子思想的主導形態是重義尚仁的人道論，故孟子從人心性角度立論，把尚義輕利推向人倫道德之本，看作是處理人與人之間關係的基本準則，則勢必造成儒家思想學說重義賤利的必然之理。孔子主張義高於利，「君子喻於義，小人喻於利」〔註62〕，「君子義以為質」〔註63〕，「君子義以為上」〔註64〕。孟子則認為，人世間義為萬物之最高準則。史稱：「孟子見梁惠王。王曰：『叟，不遠千里而來，亦將有利於吾國乎。』孟子對曰：『王何必曰利，亦有仁義而已矣。』」〔註65〕到了漢代董仲舒那裡，義利關係明確地變為這樣一個響亮的口號：「正其誼不謀其利，明其道不計其功。」〔註66〕義在中國文化裏，有應當、當然之理，在此意義上，義通於宜，《說文解字》：「宜者，義也。」因此，義講的是當然之則，應然之理，它是一項道德原則。儒家重義，旨在推崇人與人之間的道德準則。這是「義利之辨」的第一層含義。第二，「義理之辨」從廣義上講，它涵攝的是一項指向「群己關係」、「人與社會關係」的理性訴求，它反映的是公私關係。人生活

〔註61〕 孔子到衛國，並非僅僅關心那裡的道德風尚，而是讚美衛國人口眾多，當學生問他：「既庶矣，又何加焉？」孔子回答說：「富之。」（《論語·子路》）孔子又說：「富而可取，雖執鞭之士，吾亦為之。」（《論語·述而》）「不義而富且貴，於我如浮雲。」（《論語·述而》）。

〔註62〕 《論語·里仁》。

〔註63〕 《論語·衛靈公》。

〔註64〕 《論語·陽貨》。

〔註65〕 《孟子·梁惠王上》。

〔註66〕 （漢）班固：《漢書》卷五六，《董仲舒傳》，中華書局1962年版，第2524頁。

於社會中，如何協調一己之欲、一己之利與整體、族類乃至社會、國家之間的利益關係，是人生所始終面臨的一個重大問題。就物質層次而言，義代表公益，義利關係是公益與私益的關係；就公務層次而論，義利關係又代表公與私的關係，重義就是強調為公，輕利就是反對偏私。第三，義利關係指向的是人生價值訴求。義體現的是關心他人，滿足整體利益要求的理性訴求，利滿足的是一己之私或個體之欲。重義輕利的價值觀要人們在處理物質功利與道德精神的關係時，在個人發展與歷史責任的擔當上，要超越前者，重視後者。這在儒家看來，是處理人與人關係的一項普遍法則。

如果說，中國人認為倫理是人與人之間關係的樞紐，義利之辨，是解讀這種關係之密碼的話，那麼西方文化對此類問題的思考，則走的完全是另外一種價值取向之路。概括而論，西方文化對此類問題的思考，有如下特徵：

第一，道德取向不是西方文化認識人與人關係的基石，宗法人倫道德在《聖經》一書中更是分量甚輕。這樣說，決不是意味著西方文化中的人與道德無緣，或者是說，西方文化中的法律就不以道德為基礎。如果真是這樣的話，西方近千年的中世紀基督教信仰對人類文明的重大影響豈不成了夢囈般的神話。這裡無非是要說明兩點：其一，道德在西方文明中固然亦有著重大影響，但西賢一般不會像中國古典思想家那樣，把道德視為人與人關係的基石。人離不開道德，道德是人類文明不可或缺的價值規範，但在西方文化的歷史進程中，除了中世紀之外，無論是古希臘、古羅馬或者是文藝復興的近現代，人與人之間的關係雖有政治的、宗教的、道德的、文化的、經濟的、法律的多種形式，但道德並非人與人關係的核心，而法律與政治才是人與人關係的基石。在古希臘文化裏，人首先是個公民，是個政治動物，天生要參與城邦生活。因此，人與人的關係，首先是政治關係。亞里士多德說：「凡人由於本性或由於偶然而不歸屬於任何城邦的，他如果不是一個鄙夫，就是一位超人。」〔註67〕對此，翻譯亞里士多德著作的吳壽彭先生評論說，在亞氏師徒眼裏，一個人若離開國家（即城邦）而生存，他不是個野獸，便是一個神，換句話說，人不加入城市國家就不可能過人的生活〔註68〕。在這裡，是否參與城邦政治成為人之所以為人的標誌，這與中國視仁義乃為人之本的道德思

〔註67〕（古希臘）亞里士多德：《政治學》，吳壽彭譯，商務印書館1965年版，第7頁。

〔註68〕參見吳壽彭為翻譯亞里士多德《政治學》所寫的譯序。

想恰成鮮明的對比。古羅馬與西方的近代把人與人的關係完全視為是法律上的權利、義務關係，法律成為解讀人與人關係的鑰匙。觀察美國近代民主生活的法國政治家托克維爾則風趣地說，美國人幾乎把所有生活中的問題都與法律密切相聯，連風把帽子吹到地上的瑣事都有可能上升為法律關係。其二，即便是西方人講道德，他們所講的道德也與中國人所津津樂道的宗法人倫道德大異其趣。在中世紀的歐洲，道德生活成為人類生活的中心，但這裡的道德是基督教神學之光觀照人類生活的反映，它是宗教倫理，不是宗法倫理，二者的最大區別在於：前者的道德律令立足於神學信仰，它重的是意志自由；後者的道德律令立足於人倫宗法情感，它主張的是道德自律。前者是西方的，後者是中國的。譬如，孝道是整個中國文化觀察人與人之間關係的重要立足點，而在新約《聖經》中，他只是這麼一句話：「你們做兒女的，要在家裏聽從父母，這是理所當然的。這是第一條帶應許的誡命。」〔註69〕故西方的宗教道德不是建立在家庭血緣關係之上，不是駐足於日常人倫之中，而是借助上帝之光，建立在彼岸的世界上。

第二，人與人的關係反映在社會生活中，是人與國家的關係，人與社會的關係，人與公共權力的關係。這些關係並非家庭倫理關係，可在中國文化裏，卻可以人倫化。雖然先秦典籍（特別是《孟子》一書）中有著濃厚的民本思想〔註70〕，但權利意識卻很難在中國文化中產生。官吏與老百姓對皇帝來說，永遠都是「子民」、「臣民」、「臣子」等。而西方則不同，西方文化理解的人與社會乃至國家的關係，不是倫理關係，而是契約關係。這在古希臘與近現代自不必說，就是在中世紀基督經院哲學家托馬斯・阿奎那那裡，世俗國家存在的目的也是為了人類共同體的幸福，國王不是民之父母，人也不是其子民，因為在中世紀，人首先是上帝的選民，其次才是國王的臣民。國王須服從上帝，權力的行使要有法律依據，否則便是非法。一旦國王非法行使權力，人們便有了反抗暴政的自由和權利。在國家社會生活中，人作為一個個體，具有反抗暴政與專制的權利與自由，這既是西方文明的一個古老傳統，

〔註69〕中國基督教兩會出版部發行組：《聖經》，中國基督教三自愛國運動委員會、中國基督教協會 2011 年發行，第 344～345 頁。

〔註70〕「民本」思想是中國古典文化的一個悠久傳統，也是中國古人看待人與國家及君主之間關係的一個重要理論。學界以往認為，民本與民權是絕對不同質的理論，民本基於仁政與倫理，民權立足於權利與契約。夏勇博士近有新解，參見夏勇：《民本新說》，載《讀書》2003 年第 10 期。

更是「契約論」的主旨所在，它反映的是人在國家生活中的地位。早在古希臘的城邦制國家生活中，人作為公民，當他參與城邦政治生活時，他與國家之間便構成了契約關係〔註71〕。契約關係是一種權利義務關係，自由與理性是古希臘人於契約關係中的主要價值訴求。到了近代，啟蒙思想家在與專制王權的論戰中，更是主張人與社會及國家的關係是「契約關係」，契約關係是法律擬制的真實，而不是歷史的真實，啟蒙思想家的這種理論，是邏輯的假設而非歷史的考證。這種理論的主旨在於限制王權，倡導自由、民主和權利。它認為，人在自然狀態中，本沒有社會和國家，但人類為了維護自己的權利不受侵犯，追求文明有序的生活，就把自己原有的權利讓渡給了第三者，授權他們組織社會，成立國家，執行公共權力，這就是國家，國家權力的行使是人民授權的，是基於人民的同意，在契約的基礎上運行的，權力的行使是為了人民的權利、自由和私有財產的保護。當國家背離此一原則時，人民有權反抗它，推翻它。因此契約論蘊含著三大原則〔註72〕：一是人民主權；二是私有財產神聖不可侵犯；三是國家權力的行使必須建立在保障公民權利、自由的基礎之上。這真是人與國家關係的絕妙之論！

　　第三，個體私利正當、合法、神聖。如果說，重義輕利的人生價值觀是解讀中國文化奧妙之所在的容碼的話，那麼，正視個體之私、視私有財產為正當、合法的理性價值觀，恰恰是讀懂西方文化處理人與聲之間關係的關鍵所在。

　　人有私欲，這在一個資源有限的文明社會裏，是再正常不過的事情了。問題是怎樣看待這個「私」上「欲」。一般說來，中國文化否定私欲與個體之利的正當性，重義輕利是其典型的表達，而西方文明則較為重視個體之私利。當然這並非說，在西方的歷史長河中，對私利的肯定始終如一，從古到今就沒有過變化，無論在西方的古代或者是近現代，都有人批評過己私所帶來的弊害，譬如在古希臘哲學中，並非所有的思想家皆主張人為逐私之物，柏拉

〔註71〕古希臘城邦制的形成以契約為基礎，是湯因比在《歷史研究》一書中所提出的一個著名論點。湯因比認為，希臘城邦制國家結構的形成，不是基於征服而是基於聯合，不是基於血緣，而是基於契約。參見夏勇：《人權概念起源》，中國政法大學出版社 2001 年版，第 76～80 頁。

〔註72〕美國學者喬治·霍蘭·薩拜因說：「還有一種較新的學說，霍布斯對之作出了最明確的陳述。這一學說只承認個人和私人利益。洛克在一定程度上也遵循這一學說，主張社會和政府都是保護生命、自由和財產的機關。」參見氏著《政治學說史》下冊，商務印書館 1986 年版，第 597 頁。有關契約論的理論可參見該書第 596～601 頁、645～670 頁。

圖師徒就主張人要超越物質財富過有德性的生活，近代的馬克思、現代的社群主義者均把批判的目光轉向了私有制及個人主義，這是問題的一個方面。但是我們也必須看到，重視個體之私益，承認私欲的正當、合法始終是西方文化的核心觀念之一。早在古希臘時期，智者學派就認為人是追逐私欲和利益的動物，人的天性是自私自利的。古羅馬在法律上之所以區分「公法」與「私法」，主旨意在保護個人之私益，因為私法是關於個人利益的法律，到了中世紀，信仰的盛行本來是約束人的物質欲望的，《聖經》中也說過「富人進天堂就如同駱駝穿針眼一樣艱難」的話。然而，既便在這樣一個宗教道德佔據社會生活各個領域的時代裏，托馬斯‧阿奎那仍然為私欲留有一席之地，他認為聲們擁有財產比沒有財產要快樂，在他看來，私人之惡與公益之果往往有一種隱秘的關係，二者並非絕又的勢不兩立。他說「禁絕罪惡，有益之事也將多阻」〔註 73〕。文藝復興時期，伊拉斯漠和蒙田等人的思想中也不乏一種特殊的智慧，即他們都在人的自私動機中看到了意想不到的有益於社會公益的結果〔註 74〕。如果說在文藝復興之前的西方文化裏，對個體之私正當性的認識還不夠系統，以法律保護個人權利守制度還不夠完善的話，那麼到了近現代，這種狀況少為改善。私人權利的正當、合法、神聖以「自然法」上「社會契約論」為支撐，成為啟蒙思想家洛克、盧梭、格老秀斯、普芬道夫等人思想的精華，私權即人權，人權乃天賦，天賦之權即自然之權利，它不是國家給予的，而是國家成立的基礎，保護他是國家的義務。

己私正當，私益是社會公益的基礎和起點的論斷在蘇格蘭經驗哲學家那裡更是得到了系統的闡述，其中貢獻最大的是荷蘭的孟德維爾及蘇格蘭的亞當‧斯密與休漠諸人。孟德維爾大夫在其著作《蜜蜂的寓言》一書中提示了這樣一個觀點：個人之惡即為公益之花！他說：「人性之中的普遍動機——自愛，可以獲得這樣一種取向，它追求個人利益的努力，也會促進公眾的利益！」〔註 75〕這個論斷足以使當時的歐洲思想界感到震驚，也深深地影響著亞當‧斯密，也許假如沒有孟德維爾，斯密那著名的「看不見的手」的理論就無從產生。

〔註 73〕高全喜：《法律秩序與自由正義》，北京大學出版社 2003 年版，第 37 頁。
〔註 74〕這是哈耶克的發現。參見高全喜：《法律秩序與自由正義》，北京大學出版社 2003 年版，第 37 頁。
〔註 75〕高全喜：《法律秩序與自由主義》，北京大學出版社 2003 年版，第 37 頁。孟德維爾，學界又譯為曼德維爾。參見（荷蘭）伯納德‧曼德維爾：《蜜蜂的寓言》，肖隸譯，中國社會科學出版社 2002 年版。

　　總之，中國文化認為人是倫理之人，西方則認為人是理性的政治動物；中國認為人與人之間的關係的基石是道德，而西方則認為是法律；中國文化認為解讀人與人之間關係的密碼是「重義輕利」的道德價值觀，西方則認為，個體之私乃社會公益之花。不同的文化基因播下了不同的種子，不同的種子必然結出不同的法律之果。人格由文化孕育而成，賴法律而立，不同的法文化價值取向必然鑄造著不同的人格面貌。

三、法賦予人在社會中處於何種地位，是理解中西法文化人格差異的關鍵

　　何謂人格，人格在中西法文化中呈現出怎樣的不同面貌，緣何如此？我們應從中得到怎樣的啟示，這是本文試圖回答的幾個重要問題。

　　1. 何謂人格。人格一詞具有多種含義，可以從詞源學、社會學、心理學、哲學、法學等多重的角度加以考察。本文因立論的主旨在於從法文化比較的角度凸現中西人格的差異，故對人格的理解重點在於考察，於中西文化的歷史長河中，法賦予人以怎樣的地位，人應有怎樣的條件才算具備了做人的資格，這些條件與法律有無關係等。職是之故，這裡對人格的考察，於其他方面，均採學界之通說。

　　「人格」一詞，就詞源的意義上而言，它來源於拉丁語的卡布特（caput）與泊爾梭那（persona），這兩個詞的原意、演變及引申義前文已有論述，故於此不詞自始便與法律上規定的個人權利有關，它是一個人在法律上具有主體資格，獨立享受權利、承擔義務的歷史稱謂。因為在羅馬法上，一個完整的人格是由自由權、市民權和家庭權組成的，三者缺一就會帶來人格減等和變革〔註76〕。在中古英語中，persona 演化為 personalite，直到現代英語中，才出現了 personality，即人格〔註77〕。

　　在中國古籍中，沒有「人格」一詞。〔註78〕現代漢語的「人格」一詞譯自西方。據漢語言學者的研究，從心理學角度而言，人格即指「個性」。指個

〔註76〕王利明、楊立新：《人格權與新聞侵權》，中國方正出版社 2000 年版，第 14～15 頁。

〔註77〕曲煒：《人格之迷》，中國人民大學出版社 1999 年版，第 7 頁。

〔註78〕據朱義祿先生考證，北宋程頤曾有「既學時，須是用功，方合詩人格」的說法。但從上一下文看，當讀為「詩人格」。參見朱義祿：《從聖賢人格到全面發展》，陝西人民出版社 1992 年版，第 7 頁，注 2。

人穩定的心理品質，它包括兩個方面，即人格傾向性和人格心理特徵，此其一。其二，在人格主義哲學中，指具有自我意識與自我控制的能力，即具有感覺、情感、意志等機能的主體。其三，倫理學上的人格，常稱為道德人格，指個人的尊嚴、價值和道德品質的總和，是人在一定的社會中的地位與作用的統一〔註79〕。

法學意義上的人格，始於古代羅馬法。民法學者江平先生說：「人格學說中的『人』，是指民事權利主體，『格』，是指成為這種主體的資格。所以，人格者，民事權利主體資格之稱謂也。」〔註80〕

人格的文化源頭在於人對自己的反思，有趣的是，在中西文明的人類歷史長河中，被德國學者雅斯貝爾斯稱為「軸心時代」的中西哲人在對人的認識上曾有過驚人的相似之處。古希臘德爾斐神廟門前有一句石刻銘文「認識你自己」。中國的老子則在他的五千言韻文《道德經》中說：「自知者明，知人者智」。中西文化於初始源頭中不謀而合的現象，標誌著人類對自身認識的歷史性豐碑的確立。此後，中西文明由於對人的認識不同，對法的理解也走向差異，法價值觀的不同取向又反過來影響人的內在品質，由此形成了不同的人格面貌。

2. 法律理性人格與道德品性人格

若不對人格一詞作過於狹隘的限定，則人格主要包括了兩大方面的內容，一是人在法律上的主體資格，二是人的尊嚴、品行與內在價值。前者偏向於人在法律上的權利，後者偏重於人的內在價值，即道德的自律。換句話說，注重人的權利，意在確定人格的物質基礎，張揚人的現實性；倡導人的內在價值，意在尊重人的精神存在。健全的人格，是二者的統一，而不是二者的偏廢。西方強調前者，中國側重於後者。

申論之，中西法文化價值取向的起點都是人，但由於對人之本質屬性的理解不同，中西法文化價值對人的觀照則肝膽楚越，截然不同。中國文化強調人的倫理性，西方則偏重於人的世俗性（即政治理性）。倫理性的法強調人的道德自律，不把人之私益當做法的邏輯起點，也不把秩序的起點放在個人的關照上。在人與人關係的解讀上，中國倫理型的法置個人利益於群體利益之下，強調義高於利，精神重於物質，故個人權利則始終不能成為法的關照點，法從狹義而言，它對個人利益只有否定性的功能，它的重點是去惡，而

〔註79〕《辭海》，第 1 冊，上海辭書出版社 1999 年版，第 825 頁。
〔註80〕江平：《法人制度論》，中國政法大學出版社 1994 年版，第 1 頁。

不是張揚個人權利。即使在中國的廣義法價值觀中（即包括嚴復說的法、制、理、禮），人與人之間關係的處理準則仍是以義為上，不以利為先，故這樣的法觀念強調的還是「相給相與」的德性意識，不是界限分明的權利思想，故個體人格的權利意識實難有生長的空間。

西方則不同，由於西方把人視作是理性的動物，政治的動物，故在解讀人與人的關係時，人的世俗性、物質性、求利性便始終是西方法的關照點。在西方法文化的價值觀中，個人之利是正當的、合法的，它是秩序形成的邏輯起點，更是國家與社會產生的基礎。個體所擁有的正當利益被稱為「權利」，界限分明的權利意識既是理解西方個人之間關係的基礎，也是解讀西方社會個人與國家公共權利之間關係的要害所在，不瞭解此點，對西方法治中的契約理論，自然法觀念都無從理解。權利指涉的是世俗生活中人的物質利益與其他利益，利益的權衡就是法，法的最大價值就是實現個人之權利，權利的完全實現叫做「法」或法治秩序，而權力只不過是實現這個法的機關而已，故「社會契約論」始終是西方法治理論的重大課題。

由此，我們大概可以從人之本質出發，對在中西法文化價值觀的不同關照下的人格畫一個大概的圖像：中國的人格立足於倫理道德，它的內涵有三：一是強調人的內在品行，即道德自律與精神自尊；二是在人與人關係的處理上，主張遵循義高於利的行為準則，注重倡導相給相與的德性意識；三是仁愛萬物條件皆與廣義的法，即禮與法密切相關。

西方的人格立足於法律理性，它的內涵也可分為三點：一是私有財產是人格的立世基礎；二是自由意志的實現是人格的基本內涵；三是法定權利是人格實現的制度保證。完整的人格是三者的統一。

總之，西方法文化關照下的人格，是一種平民的人格，現實的人格，它血肉豐滿、生機勃勃；中國法文化薰陶的人格是一種道德人格，是君子理想型的人格，它厚重樸實，頗具仁者氣象。現在需要進一步追問的是，這種差異形成的原因除了對人的理解不同，對人與人之間關係的解讀不同外，還有無別的因素呢？

3. 人格差異形成的其他因素

研究中世紀文化的專家 A‧古列維奇說：「與社會相對應的個人地位，主要是由該社會的法律制度來確定和調整的，同時，個人在社會中的地位的實際狀況被反映在社會的準則和人們對那些準則的解釋方式之中。從整體上我們可以

說，一個社會認可的對法律的態度，揭示了該社會對個人的態度。如果一個社會輕視法律，降低法律在社會關係中的作用，那麼就意味著該社會輕視其社會成員的個人權利，另一方面，如果一個社會高度重視法律，在該社會中就必然會存在它可依賴的保護人的生存的一定的安全保障。」〔註81〕A·古列維奇之論確屬卓有見識，與西方相比，中國古代尤其是在漢武帝採納董仲舒「罷黜百家，獨尊儒術」之後，法降格為刑，成為輔助道德，申張道德之器皿。法律沒有獨立的地位，始終在儒家經學之下，以維護個人利益為宗旨的私法體系更沒有生長的空間，因為古典的中國在西學未有傳入之前，道德彌滿於社會生活的各個領域，人與人之間的關係紐帶不是法律，更不是以維護私權為宗旨的民法體系，而是宗法人倫之道德。古典中國立法、司法皆以道德為本，不以法律為尚。法律在古典中國始終沒有脫離宗法道德的羈絆，而成長為一棵覆蓋社會各個領域的大樹。西方則不同，這不僅因為法律在西方文化中始終處於中心地位，古希臘、古羅馬時期及西方的近代，法之重要自不必待言，就是神學盛行的中世紀，日爾曼民族的腦海裏，仍有著一股崇法的意識。A·古列維奇曾在《中世紀文化範疇》一書中，詳細地考察了具有法律含義的兩個詞語，即 lags 和 rettr。前者表示人被聯合為一個共同體的狀態，後者表示人作為社會成員的個人權利，即人的地位是由法律賦予的。對此，A·古列維奇說：「恰恰在接受基督教之前，日爾曼部落，就已經把法律視為建立人們之間關係的一個總紐帶。」〔註82〕而且還因為，西方的法律如同西方的人之屬性一樣，在歷史的進程中經歷了一個肯定—否定、再到否定之否定的歷程，即由古羅馬法的世俗性走向中世紀的宗教否定性，經文藝復興後再度走向近現代的現實性，法律從道德的泥坑中脫穎而出，走向近代，走向科學，為人格的健康成長提供了制度的保證。

此外，中西法文化人格差異的形成還與其哲學基礎與思維方式有著密切的聯繫。就前者而言，中國的哲學有一重大特徵：即對現實人生的思考大於對宇宙、知識的思考，或者說，在中國哲學中，知識論不發達，宇宙論是為人生論服務的，「天人合一」的哲學觀反映了中國人對宇宙及世間萬物的思考，本意不在求知、求真，而意在關注社會現實人生，以天地之道立人之道，以

〔註81〕 （蘇）A·古列維奇：《中世紀文化範疇》，龐玉潔等譯，浙江人民出版社1992年版，第175頁。

〔註82〕 （蘇）A·古列維奇：《中世紀文化範疇》，龐玉潔等譯，浙江人民出版社1992年版，第175～179頁。

世間萬物之理喻人倫道德之理，宇宙與天地萬物之理不被視為一個獨立的客觀對象，而是與人的主體意識交織融合，匯為一體，張世英先生稱之為「主客融合」或「主客一體」。這種哲學觀重主體對客體的感悟與渾融，不注重客體與主體的界限，反映在現實社會生活中，「主客一體」的哲學觀不把法律視為獨立的存在，總是在日常人倫道德中思考法的作用，由此關照人，也總把人視為道德的存在物，法與人在這種哲學觀裏都難與宗法道德分離，法不能成為科學，人也難有豐滿之像。

西方的哲學觀則是主客對立的二元世界觀，在這種哲學觀裏，法與人都有獨立的地位，法是人研究的獨立對象，法雖以道德為基礎，但二者必有邊界，二者不能渾融，不能互相取代，法律的道德化與道德的法律化在西人的哲學觀裏都是不可能占主導地位的。對人的思考也一樣，人不單純是道德的存在物，他還是一個肉體，追求現實生活中的快樂。因此，道德之人與物質之人是有界域的，道德之人歸宗教管轄，由上帝引領，物質之人由法律關照、給他以求物質財富的快樂與權利。肉體與精神兩分，法律與宗教異途。這就是西方法律獨立，人性豐滿，人格健康的哲學基礎。

再說思維方式，語言是表達思維方式的最重要工具。中國的語言重感情，常以日月星辰、金石美玉比喻人之德性之美，藉以指攝人類社會應以「德禮為本，政刑為用」的正當性、合理性。而不求通過邏輯思維的準確性去尋求人生之理，事物之則，更不希求以概念把握法律的本質。

西方的語言重理性、尚科學，主張通過邏輯的思維方式去把握事物的屬性，去認識知識的邊界，去尋求人生之理，事物之則。設問、辨難是希臘人求索真理、追求知識的基本途徑，對話也就成了古希臘典籍的重要體裁。西方的法律由古代走向近代，由道德渾融走向科學的獨立之域，邏輯的思維方式是其不可或缺的語言載體。

法國比較法學家達維德說，在法的問題上，並沒有真理可言，每個國家依照各自的傳統自定制度與規範是適當的。但傳統並非老一套的同義語，很多改進可以在別人已有的經驗中汲取源泉〔註83〕。人既生活在物質世界，也生活在意義世界之中，中西法文化人格差異的比較，其立論的主旨不是單純的長短之較，而是意義的尋求！

〔註83〕 （法）勒內·達維德：《當代主要法律體系》，漆竹生譯，上海譯文出版社 1984 年版，「為中譯本序」。

禮法傳統與中國現代法治〔註1〕

　　傳統與現代的關係問題，既是學人長期關注並爭論不休的課題，〔註2〕也是本人從事法律史研究中所重點關注的問題。〔註3〕我一直主張，法治無論是作為一種理論，或者是一種實踐，都產生於一定的歷史文化與進程當中。西方發達國家先進的法治經驗，我們必須學習；但即便再先進的法治理論，如果不能與中國的國情及文化融為一體，不能適應中國老百姓過日子的規則與邏輯，它便只能是響亮的口號，而無法成為現實。如果說中國文化的核心價值是以禮為標誌的「重人倫，尚道德」的儒家思想的話，那麼「禮法傳統」則是中華法制文明區別於西方法治文明的最重要特徵。現在的問題是：何謂禮法傳統，何謂中國現代法治，二者的關係怎樣？本文試論之。

〔註 1〕本文原載於《孔學堂》2015 年第 4 期。

〔註 2〕就中國而言，傳統與現代的關係問題，在很大程度上是中西文化之間的衝突與融合問題。對此，旅居海外的著名華人學者余英時先生有過重要的學術論著。參參見余英時：《朱熹的歷史世界》，生活·讀書·新知三聯書店 2004 年版，「余英時作品系列」總序。

〔註 3〕本人對中國法律傳統與現代法治建設的關係問題，曾發表過系列論文。可參見《試論中國傳統法文化在現代法制中的意義》，載《江蘇社會科學》1992 年第 4 期（本篇與張中秋教授合作，以下皆獨撰）；《人文精神與中國傳統法律的歷史借鑒》，載《河南省政法管理幹部學院學報》2000 年第 2 期；《從人生智慧的角度重新認識中國法文化的價值》，載《江海學刊》2002 年第 3 期；《宋代司法傳統的現代解讀》，載《中國法學》2006 年第 3 期。近期發表的文章有：《中國法學知識體系的建構必須重視從中國法制文明中尋求資源》，載《法學研究》2011 年第 6 期；《汲取傳統中國的法治資源》，載《人民日報》2014 年 11 月 24 日。

一、何謂「禮法傳統」

　　學界關於「禮法傳統」的論述，已有大量的著作出版。〔註4〕對於禮的概念、作用、本質、表現形態及其與法律的關係，本文不再重複已有成果，而只是從立法、司法、執法三個層面，略述禮法傳統的「特徵」。所謂「禮法傳統」是中華法制文明在數千年世代相傳的歷史進程中，所具有的以「禮」之精神為指導，以維護宗法等級秩序及「差序格局」〔註5〕為依歸的立法精神、司法理念及執法原理。申言之，古典中國，立法、司法、執法皆以儒家的禮治思想為指導，法律維護禮治，保障禮治秩序，禮治所代表的儒家人倫道德是支撐法律的基石。法無禮不立，禮無法難行。恰如古人所云：「禮禁未然之前，法施已然之後。」〔註6〕「禮之所去，刑之所取，失禮則入刑，相為表裏者也。」〔註7〕故「禮法傳統」之典型特徵就是「禮法合一」。下面分三個問題述之如下：

　　（一）就立法而言，禮之精神為解釋法律，修改法律的依據與準則，或者禮制直接表現為刑事原則。《唐律疏議》既是中華法系的代表作，也是「禮法傳統」在中國古代法典上的典範之作。當時的立法者說：「德禮為政教之本，刑罰為政教之用，猶昏曉陽秋相須而成者也。」這即是說德與禮為治國之根本，刑法為保護禮治之工具，二者宛如白天黑夜春夏秋冬之自然規律一樣，不可分離。清人紀昀在修《四庫全書》時，對《唐律疏議》評價說：「一準乎禮，以為出入，得古今之平」。〔註8〕所謂「一準乎禮」，意思有三：其一，儒家的禮治精神，直接上升為刑事原則。如儒家倡導「父為子隱，子為父隱」的容隱精神，即父母與子女之間犯罪可相互庇護，唐律《名例》篇則把相互的範圍由父母子女等人直接擴展到與家長同居之人。所謂「同居」，不是現代法律精神所指的男女以共同生活為目的的事實婚姻，而是指「同煙共炊」之人，

〔註 4〕代表性的成果有馬小紅：《禮與法：法的歷史連接》，北京大學出版社 2004 年版；張國華：《中國法律思想史新編》，北京大學出版社 1998 年版；俞榮根：《儒家法思想通論》，廣西人民出版社 1992 年版。

〔註 5〕「差序格局」是著名社會學家費孝通先生在總結中國傳統社會的秩序與中國傳統文化的原理後，經過鄉村社會調查，而提煉出來的一個具有原創性的概念。參見費孝通：《鄉土中國》，生活・讀書・新知三聯書店 1985 年版。

〔註 6〕（漢）司馬遷：《史記》卷一三○，太史公自序，第 10 冊，中華書局 1982 年版，第 3298 頁。

〔註 7〕（宋）范曄：《後漢書》卷四六，陳寵傳，第 6 冊，中華書局 1965 年版，第 1554 頁。

〔註 8〕（清）紀昀總纂：《四庫全書總目提要》卷八二，第 2 冊，河北人民出版社 2000 年版，第 2161 頁。

也就是說與家長沒有血緣，婚姻關係的人，如家奴、僕女等，都可以互為容隱了。「禮法傳統」下的古代中國，允許在一定的親屬範圍內及其一定的條件下，當法律與道德倫理衝突時，可以犧牲法律而伸張道德。因為在統治者看來，此種情況下維護以儒家所倡導的「孝義」倫理，比法律所保護的其他社會關係更加重要。「孝義」倫理是大法，打擊犯罪是小法。在特定的條件下，犧牲「小法」而保護「大法」是禮法傳統的典型特徵。

其二，對法律條文的釋義，以儒家禮治精神為準則。古代中國不允許子女告發祖父母、父母，除非是祖父母、父母犯「三謀」重罪（即謀反、謀大逆、謀叛），或者是母殺生父。〔註9〕之所以如此，是因為統治者倡導「孝道」，號稱治天下以「仁孝」為本。《唐律疏議》卷二十三：「諸告祖父母、父母者，絞。」這是個禁止性條款，告發祖父母、父母既違背孝道，也是棄禮忘恩之逆行，為「不孝罪」之重者，故處絞刑。立法者解釋說：「父為子天，有隱無犯。若有違失，理須諫諍，起敬起孝，無令陷罪。若有忘情棄禮而故告者，絞。」〔註10〕這個解釋所依據的精神與準則，全部來自於儒家經典《禮記》，如「有隱無犯」來自《禮記‧檀弓》，「起敬起孝」句出自《禮記‧內則》，故違法之時，也是違禮。柳立言先生說：「情與禮都有上下等級，最高的當然是君臣之義，其子是父子、兄弟、夫妻。告發父母違反了第二等級的恩情和禮教，亦處以第二級的死刑（絞之上為斬）。」〔註11〕

其三，唐律條文的修改廢立，皆以儒家之禮義精神為依據。

（二）就司法而言，在古代中國的「禮法傳統」下，法官審理案件首先是依法判決是非，其次是援情入法，尤其是對於重大疑難案件，審理者不能單獨地、機械地適用法律條文，而是要特別注意天理、國法、人情三者之間的平衡。審判既是一門高超的藝術，也是儒家追求「和諧」，倡導「致中和」精神的實現。

〔註9〕所謂母，不單單指生母，還包括若干無血緣但有服制之母，如嫡母（父親的正室）、繼母（父親的繼室）、慈母（妾之無子者，妾子之無母者，父命之為母子；妾之有子者謂庶母，親子稱其為妾母）和養母（收養之母等），合稱為五母。參見柳立言：《法律史上的「唐宋變革」、家庭與女性》，載柳立言主編：《第四屆國際漢學會議論文集：近世中國之變與不變》，歷史語言研究所2013年版，第369頁。

〔註10〕（唐）長孫無忌等：《唐律疏議》卷二三，劉俊文點校，法律出版社1999年版，第466頁。

〔註11〕柳立言主編：《第四屆國際漢學會議論文集：近世中國之變與不變》，歷史語言研究所2013年版，第369頁。

　　那麼何謂天理、國法、人情呢？又為什麼說，好的法官，既要依法判決，又要注意天理、國法、人情之間的平衡，而不能簡單依據法律條文去判呢？我們先說「天理、國法、人情」的內涵；再論三者之間的關係；最後再回答為什麼古代中國的好法官既要依法判決，又要適當處理好「天理、國法、人情」之間的關係。

　　就「天理、國法、人情」之內涵而言，「天理」一詞有廣狹二義，廣義一般是指人們所理解的至高、至大、至廣的、亘古不變的道理，體現極致之公平、公正和公義。柳立言先生說：「假如道理亦有大小等級之分，天理無疑是處於最高位階，可稱為天大的道理或最高的原則。」〔註12〕狹義的天理，落實到司法官員身上，就南宋《名公書判清明集》中所指的著名法官而言，則是：（1）法官廉潔的品行，（2）恤刑慎獄的理念，（3）是非不可顛倒的原則。南宋著名法官真德秀（字西山）說：「殊不思是非之不易者，天理也。」〔註13〕

　　「國法」一詞在古代中國亦有兩種含義。一是就中華法制文明的傳統是成文法而言，「國法」就是指國家制定的，向全社會公布的成文法典。秦漢後，各朝法典一般統稱為「律」，如《秦律》《漢律》《唐律》《大明律》《大清律例》等，其具體法律形式，則有律令格式等；二是「國法」作為成文法律，是規範人們社會生活行為的準則，須全體遵守施行，具有客觀性、公正性。例如，管子曰：「尺寸也、繩墨也、規矩也、衡石也、斗斛也、角量也，謂之法。」〔註14〕慎子曰：「法者，所以齊天下之動，至公大定之制也。」〔註15〕張釋之云：「法者天子所與天下公共也。」〔註16〕真德秀云：「輕重之不可逾者，國法也。」〔註17〕

　　至於「人情」，亦稱情理，一般是指案情，或案情中原被告雙方值得同情、

〔註12〕柳立言：《天理在南宋審判中的作用》，載《歷史語言研究所集刊》2013 年版，第 282 頁。就作者所見而言，柳先生此著作長達 3 萬餘字，是目前學界討論天理與法律關係最為詳盡的代表性成果。

〔註13〕中國社會科學院歷史研究所宋遼金元史研究室點校：《名公書判清明集》卷一，中華書局 1987 年版，第 5 頁。

〔註14〕《管子・七法》。

〔註15〕許富宏校注：《慎子集校集注》，慎子逸文存疑，第 1 冊，中華書局 2013 年版，第 108 頁。

〔註16〕（漢）司馬遷：《史記》卷一〇二，張釋之列傳，第 9 冊，中華書局 1982 年版，第 2754 頁。

〔註17〕中國社會科學院歷史研究所宋遼金元史研究室點校：《名公書判清明集》卷一，中華書局 1987 年版，第 6～7 頁。

理解的事項與情節。決非是指法官的「一己之情」，即私情。更不是說，要法官在審理案件時徇私枉法。申言之，就南宋時期留下來的五百多個真實案例而言，法官所說的「酌以人情，參以法意」之「人情」，主要是指民事案件審理中的具體案情。如訴訟雙方是否親戚、鄰居、故友；當事人是否老幼、婦女、殘疾人士；是否具有特殊情節，譬如老幼一家典賣房屋未曾離業等等。

再說「天理、國法、人情」三者之間的關係。天理作為至高無上的原則，它是國法的指導，是國法制定的依據；國法體現天理，維護天理。在具體的司法實踐中，天理落實到國法上，就權力干涉司法而言，則強調執法者應剛正不阿，不畏權貴，所謂「國法不容，上天難欺」。「天理」雖然至高無上，但作為抽象的原則，必須落實到具體生活之中，才具有實際意義。天理落實到現實中，反映為民心、民情、民願。反映到案件中，則是指值得理解，同情的具體事項與情節，就此而言，天理即民心，民心即案情，案情即值得同情的具體事項。國法作為客觀公正的標準，自然不能與「天理」相悖，當然也就不能與民意相逆。這當然是指的一般通則。但就實際情況而言，再完善美好的法律，也未必能窮盡天下所有事項，因為立法者不是神，社會變化無窮，案情曲折複雜，古今中外，皆有疑難案件，皆有法律不能窮盡之事項。正如古人所言，法軌一定，則事理無窮，欲以一定之規而窮天下之事，欲其善治，不亦難乎？當案情特殊複雜，沒有法可依；或者僅以法條去判斷，就會於情於理於社會上的認知不合，當事人不服，社會效果、判決效果極差時，法官就須「酌以人情，參以法意」，據天、依法、酌情而斷。否則就會成為一個拘泥於法條的陋吏，或者成為一個酷吏，落得個千夫所指的罵名。

《名公書判清明集》是一部南宋時期法官審判斷案的記錄，共記載了五百多個真實的案例，其中絕大多數是有關婚姻、田宅、財產繼承、立嗣的民事案件。這些記錄於史冊的著名法官，即書中的「名公」們是怎樣平衡「天理、國法、人情」之間的關係，審判發生在人們之間的訴訟糾紛的呢？

先看一個典型案例。判者為南宋著名法官翁甫（字景山，號浩堂），地點為江山縣（今浙江江山市）臨江鄉，時間約在宋理宗嘉熙年間（1237～1240年）。在這個案件中，原告為呂千五，被告是呂千五的近親詹德興，善意第三人是毛監丞宅。該案的大意是：呂千五與詹德興是親戚關係。呂千五為逃避稅役，降立戶等，於南宋淳熙十六年（孝宗年號，1189）、紹熙五年（光宗年號，1194），兩次立假契約賣田產與詹德興家，並於光宗嘉熙四年（1240）入

了詹德興的產簿，即官府核實後發給當事人的田產證明，當時稱「省簿」。詹德興執所買田產契約與產權證明，把呂家假賣（實為寄產）於己的三塊田地全部賣給了毛監丞宅。毛實不知情，是現在法律上所說的善意第三人。現在呂家發現，作為親戚的詹德興竟然擅自把呂家所寄之田產作為己產賣給了毛氏，焉能就此罷休，故呂千五把親戚詹德興告上了公堂，要求詹家返還田產。法官該怎樣審斷這個案件呢？

再看本案涉及的法律關係。第一，就呂千五與詹德興的田產買賣而言，二人之間是一種表面上合乎法律規範的土地買賣關係。就此種關係而言，呂千五家與詹德興的田產買賣，一是出自自願，現有合同契約為證，二是符合法律規定，宋代的法律允許土地自由買賣，只是須按有關法律程序辦理，現在沒有發現兩家的田產買賣不合法律程序，故法官應該承認呂詹兩家買賣田產的行為合法。以此推理，詹德興把自己買來的田產再賣與毛監丞宅。毛與詹之間形成了第二個田產買賣法律關係，二人的買賣也是出於自願，且符合法律程序，法官也應該承認這個買賣行為是合法有效的。在本案中，呂千五與詹德興，詹德興與毛監丞宅之間形成了兩個土地買賣法律關係，只不過前一個名為買賣，實為盜賣而已，後一個才是真正的買賣關係，因此本案中，第一種法律關係是田地買賣關係。

第二，在呂千五與詹德興田地買賣關係的背後，實際上還隱藏著另一種法律關係，即田產寄託法律關係。只不過宋代法律允許動產寄託，不允許田宅寄託。究其原因，其一，田宅作為不動產，是無法由被寄存人移動、管控的；其二，作為不動產的田宅，是宋代社會劃分戶等高低的依據，而戶等高低與賦稅差役密切相關，田宅多，戶等就高，賦稅差役也重，故宋代官方對田產的買賣、典當規定了一套細密的法律秩序，而不允許寄產。然而，宋代現實生活中，常有人為降低戶等而隱匿田產，把自家的田宅以契約的形式典賣於親戚或「形勢戶」之家。這種契約實為當事人雙方訂立的以典賣之名而行隱產之實的虛假合同，宋代把這種社會現象稱為「詭名挾戶」。在此情況下，由於受賣方多為當事人之富家親戚，或者是「形勢戶」，而「形勢戶」在宋代享有免役特權，故常為受寄田產之家。這樣以來，社會問題也就出現了。受寄之人常藉此吞併原寄產之家的田產。就此而言，呂千五與詹德興田產買賣背後的關係是一種違法的隱產寄託行為。對這種關係，法官自然不應承認其合法性。

　　第三，此案的訴訟中因為涉及到了不知情的毛監丞宅，這在現代民事訴訟程序中，叫善意第三人。第三人雖然與原告之間沒有必然的直接的法律關係，但由於原告的起訴可能會影響到其利益，故不知情的第三人也可以參加到訴訟之中。在本案中，原告呂千五與被告詹德興皆有過錯，呂氏是隱寄田產，詹家是以詐欺的形式自擅出賣非本不屬於自己的田產，而毛監丞宅則是善意第三人。這個案件中，天理當指，呂詹二家作為原被告雙方，皆因自己均有過錯，甚至還是違法行為，故其利益不能保護，其雙受損失自當活該；國法則是指：（1）有關田宅買賣的法律；（2）「知情受寄、詐匿財產者，杖一百。」人情即本案中涉及當事人利益的情理，如毛監丞宅作為不知情人，其利益自當由法律保護等。

　　這個案件，在法官查明案情後，就不是單以法律條文下判的，若如此，可能保護了不該保護的利益，在古代法律沒有現代民法理論支撐的情況下，正是法官對天理、國法、人情的平衡，才使得古老的司法同樣發揮了現代法理的作用。法官翁浩堂援筆下判說：

　　江山縣詹德興以土名坑南、牛車頭、長町丘等田，賣與毛監丞宅。有本縣臨江鄉呂千五入狀，陳稱上件田係其家物，詹德興盜賣。今據毛監丞宅執出繳捧干照，有淳熙十六年及紹熙五年契兩紙，各係詹德興買來，又有嘉熙四年產簿一扇，具載上件田段，亦作詹德興置立，不可謂非詹德興之業矣。又據呂千五執出嘉定十二年分闊一紙，係詹德興立契，將上件田段典與呂德顯家，觀此則又不可謂非呂千五之家物也。推原其故，皆是鄉下奸民逃避賦役，作一偽而費百辭，故為此之紛紛也。呂千五所供，已明言乃父因鄉司差役，將產作江山縣重親詹德興立戶，即此見其本情矣。在法：諸詐匿減免等第或科配者，以違制論。注謂以財產隱寄，或假借戶名，及立詭名挾戶之類。如呂千五所為，正謂之隱寄、假借，既立產簿，作外縣戶，卻又兜收詹德興典契在手。賦役及己，則有產簿之可推，戶名借人，又有典契之可據，其欺公罔私，罪莫大焉。今智術既窮，乃被詹德興執契簿為憑而出賣，官司既知其詐，而索以還之，是賞奸也，比呂千五之必不可復業也。詹德興元係呂千五之的親，故受其寄，及親誼一傷，則視他人之物為己有，不能經官陳首，而遽自賣之。在法：即知情受寄，詐匿財產者，杖一百。詹德興受呂千五戶之寄產，自應科罪，官司既知其偽，而遂以與之，是誨盜也，此詹德興之必不可以得業也。西安稅賦陷失，科配不行，邑號難為者，皆因鄉民變寄田產所致。當職或

因索干照而見，或閱版籍而知，未能一一裁之以法，亦未見有寄主與受寄人如是之紛爭也。上件田酌以人情，參以法意，呂、詹二家俱不當有。毛監丞宅承買，本不知情，今既管佃，合從本縣給據，與之理正。兩家虛偽契簿，並與毀抹附案。詹德興賣過錢，追充本縣及丞廳起造，牒縣丞拘監。詹德興已死，呂千五經赦，各免科罪，詹元三留監，餘人放。〔註18〕

綜上所述，這起案件涉及的法律關係雖不十分複雜，但因呂詹二家所立田產賣契為假，所立典契也因前項虛偽而不合法。又加上呂家假賣田契立於淳熙十六年（1190），而呂千五興訟已在嘉熙之後（1240年後），前後近五十年，加之詹德興已死，又涉及不知情人毛監丞宅，即後一項田宅買賣的買受人。故審理中幾經周折，波瀾迭起。不經認真調查，真情難明。不參酌人情、法意，就不能發揮法律懲奸揚善之功能。好在審理此案的法官經驗豐富，他在查清案情的基礎上，首先是檢出法條，其次是陳述案情與理由，包括對法律的意義解釋，最後「參以人情與法意」，判決詹呂二家所立田地買賣與典之契約為違法，下令銷毀並記錄在案，自然呂家所假賣之產也不可能復業，詹德興賣與毛監丞宅的收益也不得為合法，被追交縣衙並記錄在案，不知情人毛監丞宅的買受行為，雖因前一項買賣有瑕疵，但毛為善意第三人，故此買收契約被官府認可，並由縣衙發給憑證，確認為正當買賣。詹德興死亡，呂千五經赦，不再科罪，詹德興家人詹元三繼續收監，這樣的判決於法於情於理皆為允當，真正體現了「禮法傳統」背景下，司法審判的高超藝術。

（三）在執法上，禮法傳統下的中華法制文明強調執法主體的道德自覺與大公無私，主張執法嚴明，取信於民，倡導執法者要有同情心，要有仁愛的文明精神。南宋時期著名的政治家真德秀在湖南安撫使任上曾發布訓令，要求州縣執法官員秉公執法，為政廉潔。他說：

「公事在官，是非有理，輕重有法，不可以己私而拂公理，亦不可頑公法以徇人情。諸葛公有言：吾心有秤，不能為人作輕重。此有位之士所當視以為法也。然人之情每以私勝公者，蓋徇貨賄則不能公，任喜怒則不能公，黨親戚，畏豪強，顧禍福，計利害，則皆不能公。殊不思是非之不可易者，天理也，輕重之不可逾者，國法也。以是為非，以非為是，則逆乎天理矣。以輕為重，以重為輕，則違乎國法矣。居官臨民，而逆天理，違國法，於心安乎。

〔註18〕中國社會科學院歷史研究所宋遼金元史研究室點校：《名公書判清明集》卷五，中華書局1987年版，第136～137頁。

雷霆鬼神之誅，金科玉條之禁，其可忽乎。」〔註19〕

　　這也就是說，重個體道德自覺的禮法傳統落實在司法上，它要求作為執法主體的「小我」，不因權貴的干涉而曲法，不以己之喜怒而妄斷是非，所謂理獄聽斷應「志存公道，人有所犯，一一於法」。〔註20〕即便是皇帝干預司法，執法者也應秉公而斷，不避雷霆之怒。漢文帝時，當廷尉張釋之處理「犯蹕」（即衝撞皇帝車駕）案時，漢文帝以處罰太輕為由要張改判。張回答說：「法者，天子所與天下公共也。今法如此而更重之，是法不信於民也。」〔註21〕文帝採納了張釋之的判決意見，成就了中國歷史上最高執法官員執法嚴明的一段佳話。

　　我國古代思想家賦予法的內涵是懲惡揚善，執法嚴明的要求主要表現為「信賞必罰」與「法不阿貴」。這裡的「信」，講的是說話算數，不失信於民。「必」則是指執行處罰要嚴明。晉代的司法官員劉頌說：「法軌即定則行之，行之信如四時，執之堅如金石」。〔註22〕唐之白居易則說「失人猶可，壞法實難」，〔註23〕另一位司法官員則稱「南山可移，判不可搖也」。〔註24〕我國禮法傳統下，凡是有作為的開明君主，無不重視法制的重要性，且鼓勵執法者要執法嚴明，如漢文帝、唐太宗、宋太祖、太宗等。正是因為思想家的倡導與皇帝的重視，才湧現了一批中國歷史上執法嚴明的典範，如漢代張釋之、于定國，唐代魏徵、徐有功，宋代包拯等。

二、何謂中國現代法治

　　近代意義上的法治產生於西方，是西方社會歷史及文化的產物；廣義上法治，中國古代早已有之，春秋戰國時期的法家就是「法治主義」的先驅。管

〔註19〕中國社會科學院歷史研究所宋遼金元史研究室點校：《名公書判清明集》卷一，中華書局1987年版，第6〜7頁。

〔註20〕（唐）吳兢：《貞觀政要集校》卷五，論誠信第十七，中華書局2009年版，第294頁。

〔註21〕（漢）司馬遷：《史記》卷一〇二，張釋之列傳，第9冊，中華書局1982年版，第2754〜2755頁。

〔註22〕（唐）房玄齡等：《晉書》卷三十，刑法志第二十，第3冊，中華書局2012年版，第936頁。

〔註23〕（唐）白居易：《白居易文集校注》卷二九，謝思煒校注，中華書局2011年版，第1631頁。

〔註24〕（宋）歐陽修等：《新唐書》卷一二六，李元紘傳，第14冊，中華書局2013年版，第4419頁。

子說：「君臣上下貴賤皆從法，此謂為大治。」〔註25〕韓非子也說：「以法治國，舉措而已。」〔註26〕就英美國家來說，法治的基本價值是自由與權利，就法國而論，則是民主與平等。兩者共同點皆在尋求公民個人權利與政府公權力的最佳平衡。法治的實質就是以法律支配權力，政黨、政府、社會組織及公民個人都必須遵從法律、崇尚法律，法律至高無上。中國現代法治指的就是中國社會主義法治。中國特色社會主義法治理論以黨的指導思想為核心，以社會主義核心價值觀念為基本內涵，以全面推進以法治國、建設社會主義法治體系與社會主義法治國家為總目標。具體來說，中國現代法治既有學習西方先進法治經驗的一面，又有著自己本民族的特色。就前者而言，中國現代法治有三個面向；就後者而論，中國現代法治與西方法治相比，它有著鮮明的民族特性與時代特徵。

　　中國現代法治的三個面向是：第一，當它指向公民權利時，要求限制政府的權力，在公權力與私權利之間劃清界限，築起一道牢不可破的壁壘，如以憲法宣告公民的合法私有財產神聖不可侵犯，以民法中物權的效力規制私有財產權。未經允許，公權力不得介入私有財產權，如警察與其他執法人員未經允許不得侵入私人住宅等。第二，當指向公權力時，它要求把政府權力、國家權力、執政黨的權力都要關進制度的籠子。籠子之喻的價值是普世的，但關「老虎」的方式卻因歷史文化條件不同而有所差異。在西方，關「老虎」於籠子之中的是法律，在中國則既包括法律，也包括黨紀，俗稱黨紀國法。權力不能任性，政府行使權力須有法律為依據；權力如若任性，社會將陷入災難之中。第三，當它指向中國現實時，是依黨的社會主義核心價值為依歸。就國家層面而言是「富強、民主、文明、和諧」，就社會層面而言是「自由、平等、公正、法治」，就個人層面而言，是「愛國、敬業、誠信、友善」。

　　與西方法治相比，中國現代法治與之的最大差別有二：第一，理論基礎不同，形成的歷史途徑也不同。中國社會主義法治觀以馬克思主義的法學為基礎，以打破舊法制整體結構延續性為特徵，強調法在起源上的歷史物質性，在本質上的階級意志性，在社會變遷中的規律性，堅持的是歷史唯物主義與辯證唯物主義基礎之上的法學一元論。即是說，法是伴隨著私有制、階級、

〔註25〕《管子・任法》。
〔註26〕《韓非子・有度》。

國家的產生而產生，它是統治階級整體意見的集中體現，而這個意志的內容只能由統治階級所賴以生存的物質生產方式來說明，法的變化與運轉雖然受地理環境、民族文化、統治者心理意識等諸多因素的影響，但歸根結底還只能由其賴以建立的經濟基礎來決定。

馬克思主義的理論基礎與中國文化下的國情，使中國現代法治觀，即中國社會主義法治理論一開始便走向了一條與西方資產階級法治觀大異其趣的歷史途徑。也就是說中國現代法治觀是在打碎舊國家機器，徹底廢除舊法統的歷史前提下形成的。換言之，中國社會主義法治理論在她誕生的初期便走向了只有打破舊法制整體延續性的結構，才能創立新法制的道路，這是與西方資產階級法治觀在產生途徑上的一個重大差別。

西方法治理論肇始於古希臘、古羅馬、希伯來與基督教文明的傳統中。自然法與社會契約論，是西方近代法治觀的兩塊基石，也是貫穿西方法治觀的兩條主線。從歷史的進程看，早在古希臘、羅馬時期，西方的法學家及思想家們就提出了與中國古代不同的法治理論。無論是思想家亞里士多德，或是羅馬法學家西塞羅，他們都認為在由人定的，即國家制定的「實在法」之上，還高懸這一道刻在人們心坎上的理性光環——「自然法」，它是自然的、正義的，是人類理性的體現。它凌駕於世俗社會與公共權力之上，可用以確定和保護不同社會集團的利益。在這樣的法面前，個人、公民、團體或統治都應該絕對地服從。亞里士多德說：「法律應在任何方面都受到尊重而保持無上的權威。」〔註27〕儘管古希臘、羅馬法文化中的自然理性、正義諸概念到了中世紀已成了宗教神學的陪襯，到了近代也只不過是新興的資產階級意志的體現，但畢竟在西方古今的法治理論與實踐中都貫穿著一個超越任何社會形態之上的「自然理性」概念。再就「社會契約論」而言，儘管它只是一個政治社會學說和理論假設，但這並不妨礙它成為西方法治理論的另一個支點。早在古希臘時期，伊壁鳩魯就說過，國家與法律產生於人民的相互約定。只不過後來的資產階級啟蒙思想家繼承發展了這一學說。梁治平說：「古希臘的法治雖說不具有近代形態，我們都可以說，近代法治理論已經孕育其中。」〔註28〕

〔註27〕 （古希臘）亞里士多德：《政治學》，商務印書館1995年版，第192頁。
〔註28〕 梁治平：《說治》，載《文化：中國與世界》（第三輯），上海三聯書店1987年版，第245頁。

就此而論，西方法治理論與中國當代法治觀在理論形態與社會實踐均有著重大差異，這是我們必須認識到的。第二，就權力制約的社會實踐而言，中國當代法治的理論與實現形態，也與西方存在著極大的差異。西方國家，對權力的控制方式因文化傳統不同而有所區別。在大陸法系國家，政府權力的行使，必須以國家制定的法律授權為依據，通過行政實體規則限制行政權力，著重於行政行為結果的控制。英美法系對行政權力的控制，其側重點在於：政府以立法機關對公民權利和自由的規定為依據（即行政的依據是私法的一般規則），政府在議會授權範圍內行政，公民的行為與政府的行為受相同法律調整；注重行政程序法對行政行為進行過程性的限制。〔註29〕英國有「越權無效」原則，美國則有「正當程序」原則。中國與西方不同，由於歷史文化的原因與政治體制的差異，中國不搞「三權分立」與「多黨政治」，但這決不意味著權力可以濫用，權力可以不受監督和制約，更不是說，權力可以任性。相反，中國各政黨、國家機關、行政機關的權力行使都必須以法律為依據，這就是說「依法行政」。所謂依法行政，是指行政機關行使管理國家公共事務的行政權力時，必須依據體現人民意志的法律。此原則要求是：行政機關非以法律授權不得擁有並行使某項職權；只有依據法律的規定和授權，行政機關才能制定行政法規和規章；在法律已有規定的情況下，行政性法規、地方性法規和規章不得與憲法相牴觸；行政機關職權與職責統一，不依法行使職權，就要承擔責任。〔註30〕

當然中國當代法治雖與西方法治在理論與實踐形態上存在著重大差異，但這絕非說，二者沒有相通之處。尤其是在改革開放深入發展的 21 世紀，黨和國家領導及中國共產黨的十八屆四中全會都明確地指出，在社會主義法治建設中必須學習西方發達國家的先進法治經驗，與此同時，立足本國國情，從中華民族優秀的傳統中汲取營養，借鑒中華法制文明的成果，更具有針對性與緊迫性。這是因為一個具有悠久歷史文化傳統的大國，不走自己的道路，不構建民族文化及法治文明的主體意識，是沒辦法自立於世界民族之林的，更不要說在競爭異常激烈的現代國際環境中，去建設一個繁榮富強的社會主義現代化強國了。

〔註29〕陳景良主編：《當代中國法律思想史》，河南大學出版社 1999 年版，第 327～328 頁。
〔註30〕劉海年：《略論社會主義法治原則》，載《中國法學》1998 年 1 期。

三、中國現代法治建設，必須從中華法制文明中汲取優秀資源

　　禮法傳統與中國現代法治建設的關係問題，一直是讓人民深感困惑的大問題，更是當代中國的法治建設所面臨的一個迫切需要回答的時代大課題。然而，使人遺憾的是，自古老的中華法系在清末變法修律活動中解體以來，無論是近代之仁人志士，抑還是「五四運動」之健將，或因階級之侷限，或因時代主題之不同，都沒有來得及對中國法律傳統進行科學的總結和研討，新中國成立後的「文化大革命」更是以極端的手法對傳統進行了無情的摧毀，其災難性的後果直接導致了中國民眾信用價值體系的崩潰。即便是到了改革開放的 20 世紀 8、90 年代，無論是在法學理論的認知上，還是在部門法的制定修改中，都依然存在著極大的誤解與偏差。有的學者認為，中國古典司法傳統下，法官斷案完全是翻手為雲，覆手為雨，沒有任何確定性可言；也有的部門法學者，如民法專家既不做田野調查，也不閱讀中國古代司法檔案、傳世文獻及明清契約，就片面地認為中國古代沒有民法可言，並試圖用移植過來的「潘得克吞」式的民法典去打造中國民眾的生活方式，真是可笑之極。

　　我以為在中國這塊古老的土地上，建設具有中國特色的現代法治，決不能脫離本民族的文化傳統與國情，一味地批判傳統、盲目地學習西方、移植法律，而是要立足於悠久的「禮法傳統」，從中尋求優秀的文化資源，只有如此，中國才能在 21 世紀自立於世界民族之林。

　　學界一般認為：中國法律傳統中存在著優秀的民族文化資源，我們應該批判性地吸收，創造性地轉換。對此，我高度贊同，在過去二十年來的學術研究及法律史教學中也貫徹了這一觀點。然而，本文並不滿足於此，我試圖在中國「禮法傳統」的歷史進程中，從法條分析入手，以唐宋明清律典中「子女不得告祖父母、父母」條的律文發展變化入手，提煉法律命題，揭示中國法律與司法傳統在歷史進程中國固有的、內在性的，具有現代法律理念的「理性因素」，從而說明：在中國古典法律傳統的內部，一直生長著一種「法律理性」的現代訴求，即便是沒有西方法治文明的衝擊，也有可能使中國古老的中華法系結出現代法治之果。

（一）禮法傳統下，原則上不允許子女告發祖父母、父母

　　家庭是社會的細胞。古代中國，以戶為單位的家庭不僅是一個生產、生活單位，而且還是封建國家賦稅納役的基石，國家機器的運轉、社會秩序的建立，都需要以「家」為單位；家庭的穩固、和諧與繁榮昌盛都需要維護「家

長」的權威，家長是由男性尊長擔任的。儒家倫理以自然血親為基礎，以父母子女為主軸，崇尚「父權家長制」，主張「父慈子孝」與「兄友弟恭」，法律自然維護「祖父母、父母」的權威。故自秦漢以來，法律一直不允許「子女告發祖父母、父母」。儒家倫理主張「父為子隱，子為父隱」，公平與正義自然就在其中了。孔子曾說：「父為子隱，子為父隱，直在其中矣。」〔註31〕

中國古代的法律規定，通常情況下，祖父母、父母即便犯罪，子女也不得告發。例外的情況是：第一，祖父母、父母犯「十惡」重罪中的「三謀」大罪（即謀反、謀大逆、謀叛），可以告發；第二，母殺生父，可以告發。既如此，通常情況下，若子女告發祖父母、父母，不僅告者有罪，而且要對告者處以絞刑，唐宋時期的法律就是這樣規定的。

（二）唐宋明清法律之變化

第一個變化出現在宋代，結果是無血緣關係的子女可以告發母親。這裡的母親，是指與子女沒有血緣關係，但依法律與禮制為依據而稱為母親的各類女性尊長，如嫡母（父親的正妻）、繼母（父親的繼室）、慈母（妾之無子者，妾子之無母者，遵父命呼前者為慈母，呼有子之妾為庶母）、養母。

變化的機遇出現在宋太宗時期。史稱，太宗趙匡義端拱元年（998年）發生了一個案件。這個案子的基本案情是：四川廣安軍的富家平民安知逸死亡，繼室阿馮有女無子，女兒已經出嫁，妾阿蒲有子崇緒，在禁軍服役。崇緒是安家唯一的宗祧兼財產繼承人。依據宋代法律，阿馮作為安崇緒的繼母，對家產有使用權與監護權，但沒有繼承權。現在，阿馮卻生歹意，不是正當合理地使用或監護安知逸留下的家產，而是另有非分之想，企圖霸佔夫產，把家產轉移給已出嫁之女兒。這樣一來，造成的結果將是：第一，安崇緒之生母阿蒲將衣食無給；第二，安崇緒的財產繼承權將會受到侵害。安崇緒發現了阿馮的此種意圖後，把繼母告上了公堂，其理由是繼母與父親生前已離異，不應佔據家產。

法官受理訴訟後，查不出阿馮離異的證據，相反，卻有四條阿馮沒有離婚之證明。按法律規定，子女告發祖父母、父母若不是前述的兩種例外，即被告犯「三謀」大罪或母殺生父，告者不論告的真實性與否，都是法律所不允許的，乃至處以絞刑。但如此一來，將會出現三種不合乎情理的嚴重後果。

〔註31〕《論語・子路》。

第一，安崇緒的生母阿蒲將年老無人奉養；第二，阿馮霸佔安家家產的不良
意圖，將可能成為現實。維護倫常的法律將會因為機械地適用而導致不合乎
情理的結果，因為當初的立法者只從維護綱常倫理的角度出發，只考慮到非
因「三謀」重罪及母殺生父之情況的發生，子女不得告發祖父母、父母。遵循
此原則就能帶來社會公平、司法合理。因為公平與合理的最大原則就是倫常
第一。但立法者都沒有想到，社會情況極其複雜，法律所要保護的綱常，在
其家庭內部也有可能發生相互的衝突。以本案為例，若依法處死了安崇緒，
的確是維護了阿馮與安崇緒之間的母子綱常——即非血緣關係下的尊卑關
係。但在這種情況下，依法處死安崇緒，將會損害乃至徹底摧毀安崇緒與生
母阿蒲之間的倫理綱常關係。因為，阿馮不僅失去財產來源，更是失去了親
生兒子。難道阿馮是母，即禮制規定之母，阿蒲作為親生母親只因身份低下
就不是母親了嗎，這怎能符合情理呢？第三，如果安崇緒被處死，安家的「香
火」就斷絕了，這是因為安崇緒是安家唯一的男性子嗣，是亡父安知逸的唯
一繼承人，這才是最大的麻煩。若依照法律處死了安崇緒，豈不是斷了安家
的「香火」，這樣的法律是「真正的法律」嗎？

　　面對上述疑難，地方上的法官感到十分棘手，只好把此案上報給中央最
高司法機構——大理寺，由大理寺的法官們裁決。依據宋代法律，「諸州有疑
獄不能決者，奏讞（即上級）刑法之司。仍疑者，亦奏下尚書省議。有眾議異
常，堪為典則者，錄送史館」。〔註32〕即記錄在案，成為判例，對同類案件具
有普遍的指導作用。這個權力只能由皇帝行使。此案正是如此處理的。大理
寺接到報告後，認為安崇緒訟母，事實清楚，理應處死。刑部作為覆核機構，
也支持大理寺的判決。太宗皇帝發生了疑惑，認為若如此處理，則離絕人倫，
悖逆情理。遂交中央大臣集議。集議的結果分為兩派，給事中徐鉉等人支持
大理寺、刑部的意見，另一派以宰相李昉為首，約四十餘人，反對大理寺之
判決。其具體理由是：首先，崇緒告的有理。因為阿蒲雖賤，卻是生母。崇緒
因繼母奪產，生母衣食無給，才不得已而告發。二是罰得太重，崇緒一旦被
處死，則安家絕嗣，阿蒲亦因此而無託身之寄。

　　太宗採納了後一種意見，否決了大理寺的判決。最後的處理結果是：安

〔註32〕天一閣博物館、中國社會科學院歷史研究所天聖令整理課題組校證：《天一閣
　　　　藏明抄本天聖令校證》下冊，獄官令卷第二十七，中華書局 2006 年版，第
　　　　418 頁。

家產業交由安崇緒繼承，阿馮與阿蒲同居，由崇緒終身供養。如此，崇緒雖庶子，卻因繼承，而有父業可安。阿馮與父親之女雖已出嫁，仍有本家可歸，而阿馮又終身不乏所養，阿蒲則自然衣食無憂，更免失子之痛。這樣的判決豈不比機械適用法律條文更合乎法律的真正意圖嗎？

這個變化的重要意義在於：第一，皇帝以詔令的形式糾正了可能因機械適用法律而帶來的不良後果，如庶子被處死，生母無託身可依，安家絕嗣，繼母奪產之不當行為可能被支持等，避免了尷尬結果的出現；第二，原來告母的非法行為，如今不僅合法，還獲得了鼓勵，如繼母的財產監護權由此被奪去。非法變合法，雖僅限於非親生母親，但由此而生發的意義是不可忽視的。正如臺灣學者柳立言先生所說，此案的變化有四點值得注意：「一是兒子控告的，不是生母，而是只有法律關係而無血緣關係的繼母。二是兒子控告甚至誣告繼母，不但沒有處死，還免受任何處罰，簡直就是告母罪的除罪化。三是繼母的不對行為必須改正，兒子提早（即繼母未死之前）取得完整而非局部的財產繼承權，包括所有權與用益權。四是繼母雖有過錯，但沒有受罰，維持了原來的免罰權。」〔註33〕

明清兩朝之法典在繼承宋代變化的基礎上，進一步朝著「除罪化」的方向發展，展現了禮法傳統下，法律內部「理性訴求」生長的空間。據《大明律》與《大清律例》卷二十二《刑律·訴訟》之「干名犯義」條之記載，變化有二：其一是子女告發父母，若是誣告，仍處以絞刑；但若告為實，則從唐宋之絞刑減為杖一百，徒三年。其二是子女不僅可以告嫡、繼、慈母之類沒有血緣關係的母親，也可以告生母殺生父。〔註34〕

（三）變化有可能引發的法律命題及意義

所謂「法律命題」是現代法理學研究的一個範疇。它是指：第一，當法律適用發生疑難時，法官必須尋求何謂真正的法律；第二，當社會發生變化時，原有法律的正義與公正，可能因不適應新形勢之要求，有可能在適用時不再正義與公平。此種情況下，法官如何確定司法的公平與正義等等。

由此反思禮法傳統下「子女告父母」條的法律變化，其第一個法律命題

〔註33〕柳立言主編：《第四屆國際漢學會議論文集：近世中國之變與不變》，歷史語言研究所2013年版，第373頁。

〔註34〕（清）沈之奇：《大清律輯注》，下冊，懷效鋒、李俊點校，法律出版社1998年版，第829～838頁。

是，維護儒家倫常的法律，當其在適用時，內部綱常若因行為人有過錯（如安崇緒的繼母馮氏）而發生矛盾時，最高司法者有權改變因機械適用法律而帶來的不正義後果，尋求法律條文背後的「真正法律」價值。第二個法律命題是，禮法傳統下的「子女告父母」除罪化趨勢，預示著即便是嚴格維護封建倫理綱常的法律，法官在適用時，若不再體現公平與正義，裁判者可依據社會形勢變化修改法律，尋求新的公平與正義。

以上兩個法律命題的意義，在於中國固有的法律傳統內部，雖然有著濃烈的封建倫理綱常要素，但依然存在著「理性」生長的空間，「子女告發父母」的除罪化趨勢預示著中國傳統法律向現代轉變的內生機制，而有關此一點，以往是不受重視的。

結論

再現代化的法治，也有傳統的基因，不僅西方如此，中國也如此。在建設中國現代法治時，禮法傳統內部蘊含的固有理性因素、機制及生成原理，更值得我們重視與挖掘。